古代歷史文化研究輯刊

十一編

王明蓀 主編

第 1 冊

《十一編》總目

編輯部編

先秦時期應對災異方式中的非理性因素研究

衛崇文 著

國家圖書館出版品預行編目資料

先秦時期應對災異方式中的非理性因素研究／衛崇文 著 — 初
版 — 新北市：花木蘭文化出版社，2014〔民 103〕
目 2+174 面；19×26 公分
（古代歷史文化研究輯刊 十一編：第 1 冊）
ISBN：978-986-322-560-7（精裝）
1. 自然災害　2. 先秦
618　　　　　　　　　　　　　　　　　　103000927

ISBN-978-986-322-560-7

9 789863 225607

古代歷史文化研究輯刊
十一編　第 一 冊　　　　　ISBN：978-986-322-560-7

先秦時期應對災異方式中的非理性因素研究

作　　者　衛崇文
主　　編　王明蓀
總 編 輯　杜潔祥
副總編輯　楊嘉樂
編　　輯　許郁翎
出　　版　花木蘭文化出版社
社　　長　高小娟
聯絡地址　235 新北市中和區中安街七二號十三樓
　　　　　電話：02-2923-1455 ／傳真：02-2923-1452
網　　址　http://www.huamulan.tw 信箱 hml 810518@gmail.com
印　　刷　普羅文化出版廣告事業
初　　版　2014 年 3 月
定　　價　十一編 24 冊（精裝）新台幣 46,000 元　　版權所有・請勿翻印

《十一編》總目

編輯部 編

《古代歷史文化研究輯刊》
十一編　書目

《古代歷史文化研究輯刊》十一編
各書作者簡介・提要・目錄

第一冊　先秦時期應對災異方式中的非理性因素研究

作者簡介

衛崇文（1965～），山西運城人。長治學院歷史文化與旅遊管理系教師、系主任。師從陝西師範大學趙世超教授。主要研究先秦史、中國文化史。在《陝西師範大學學報》、《史學月刊》、《長治學院學報》等刊物發表學術論文十多篇，主持省級科研項目多項。

提　要

災害史研究是近十多年來學界研究的重要課題之一。

縱觀我國災害史研究，可以歸納爲如下幾個特點：從研究者的學術背景上看，自然科學居多，人文社會科學較少；從研究的時段上看，近現代最多，明清、唐宋次之，先秦最少；從研究的內容上看，對災害現象的簡單羅列較多，分析災害救助的相關政策和制度次之，論及應對災害救助方式背後的思想根源較少；從研究的視角上看，從政治制度史上論述者多，從社會史上論述者次之，從思想史上論述者少；從評價上看，肯定古代救災措施者多，對古代救災措施持懷疑和否定態度者少；從研究的範圍上看，討論自然災害的多，研究異常現象的少。特別是近年來，從環境史方面研究中國古代災害救助的過程中，把古代一些救災、防災措施所帶來的客觀效果，說成是古人已有的科學思想，因而在研究人與自然的關係方面，有著誤讀歷史、曲解古人

（如對「天人合一」的認識）的現象，有的甚至刻意拔高古人。究其原因，是在研究中學者過多地注意了災異救助中的理性因素，而忽視了非理性因素的作用。因此，我們認爲重新審視中國古代災異救助方式中的非理性因素是十分必要的。本書正是基於以上關於災害史研究中的欠缺和不足之處，對先秦時期應對災異方式中的非理性因素進行探討。

本書從先秦典籍中關於「災」之內涵的研究入手，認爲古人所謂的「災」，既包括自然災害，又包括日食等異常現象，故而我們採用了「災異」的說法。本書從對「災異」概念的界定入手，在把自然災害和日食等異常天象同時列入研究範圍，對「災異」救助方式中的非理性因素進行全面系統研究是本書的特色之一，即從模擬巫術和陰陽五行的角度研究先秦時期應對災異的救助方式。本書第一部分對近百年來的災害史研究進行了回顧和總結；第二部分主要通過對大禹治水與禹步、商湯禱雨與焚巫尪，以及雩祭與做土龍的分析中，討論了在模擬巫術和陰陽五行思想指導下，古人應對水旱災害救助方式的儀式化過程，指出了非理性因素對災異救助方式的影響；第三部分結合先秦時期應對日食、地震、蟲災、火災和疾疫等災異救助方式的分析，探討了非理性因素在災異救助方式中的作用。指出非理性行爲既有消極影響，又起到了穩定社會心理和維護統治的「積極」作用；第四部分是本書的重點，綜合運用文化人類學、社會學和歷史學的理論和方法，對在先秦時期應對災異救助方式中的非理性因素進行了系統分析和歸納；並認爲戰國時期以鄒衍爲代表的一派陰陽家們，以及漢代「天人感應」原理，都與巫術有著密切的關係，這是指導中國幾千年災異救助中的主流思想。

我們認爲：非理性因素在災異救助方式中的作用和影響雖不容忽視，但是也不能估計得過高。只有這樣才能客觀地把握先秦時期的災異救助方式，才能更加透徹地理解自秦漢直到現代社會災異救助方式中非理性措施存在的原因，從而也才能從根源上消除迷信，倡導科學。

目　次

第二、三冊　帝國的骨架：地緣與血緣之間——先秦、秦漢地緣政治結構變遷大勢

作者簡介

　　蕭映朝，男，1972 年生於湖北廣水，醉心文史哲，留意興亡事，以詩行吟、以哲悟道、以史觀潮，而立之年赴燕園治史，先後獲北京大學歷史學碩士、中國人民大學歷史學博士學位，不惑將至，攜書劍獨上高原，立撫劍閣於拉薩，涉雪域山水，體西藏文化，覺高天之遼遠，看四野之蒼茫……

提　要

　　西周創造性地實行了寓地緣於血緣之中的封建制度，以洛邑爲中心構建

了十字形架構的地緣政治格局，開闢了以西馭東的地緣模式。平王東遷後，西周的縱橫地軸之上孵化出晉、楚、齊、秦四大國，基本主導著春秋時期地緣政治大勢。戰國初年，三家分晉後大大改寫了春秋時期的地緣政治格局，及至秦惠文王南并巴蜀而建立起秦蜀地緣聯合體，新地軸已是具體而微，戰國中後期的歷史即是秦人假新地軸之實力以衝擊舊地軸之形勢並最終席卷天下的歷史。秦統一六國的同時實現了新舊地軸的合璧，擴大化的關中成為帝國控馭東方的根本。秦漢之際，天下紛亂，帝國之郡縣疆理煥然解散，水落而石出，以自然山河之限的四向地軸再次發揮出其強大的功能，可謂當之者興，失之者亡。劉漢新造，由異姓諸王而同姓諸王，至於「以親制疏、以近制遠」，皆是地軸政治在新形勢下的演繹。自武帝以來，隨著其外事四夷而拓展四疆事業的展開，地緣實踐繁複燦然，地緣政治結構再次呈現出十字形架構模式，帝國地緣政治的骨架由此奠定。

目　次

上　冊

自　序

第四冊　東漢的三輔士人

作者簡介

　　陳姵璇，台灣台中人，一九八三年生，國立臺灣大學歷史學系學士、國立臺灣大學歷史學研究所碩士。曾獲國科會獎勵大專學生參與研究計畫研究傑出獎。現任職文化部文化資產局。

提　要

　　三輔指兩漢京兆尹、左馮翊、右扶風三郡，此三郡在西漢是首都特區，西漢政府透過陵寢徙民、漕運等政策來維持首都的繁榮，移居三輔的士人也以三輔為榮。東漢政權建立後，首都東移洛陽對三輔士人造成很大的衝擊，一是國家核心區的東移，二是其他地區士人取代了三輔士人成為政治核心。在這樣的背景下，東漢的三輔士人發展出異於其他地區的士人文化。

　　本文分別從政治關係與社會關係兩個面向來討論東漢的三輔士人。東漢初年，三輔士人以功臣身份和光武政權建立關係，王室又與功臣聯姻，使得三輔士人成為東漢第一批掌權的外戚。章和之時先後掌權的馬氏與竇氏與三

輔士人建立密切的私人幕賓關係，與安帝以後外戚與統治官僚結合的型態有所不同。除了以外戚身份參與東漢政治上，三輔士人藉著對西北情勢的熟悉以及地方官的治績，在東漢的政治取得重要的地位，三輔士人在對匈奴用兵及西域的經營上取得很大的成就；在內政方面，「循吏」形成三輔士人很大的特色。對西北的熟悉和循吏的風格讓三輔士人在東漢末重新受到重用。

在人際網絡方面，可分成家族、鄉里、徵辟、師友等人際網絡。西漢的陵寢徙民政策影響了三輔地區的家族結構，與東漢豪族士族化的趨勢相比，三輔的家族較呈現多元發展，出仕並非三輔士人的唯一選擇。在基層鄉論上，三輔與其他地區沒有太大的差異，呈現鄉論原始的面貌，有別於黨錮後較為僵化的七字評論，而呈現出東漢鄉論的特色。鄉論涉及到出仕的名聲，出仕與隱逸成為兩種不同的選擇，出仕的士人會與同鄉及其他地區士人發展出密切的人際網絡，隱居士人則透過居鄉教授等行為產生新的人際網絡。三輔在東漢成為古文經學的中心，傳經與游學的行為都相當普遍，師友之間往來密切，並形成師門的集團。三輔士人人際網絡為東漢士人文化提供新的材料，也讓人省思關於黨錮的解釋性。

目　次

第五冊　劉裕軍功及其受益階層研究

作者簡介

　　劉則永，男，河北省文安縣人。1971 年出生。1995 年獲得河北大學歷史學系歷史專業學士學位，1998 年獲得河北大學歷史研究所秦漢史方向碩士學位，2001 年獲得北京師範大學歷史學系魏晉南北朝史方向博士學位。2001.7-2005.6，任中華書局辭書一部（古籍資源開發部）編輯、副編審。2005.7-2009.2，任民革中央宣傳部《團結》雜誌（民革中央機關刊物）編輯部副主任。2009.4-現在，任民革中央宣傳部黨史處副處長、處長。

　　先後發表了《中興名臣霍光》（《文史知識》1999 年第 7 期）、《劉宋皇室之婚媾》（《江蘇社會科學》2001 年第 2 期）、《二十世紀的中國幕府研究》（《東南學術》2001 年第 4 期）等學術文章，按時提交博士學位論文《劉裕軍功受益階層研究》，得到導師和答辯委員會的一致好評，最終於 2001 年 6 月順利通過博士論文答辯並獲得學位。《二十世紀的中國幕府研究》一文，獲得「《東南學術》1998－2001 年優秀論文獎」。

　　在中華書局擔任編輯期間，所在部門主業為辭書工具書，先後參與了《中華辭海》中中國歷史、電子、物理等學科和《漢語成語大詞典》的組稿、加工、審讀，獨自責編了《古漢語實用詞典》、《中華典故詞典》、《宋代商人和

商業資本》、《徘徊於七寶樓臺——吳文英詞研究》等各類圖書多種。其中，《漢語成語大詞典》獲得中華書局 2002 年度優秀圖書獎一等獎，參與修訂的《中華字典（豪華本）》獲得二等獎，擔任責編的《X 辭典——高考理科綜合》獲得中華書局優秀圖書三等獎。

在民革中央宣傳部工作期間，先後承擔了《李濟深畫傳》、《中山精神讀本》、《民革與新中國的建立》、《中山學概論》、《民革前輩與辛亥革命》等書的寫作、編輯任務。2011 年，獲得民革中央年度優秀公務員稱號。

提　要

軍功受益階層，是指因軍功而獲得政治、經濟利益的特殊社會階層。這個概念，與「軍事集團」、「軍功集團」相比，更側重於縱向的考察，不僅包括因軍功而受益者本人，同時也包括他們的後代。劉裕軍功受益階層是以京口次門為主，在反桓複晉旗幟下組成的軍事集團。它產生於東晉門閥政治的大背景下，是諸多因素作用的結果。有一批以軍旅為生的武人存在，和他們之間已有的良好鄉里關係，較為接近的家世、出身，是其賴以生存、發展的社會基礎。東晉末年的紛繁政局，高門在內亂中的漸次凋謝，使得京口次門地位逐漸提高，呈代替高門之勢。而桓玄篡晉及其對次門武人的排擠、壓制，加速了這一過程，是劉裕軍功受益階層形成的直接誘因。桓玄稱帝所帶來的人心思晉之機，使得劉裕能趁亂起事，桓玄摒棄的晉室招牌被地位卑微的次門拿來作為反對門閥政治的旗幟。高門的鄙薄武事，則導致了他們在政治上的徹底失敗，無法與以京口次門為代表的新興力量相抗衡。劉裕為首的京口次門勢力，終於登上長期為高門所盤踞的政治舞臺，並由邊緣走到中心。

晉末劉宋的 70 餘年時間裏，劉裕軍功受益階層經歷了產生、發展、高潮、衰落諸多過程，本文對劉裕「軍層」所發生的滄桑巨變採取了兩種角度的觀察方法。首先，我們運用量化分析的方法，依照當時政治制度的特點，挑選出數個有代表性的官職，對相關史料進行分類、統計，從而得出結論，即：在晉末劉宋的 75 年時間裏，劉裕軍功受益階層在政治中的地位、影響在晉宋之際盛極之後，總體呈下降之勢，而處於其下風的宗室、「非軍層」等勢力則逐漸發展、壯大起來。造成這種情況的原因在於：「軍層」內部權力之爭導致相互之間的不信任；劉裕及其後繼者施政理念的改變；受到劉宋皇室婚媾的

波及等等。其次，在量化分析的基礎上，我們再採用個案微觀分析、宏觀分析相結合的方法。晉末宋初，劉裕「軍層」由於在反桓複晉、造宋代晉中的突出表現，使得沒有任何一支政治勢力可以與之抗衡。剛剛從門閥政治陰影下走出的皇權，也不得不依靠強大的「軍層」勢力穩固統治。劉裕死後，「軍層」中被委以重托的顧命大臣，廢黜了宋少帝劉義符，擁立劉裕第三子劉義隆為帝。此時，「軍層」的地位達到了前所未有的程度，再次凌駕於皇權之上。然而，上臺不久的宋文帝，在其他「軍層」幫助下，成功消滅了顧命集團，重新確立起皇帝的絕對權威。此後，劉裕軍功受益階層，政治地位逐漸衰落，不時受到皇權從多方面進行的壓制和打擊。特別是宗室勢力的崛起，迫使「軍層」交出已極為有限的權力。不過，隨著皇權、宗室矛盾的加劇，「軍層」中具有外戚身份者，由於與皇權的特殊關係，仍能得到皇帝的信用，並被作為抑制宗室的武器。宋末，逐漸喪失了祖先武勇之風而又缺乏才幹的「軍層」，在以蕭道成為首的武人勢力崛起之時，不再具有獨立的政治地位。劉裕軍功受益階層，除了已經消失無聞的一部分外，有的搖身一變成為蕭齊代宋的功臣，有的則為新政權所棄而退出歷史舞臺，這就是劉裕軍功受益階層的結局。劉裕軍功受益階層，還對南朝政治、社會產生了深遠的影響，在齊梁佔有重要地位的許多家族，特別是高門大族，幾乎都與劉裕「軍層」有著千絲萬縷的聯繫。

目　次

第六冊　六朝江東佛教地理研究

作者簡介

　　蔣少華，男，1987 年出生，湖南道縣人。成長於瀟湘上流，南嶺腳下；負笈求學，遠赴嶺表，睹海南風物，獲文學學士（海南大學，2008 年）；北遊建康，習江南文脈，親炙桐城胡阿祥先生，獲歷史學碩士學位（南京大學，2011 年）。現供職於揚州市文廣新局。

提　要

　　本書主要內容共三個章節。第一章通過對《高僧傳》、《比丘尼傳》、《續高僧傳》等書的檢索，通過統計、分區的方法，勾勒出六朝僧侶和寺院的地理分佈，揭示了六朝江東佛教地理的三大中心，即丹陽郡、吳會地區和廬山地區。這三大佛教中心互有聯繫、彼此影響，而且其興起的原因也各有特色。

　　六朝建康寺院數量是一個易勾起眾人興趣的問題。清末孫文川的《金陵六朝古寺考》是本集大成著作，可錯訛不少，後劉世珩、陳作霖相繼對該書進行補葺，也未加補正。近年南京大報恩寺遺址的考古發掘取得了重要成果，引發了一番研究熱潮，賀雲教授在孫著的基礎上增補寺院，雖多達 299 座，卻也沿其舊誤。有鑒於此，通過對原始史料的甄別，對元代以前志書的考證，對地方文獻的勾檢，參考前賢的研究成果，系統地考訂、釐正六朝建康的寺院，是第二章的內容。

　　琅邪王氏是六朝首屈一指的名門世族，通過考察琅邪王氏對佛教的態度，對於揭示佛教在社會階層中的傳播，探討六朝世族信仰的演變，研究六朝學術思潮的發展，頗有典型意義。這是第三章的內容。

　　三個章節並非相互獨立，而是彼此關照的。第一章爲總綱，第二章是對第一章寺院考證方面的拓展，第三章是對第一章佛教流佈方面的補充。

目　次

第七冊　唐代士子的教育資源研究

作者簡介

　　宋社洪：1971 年生，湖南汝城人。2006 年畢業於華東師範大學歷史學系，獲歷史學碩士學位。2009 年畢業於華東師範大學歷史學系，獲歷史學博士學位。現任衡陽師範學院人文社科系副教授。主要從事隋唐五代史、中國古代教育與科舉史的研究。在《文史哲》、《學術研究》、《社會科學戰線》等期刊上發表學術論文十餘篇。

提　要

　　唐代官學等級森嚴，其優質的教育資源主要被具有出身優勢的士族子弟所佔據。以個體家庭教育、家塾、族塾爲主體的家庭（家族）教育原則上無等級限制，教育資源配置也有一定的優勢，但準入門檻較高，有能力進行投資者以士族家庭爲主。以村坊學、私家講學、私授、山林寺觀教育爲主體的私學教育，表面上沒有任何等級限制，卻有著各種隱性門檻的制約，並不能爲庶民階層帶來較多的讀書晉身機會。不僅如此，習業經費結構上的等級性差異，使士族子弟比庶民士子有更多的時間和精力讀書業文。而庶民階層對教育投資的積極性和穩定性缺乏，又使庶民士子缺少苦心力學的勇氣和積極性。上述教育資源投資的等級性差異，隨時代和地域的不同，有一定程度的強弱轉換趨勢，但總體而言，整個唐代，士族子弟對優質教育資源的投資和佔有能力都強於庶民士子。總之，科舉制度確使唐代士子讀書晉身機會的形式平等有了制度保證，但制度保證並不能帶來士子讀書入仕機會的事實平等。唐代的歷史事實表明，庶民士子在政治權力、經濟財富與社會名望等有價值資源的佔有和動員能力上的劣勢，導致其在教育資源的投資和佔有水平

上的劣勢，最終制約了其借助形式平等的科舉制度獲取讀書晉身機會事實平等的努力，進而制約了唐代科舉制度促進社會階層流動的幅度和速度。

目　次

第八冊　宋遼外交研究

作者簡介

　　蔣武雄，1952 年生。1974 年畢業于東海大學歷史學系；1978 年畢業于政治大學邊政研究所；1986 年畢業于中國文化大學史學研究所博士班；現爲東吳大學歷史學系教授。主要研究領域爲中國災荒救濟史、中國古人生活史、中國邊疆民族史、宋遼金元史、明史。先後在《東方雜誌》、《中華文化復興月刊》、《中國邊政》、《中國歷史學會史學集刊》、《空大人文學報》、《東吳歷史學報》、《中國中古史研究》、《玄奘佛學研究》、《史匯》、《中央日報長河版》等刊物發表歷史學術論文一百二十餘篇。

提　要

　　宋遼外交關係長達一百多年，在此期間兩國互動頻繁，而且涉及事務多元、寬廣，頗有研究的空間，因此筆者近年先後尋思下列宋遼外交諸項史實進行探討：

　　一、宋遼歲幣外交與國運之關係——論述宋對遼歲幣外交的背景、交涉過程，以及宋人誤以爲邊患已消，而疏於武備的情形。

　　二、從宋人使北詩論使遼行程的艱辛——論述宋使節剛啓程使遼的心

情、路途遙遠、地形險惡、氣候嚴寒，以及懷鄉、思親、望歸的情懷。

　　三、宋遼外交中的詩歌交往——論述宋遼兩國常以詩歌交往的方式，做為交聘活動中的共同語言和溝通橋樑。

　　四、宋遼外交互贈帝像始末——論述在遼興宗、遼道宗時期，與宋仁宗互贈帝像的曲折過程。

　　五、宋遼對兩國使節病與死的處理——論述宋遼兩國在對方使節於本國境內生病或死亡時，予以細心診治或隆重飾終的情形。

　　六、宋對遼用諜幾個問題的探討——論述宋與遼訂盟後，在對遼用諜的工作上，仍很積極的情形。

　　七、宋遼使節逗留對方京城日數的探討——論述宋遼使節必須遵守逗留於對方京城的日數，不能超過十天的規定，但是有數位使節並未遵守。

　　八、宋滅北漢之前與遼的交聘活動——論述宋國在尚未滅北漢，進而轉攻遼之前，宋太祖、宋太宗與遼建立外交關係的經過，以及在短短六年中雙方所進行的交聘活動。

　　九、宋臣在對遼外交中辱命與受罰的探討——論述少數宋臣和使節在對遼外交中違背外交禁令與規定而受罰的情形。

　　十、遼皇帝接見宋使節的地點——論述遼皇帝接見宋使節的地點，常隨著其駐在地的不同而不固定，根據史書記載，約有十幾處。

　　十一、宋使節在遼的飲食活動——論述遼招待宋使節酒宴的種類、宋使節在遼酒宴中的言行，以及宋使節在遼境內所吃食物和水土不服的情形。

　　十二、宋遼外交言行交鋒初探——論述宋遼君臣或使節在交聘過程中，偶爾會有拒絕對方要求某事，或要求對方配合某事，或以言語、詩文折服對方驕盛之氣，或為某事據理力爭，造成理虧或失禮等情形。

目　次

第九冊　宋遼人物與兩國外交

作者簡介

　　蔣武雄，1952 年生。1974 年畢業于東海大學歷史學系；1978 年畢業于政治大學邊政研究所；1986 年畢業于中國文化大學史學研究所博士班；現爲東吳大學歷史學系教授。主要研究領域爲中國災荒救濟史、中國古人生活史、中國邊疆民族史、宋遼金元史、明史。先後在《東方雜誌》、《中華文化復興月刊》、《中國邊政》、《中國歷史學會史學集刊》、《空大人文學報》、《東吳歷史學報》、《中國中古史研究》、《玄奘佛學研究》、《史匯》、《中央日報長河版》等刊物發表歷史學術論文一百二十餘篇。

提　要

　　宋遼兩國的和平外交關係共維持了長達一百多年，雖然期間曾發生過增幣交涉和畫界交涉兩次事件，但是在兩國君臣的努力維護下，使兩國的和平外交關係具有很高的穩定性。因此當時兩國君臣在外交上的心意與作爲如何？頗値得我們加以探討。

　　筆者即是基於以上的體認，十多年來在研究宋遼外交史的工作上，除了探討宋遼交聘活動的各種情況之外，也另著重於宋遼人物與兩國外交關係的研究。因此今天這一本書《宋遼人物與兩國外交》的出版，共收錄了筆者在此方面研究的十篇文章，包括〈論宋眞宗對建立與維護宋遼和平外交的心意〉、〈宋遼帝后生辰與哀喪的交聘活動——以宋眞宗、遼承天太后、遼聖宗爲主〉、〈韓琦與宋遼外交的探討〉、〈歐陽修使遼行程考〉、〈從宋臣陳襄《神宗皇帝即位使遼語錄》論其使遼事蹟〉、〈蘇頌與《華戎魯衛信錄》——一部失傳的宋遼外交檔案資料彙編〉、〈蘇軾與遼事關係幾個問題的探討〉、〈蘇轍使遼始末〉、〈遼代文臣參與遼宋外交的探討——以遼代狀元和王師儒爲例〉、

〈從墓誌論遼臣在遼宋外交的事蹟〉。

目　次

第十冊　南宋宰相群體之研究

作者簡介

　　王明，畢業於東海大學歷史系、所（民國 66 年、69 年），中國文化大學史學博士（102 年）。任教於實踐大學博雅學部（通識教育）。以南宋宰相為主要研究領域。碩士論文即為《南宋高宗擇相與政局之關係》，此後發表之論文多與此主題有關，諸如：〈杜充、沈該與宋高宗——兼論宋高宗的用人與施政〉、〈正色立朝的賢相‧陳俊卿——兼評宋孝宗的用人〉……等若干篇。

提　要

　　中國自秦漢以降形成官僚政治，在此體系下，宰相始終扮演輔佐君主、統領百官、承上啟下的樞紐地位，重要性不言可喻。宰相議題長期以來備受學界關注。宰相權力地位、宰相職稱、君權相權間之關係，均隨著時代發展而不時在改變。

　　宋代是中國歷史上的一個關鍵時期，更是重要的轉型階段，特別是歷經唐末五代的變亂，無論各方面都有極爲顯著的變化。在體質上已自貴族政治改變爲君主獨裁政體，連帶使宰相對政權更具影響力。宋代政局分爲北宋、南宋兩朝，南宋是北宋滅亡後重生的政權，雖在血緣與政體上一脈相承，實際的政治發展上兩者之間有著極大差異。

　　兩宋宰相制度，名稱、職掌經過多次更迭，南宋以迄就有三次改變。由於特殊的政局背景，衍生出秦檜、韓侂胄、史彌遠、史嵩之、丁大全、賈似道六大權相，掌權時間超過南宋國祚之半，甚至稱南宋爲「權相政治」亦不爲過。

　　本文主要研究南宋之六十三位宰相，籍貫家世、出身背景、仕宦經歷、拜相、罷相原因探討與分析，宰相罷後的各別待遇，宰相本職、兼職與權力的關係，同時連帶探討皇帝在位的時的表現、性格以及和任相間的關係，宰相的實際作爲、決策程序，六大權相形成的背景與過程、權力擴張的實際情況，權相集團之權力結構概況，權相與一般宰相的關係，集團如何消亡？對政權影響如何？以上都是文中的研究重點。

目　次

第十一冊　元代官吏懲戒制度研究

作者簡介

　　羅晏松，民國 74 年 7 月生，東吳大學歷史學系學士、碩士，本書爲其碩士學位論文。

提　要

　　本文以正史志書、元代法令暨當代司法案牘彙編爲主要史料，比方說《元史刑法志》、《通制條格》、《至正條格》及《大元聖政國朝典章》等，藉以釐清該朝懲戒制度，除了第一章「緒論」與第五章「結論」外，共分作「懲戒處分」、「懲罰減免制度」以及「懲戒案件管轄權架構」三大子題，凡五章，略作介紹如下。

　　第二章「懲戒處分」主要係介紹元代懲戒處分之種類及其內容。筆者依被付懲戒人之「官職身分」是否受到「不利更動」爲準，分作「黜降處分」以及「黜降以外之處分」兩大類。前者相當於唐律的「除免官當」類處分，後者則單舉罰俸一類探討。之所以使用「黜降」來爲更動官職身分之處分定名，是考慮到歷朝以來沒有適當之統稱，爲了盡可能避免使用現代詞彙且符合元代史料內容的前提下，筆者從《元典章》、《憲臺通紀》等書中挑選了該詞作爲定名。選擇該詞之理由有三：一、該詞不特別指涉解見任或是除名不

敘，而係囊括一切性質相當之處分；二、該詞常出現在具普遍效力之宣示性公布文告（皇帝的詔書、聖旨）或用於諮詢、解釋通則性規定之文書（中書省部作成通例之箚付），而非針對具體案件；三、在達成前兩項條件之前提下，該詞不只一次出現。本章所探討之黜降處分有：除名、解見任、降敘（與削散官合併探討）、邊除，以及雜職敘等等，而非黜降處分只有具剝奪財產性質的罰俸一類。此外，在屬性上與黜降有關但不能直接畫入其中的其他處分類別有殿年（黜降之附款，本身無法單獨科處）及標附過名（相當於現代的記過，可能影響吏部對該員未來的銓選結果）二類，筆者將該二者一併列入本章內容，視其屬性排列於前舉諸類黜降處分之後，罰俸之前。在方向上，依據手邊現有資料，探討各類懲戒處分之源流、演變，及其法律效果本身。

　　第三章「懲罰減免制度」與前章可謂懲戒制度的陰陽兩面。本章所探討者為因被付懲戒人具有特定官吏身分而發動、對所受之處罰措施加以減免的各類制度，筆者透過元代時期的史料，並將之與唐宋時期的「議、請、減、贖」制度作比較後發現，許多前朝相關制度不是因元朝本身無繼受而消失（議、請），就是在繼受之後將其適用範圍縮小（減、贖）。整體來說，常規性的懲罰減免制度到了元代（一部分的變化是發生在金代），可謂相形萎縮，對照同時期懲戒處分等處罰的內容，筆者以為整個官吏懲戒制度在元代的發展是趨向嚴厲的。

　　第四章「懲戒案件管轄權架構」參考近代法學的「管轄權」概念，解釋元朝各官廳（以監察官廳為主）就官吏懲戒案件作「判決」的權責劃分。嚴格來說，元代監察官廳本循著前代的規模，僅針對官吏違法事件、不當行為作糾察，後開立彈章，不具有作出判決的管轄權，而糾察與彈劾權本身無法直接產生處罰官吏的效果。後來，隨著監察官廳的擴大，成為與地方行政體系平行重疊的系統後，為了強化整治官箴的功能，元廷當局逐步的授予各級監察官廳不等的管轄權限，基本上，被付懲戒人的職位高低及所受懲罰之重輕，與監察官廳之層級高低成正比，也就是說被付懲戒人官職越高或所受懲戒、刑罰越重，則須由較高層級的監察官廳（御史臺、行御史臺）、甚至是中書省作判決（最高審判權者仍是皇帝），相反的，被付懲戒人官職越是基層、所受處罰越輕，則地方監察官廳就比較具有管轄權作出判決並予以執行，如此作法可加強整治官箴的即時性與效率。

　　懲戒制度係為了裁汰不適任及違法亂紀的官吏而創制的，因此，除了具

有懲罰性之外,懲戒制度的另一項重要的立法目的與功能在於「矯正政府組織的失靈」,即便對被付懲戒人寬容而免除刑罰(恩赦之效果),其判決內容之懲戒處分仍須執行,藉此汰除官僚集團內的不良者,維持較佳得行政效能與司法公正。爲了更有效地矯正政府,元代懲戒處分架構單純化得同時(操作簡單),比起前代更形嚴屬(如《唐律》規定受除名處分者從「六年後仍可敘復」,元代則改爲「終身不敘」),且與懲罰減免制度的萎縮(壓縮僥倖免責的機會)、賦與地方監察官廳懲戒案件管轄權(使懲戒制度及時發揮作用)在立法目的上是一致的。

目　次

第十二冊　元代的縣級官府與官員

作者簡介

　　洪麗珠，2011 年於清華大學歷史研究所取得博士學位。專長領域為蒙元史、政治制度史、宋遼金元史。2012 年迄今任中央研究院歷史語言研究所國科會計畫博士後研究人員，參與史語所《元典章》校點出版工作以及法律史研究室史料讀書會。

提　要

　　蒙元一朝為異族入主，在統治漢地的規制上，北方承襲金、南方接續（南）宋，治理地方的架構並沒有本質性的改變，但是在名稱、層級、人事與運作上卻相對複雜。最基層的官府性質與角色亦未有根本性的變動，運作制度則有很大的不同，並且影響到元朝政治力如何扎根的問題。

　　比較明顯的改變例如由縣升級的州（不領縣）數量大增，這是宋、明所看不到的現象，縣級州的問題背後與蒙元的質素有關；又州縣屬性分投下、

非投下地區，無論是官員的派任、與上級的關係、遷轉慣例等都因而有特殊變化；達魯花赤監臨與圓座制度改變了縣級官府的權力運作；官員的任用管道多元，出身與養成背景的不同，影響到個人的政治行爲、社會活動，也影響到被治理的地區。凡此數例，即可以發現元代縣級官府與官員的特別之處。而縣官扮演著落實中央意志到地方，以及傳遞社會訊息到中央的角色，這些外在環境與內在人事的變遷，必然使其具備特有的時代性，從而在接續宋、明之間，元代一向被忽視的歷史角色也可以得到應有的關注。

透過研究小區域、大區域縣級官員的族群比例，可以呈現地方治理的文化背景；而觀察不同出身的各級州縣官員在遷轉上的常態，對於了解元代的制度延續、變化、特性與影響有重要的幫助；官員在常規縣政與個人想法上的實踐，具體成爲他們的種種政治、社會活動，可以顯示出在制度中「人」的具體性，或者說人是怎麼面對制度、回應制度。

如果要與前代比較，元代州縣官的升遷，「私」的力量明顯凌駕於上，官員的選拔來源很多，擅長經術失去前代的優勢。宋代的官員從初仕官開始，就有立足點的平等，往上升遷的前景雖然需要人脈、治績、運氣，但是希望無窮。而元代的官員有許多先天的不平等，例如族群就決定了仕宦上是否有地理限制以及是否被某些官職排除，根腳也決定了官運，三品以上的中央高官有許多更是怯薛的禁臠，從正史中罕見由州縣官升遷上來的高官顯貴就可以證明。

或許可以這樣說，宋代幕職州縣官頂多是職位上的「卑微」，但他們無論如何是昨日備受尊榮的簪花進士，更可能是明日的達宦，制度上保障與尊重了他們的官體。元代的州縣官不僅位低職卑、權力分割，同僚更是魚龍雜處、升遷則大多渺茫，更常被上官視作奴僕驅使，犯了各種公、私罪過則杖、笞加身，毫無官員尊嚴可言，本質趨於「卑賤」，這些任官環境的變化所帶來的種種效應，對於深入蒙元王朝的地方治理實況，是很重要的窗口。

目 次

圖表目錄

第十三、十四冊　晚清海關稅政研究：以徵存奏撥制度為中心

作者簡介

　　陳勇，安徽桐城人。2007 年畢業於暨南大學文學院，獲歷史學博士學位；2012 至 2013 年北京大學歷史系訪問學者。現為安徽大學經濟學院副教授，安

徽大學農村改革與經濟社會發展研究院研究人員，經濟史方向碩士生導師。主要從事經濟史、財稅史方向的教學、研究工作，近期研習方向為關稅與晚清財政問題。曾在《近代史研究》、《中國經濟史研究》、《中國社會經濟史研究》、《歷史檔案》等學術期刊發表論文多篇。

提　要

　　以外籍稅務司為核心的洋關制度與以海關監督為中心的常關制度並存，是晚清海關稅政的重要特徵之一。「常、洋並立」格局的出現，對中國傳統的權關體制產生衝擊。原來統一的關權體系發生分解，逐漸演變成具有兩套徵收組織、兩種錄稅方式、兩套徵稅稅則、兩種冊報制度、兩套經費管理渠道的雙重權稅制度。但常、洋海關「並立」並非「分立」，從財政角度來看，它們仍然可視為是一個統一的財政單位。這種「並立」中的統一性，體現在關稅徵管、奏銷、撥解、考成和庫儲等制度的運作之中。本書試圖擺脫中國近代海關史研究的既有路徑，將研究的重心從稅務司系統落實到海關監督系統，著重利用監督奏銷檔案，以海關稅款的收解支放為切入點，從制度變遷的視角來探視近代海關稅政的制度規範與運行實態，藉以揭示在晚清內憂外患的大背景之下，「常、洋並立」格局形成與演變的內在動因，以及圍繞關稅資源分配所展現的中央、地方與海關三者之間的錯綜利益關係。

目　次
上　冊

第十五冊　畢沅及其幕府史學成就研究

作者簡介

　　李金華，女，漢族，出生於 1971 年 4 月，天津市人，史學博士，研究方向爲史學理論及史學史，現就職於天津商務職業學院。曾發表《畢沅幕府修史在乾隆時期史學發展中的地位》、《〈續資治通鑒〉編纂新考》、《畢沅主編〈西安府志〉述略》、《畢沅主編〈續資治通鑒〉的史學成就》、《〈史籍考〉編纂過程新考》等學術論文。

提　要

　　畢沅是清代乾隆時期的學者型官僚，其治學範圍非常廣泛。爲官時期延攬人才，廣開幕府，進行學術研究，成果也非常豐富，在許多學術領域具有承前啓後的作用。畢沅組織幕府所編《續資治通鑒》，在史料的收集，內容、義例的編排以及所體現的史學思想等方面都超越明清以來諸家續《資治通鑒》。其幕府的另一部史學巨著《史籍考》，是一部大型的史學專科目錄著作。纂修雖中經幾番周折，存稿最終付之一炬，但《史籍考》的整個撰修歷程，在清代學術史和史學史上佔有重要的地位。畢沅作爲地方大員，組織幕府聯合官府編寫《西安府志》、《湖北通志》等優秀方志，推動地方志的發展。其所纂《關中金石記》、《中州金石記》，開清代分地金石著作之先，而畢沅與阮元合作編纂的《山左金石志》，不僅推動山左金石研究的熱潮，並且加速了阮元幕府的形成。此外，畢沅幕府在經學、小學、諸子學、詩歌等方面皆成就矚目。本書以畢沅及其幕府史學成就作爲主要研究對象，在廣泛搜羅材料的基礎上，對畢沅及其幕府史學研究的主要成果進行了全面、深入的剖析。畢沅及其幕府史學成就研究對於我們全面認識清代乾隆時期的史學結構、史學特點及史學發展具有重要意義。對於畢沅及其幕府在中國史學史上的地位不容忽視。

目　次

第十六冊　《春秋》及「三傳」歷史觀研究

作者簡介

　　邱鋒，男，1976 年 5 月生，山東青島人。蘭州大學歷史文化學院史學理論及史學史研究所副教授。2004 年與 2007 年，先後獲得蘭州大學、北京師範大學歷史學碩士與博士學位。研究領域主要涉及中國古代史學史與經學史。在《史學史研究》、《史學理論與史學史學刊》、《蘭州大學學報》、《天津社會科學》等學術期刊發表論文近 20 篇。

提　要

　　《春秋》經傳反映了先秦史學在歷史觀上從重視天命到注重人事的一個重要的轉折。在社會歷史變化動因問題上，比之殷周時期的天命史觀，《春秋》

在歷史觀上反映出注重人事的趨向。《左傳》雖然並未完全割捨有關災異、神鬼的記載，但從全書敘述的重心所在來看，突出的都是人的存在而不是神鬼的內容。在天人關係上，《左傳》通過大量歷史人物言語和作者本人的評價表達出對「天命」的懷疑和對人事在歷史中作用的重視。

　　《春秋》與《周易》是中國古代通變思想的兩個重要來源，《周易》對歷史之「變」重在哲理上的抽象與思辨，而《春秋》之「變」則貫穿於對世事變遷的記載與議論當中。《左傳》通過大量的史料，詳盡、深刻且生動地記述了春秋時期二百多年來社會的變遷。《公羊傳》「三世異辭」的說法，已經揭示出《春秋》的文辭會隨著時代的不同而有所變化的道理。此後經過西漢董仲舒和東漢何休等人的不斷發揮，這種思想最終發展成為一種「三世」遞進的歷史學說，從而成為中國古代歷史哲學的一個重要內容。此外《公羊傳》中的經權思想和《穀梁傳》對「順勢」的強調，也蘊含著對歷史之「常」與「變」以及歷史發展趨勢的思考。

　　對「禮」的強調，也是《春秋》的一個重要思想。在《左傳》當中，禮作為一種「社會法則」不僅是歷史評價的重要標準，而且更加突出了其作為社會規範和政治秩序的意義和價值。「尊王」是貫穿《公羊傳》、《穀梁傳》始終的主張，它們以尊奉周天子來表達實現「大一統」的政治理想。《公羊傳》不只提倡「尊王」，而且還有限制君權的思想；《穀梁傳》不但強調「尊王」，並且有將君主權力絕對化的傾向。

　　發端於《春秋》經傳的「大一統」思想及其建立在文化發展程度上的夷夏觀，是解釋中國統一多民族國家的傳統之所以形成、發展並且能夠一直延續至今的一個重要因素。

目　次

第十七冊　司馬遷與戰國策士文獻

作者簡介

　　李芳瑜，1979 年 1 月生，漢族，臺灣高雄人。1997 年入臺灣東海大學中文系學習，2002 年入北京師範大學中文系讀研究生，2005 年於北京師範大學讀博，2009 年獲文學博士學位，畢業後留校任教，現為北京師範大學文學院講師。主要研究方向為先秦兩漢魏晉南北朝文學、《史記》研究等。

提　要

　　《史記》取材一直是《史記》研究中的傳統課題，早至東漢班固就整理

過司馬遷的取材文獻。本文以《史記》戰國史部分作爲一個切入點，討論司馬遷取材與應用的幾個問題。

司馬遷撰寫《史記》戰國史部分的材料主要來源爲戰國策士文獻。決定司馬遷引用戰國策士文獻有外在與內在兩個方面的因素：外在因素在於戰國時期資料殘缺匱乏、眞僞難辨，然戰國策士文獻卻未受兩火（秦始皇焚書、項羽焚秦宮）波及，相對其他戰國時期資料而言是流傳較廣、材料較多、且更接近於「史」的資料，因而戰國策士文獻被司馬遷作爲基本史料重點採用。使用戰國策士文獻的內在因素還是司馬遷個人價值取向問題。司馬遷崇尙戰國策士的政治、文化地位及其自由人格的特徵，但漢代一統政權帶來的政治歷史環境的巨大變化，給司馬遷及其同時代的文人以巨大的精神壓力。司馬遷對此進行了反思，由此產生對戰國策士處境的羨慕與認同以及遭遇悲劇之後的抗爭等，均在《史記》的撰寫中得以體現。

司馬遷如何選擇和使用戰國策士文獻是《史記》取材中值得探討的問題。本文通過對諸多前人學者整理考辯結果的全面探究，以及對其間新出土文獻的關聯性考察，認爲司馬遷依據「秦記」組織了一套編年系統，並將大量的戰國策士文獻排入其中，經由這些策士文獻的組合呈現出《史記》獨特的風格。所以，司馬遷對戰國策士文獻的引用，是一個取材的問題，也是一個態度的問題。

本文從具體的文本比較入手，從史學、文學、司馬遷個人遭遇與性格等角度作深入討論與分析。由於今天能見的戰國策士文獻主要是《戰國策》，因而比較亦以《戰國策》爲主要參照文本。

目　次

第十八冊　《史記》「于序事中寓論斷」之研究──以秦漢以來史事爲例

作者簡介

　　許愷容，臺灣省嘉義人，畢業於國立成功大學中國文學研究所碩士班，師事張高評先生，於先生的指導下，著有碩論《史記「于序事中寓論斷」之研究──以秦漢以來史事爲例》。研究興趣爲史傳文學，現於國立臺灣大學中

國文學研究所博士班在學中，師事李偉泰先生。

提　要

「于序事中寓論斷」筆法，是理解《史記》所以獨特不凡的關鍵要素。依「于序事中寓論斷」，特定的書寫條件，以及史公撰史詳近略遠的原則，筆者將時代定限在秦漢以來的史事，即楚漢相爭到漢武帝朝這段歷史，將筆法形式分成兩大綱領「直筆」、「曲筆」，七項條目，作為探析文後重旨的鎖匙。

史公透過「于序事中寓論斷」的方式，對漢初以來的帝王、時政，微致裁評，尤其聚焦在漢匈戰爭與漢武帝的議論上。對於歷史上的功過，更發揮了非凡的識見，抑揚予奪之際，不受時潮左右，經由善惡必書的方式，於歷史敘事中寄寓了褒貶；無愧於實錄精神的前題下，流露著愛憎感情。體現出詩家溫柔敦厚的仁慈與史家資鑑勸懲的宗旨，故能無愧於史談遺命，「究天人之際，通古今之變」，成就「一家之言」，以《史記》名留史冊，千秋範式，永垂不朽。

在本文的基礎上，除了可將「于序事中寓論斷」筆法，擴及《史記》其他斷代，更可進一步討論《左傳》對《史記》以敘為議筆法的啟發意義，下探《漢書》、《三國志》、《後漢書》、《南齊書》等史傳文學及於小說、戲劇、詩歌，如何借鑑以敘為議筆法的多元研究。

目　次

第十九冊　漢譯佛經之美術理論研究——以漢唐爲中心

作者簡介

　　侯豔，女，河南鄭州人，1977 年 2 月生，文學博士，欽州學院教師。主要研究方向爲魏晉南北朝文學文獻學、文選學、佛教文獻學。2003～2006 年就讀於鄭州大學，師從俞紹初先生研習文選學，獲文學碩士學位。2007～2010 年就讀於福建師範大學，師從李小榮先生研習佛教文獻學，獲文學博士學位。2010～2012 年任職於福建師範大學閩南科技學院，2012 年 8 月至今，任職於欽州學院。

提　要

　　佛教美術指與佛教活動相關，適應佛教思想信仰，服從佛教偶像崇拜和禮儀要求，適應教化活動或教團生活之需要而產生的美術現象。它具有佛教的意義、內容、用途、功能，同時也涵蓋了一般美術學所涉及的各部門。佛教美術研究是涉及佛教與美術兩個領域的交叉學科，包括了美術、宗教、考古、歷史、中外文化交流等多方面的內容。

　　佛經並非專門的美術理論著作，但其中關於美術的一些論述也是佛教美術理論的構成部分，對我們認識、理解佛教美術理論有重要意義。本書對我國漢唐時期佛教經典中與美術理論相關的文獻資料進行收集整理、分析概括、細緻描述，從而發現其特點與規律，闡釋其在佛經文獻研究中的重要地位及影響。研究內容包括了我國漢唐時期漢譯佛經之美術文獻，兼及文學作品、各種教外文獻資料中與佛經美術理論相關的材料及佛教美術作品圖像與實物資料。首先，從佛教思想、文化內涵的角度分析了佛經美術文獻的宗教意義及佛教思想對美術理論的重要影響。其次，通過考察佛經美術文獻中的美術理論、技法、實例等，研討了佛教美術在實際應用中的發展、傳播、流變。再次，是以文獻爲依據，闡述佛經美術理論在佛教中的應用和地位，以及佛教美術的實用性對美術自身發展的影響。

目　次

第二十冊　楊守敬書法思想研究

作者簡介

楊立新，男，安徽省宿州市人，1968 年 9 月 9 日出生於江蘇鹽城。雙博士，2005 年獲得中國人民大學新聞學博士學位，2009 年獲得首都師範大學書法博士學位，先後師從於方漢奇先生、歐陽中石和劉守安先生。現爲人民日報社總編室一讀室主任，主任編輯；並兼任文化部中國詩酒文化協會天恒詩書畫院顧問、遼寧省當代文學研究會《文苑春秋》雜誌社顧問等。主要從事中國文化、中國書法和新聞學的研究以及書畫創作、書畫文物鑒定等。發表並出版各類學術論文及專著近百篇（部）。

提　要

　　楊守敬（1839～1915 年），清末民初集輿地、金石、書法、藏書、目錄諸學於一身的著名學者。在他眾多的學術成就中，書法雖不居顯位，但絲毫也不影響他在中國書法史上的地位。

　　楊守敬是中國書法史上的一位傑出書法家和書法理論家。他的書法融北碑南帖爲一體，楷、行、隸、篆諸體俱長，並著有《評碑記》、《評帖記》、《學書邇言》、《楷法溯源》等金石書法著作 37 種。他的書法思想和書法藝術對清末民初的中國書壇和日本書壇都產生了深遠影響。

　　楊守敬的書法思想建立起了比較完備的體系，他在書法理論、書法史和書法實踐方面，均有獨到的見解和創見。尤其是在清代碑學和帖學的興衰中，他能夠站在歷史的高峰上觀察時變，客觀、全面地對待碑、帖，提出「碑帖並重」的思想，主張「合之兩美，離之兩傷」，並最終促使晚清碑、帖兩大流派的合流，爲清末民初的書法發展起到重要的糾偏導正作用。同時，他還在前人的基礎上提出了「學書五要」，將「品高學富」作爲書家的「字內功」來要求，這對中國書法的發展具有重大的啓示意義和引導作用。

　　楊守敬的書法思想還遠播日本，他以中國的北碑書風和自己的精湛書藝在日本書壇刮起了強勁的「楊守敬旋風」，被譽爲「日本書道近代化之父」、「近代日本書道之祖」。至今，日本書道界一直尊奉其爲書道之宗。

目　次

第二一、二二冊　唐代宮廷樂器組合研究

作者簡介

　　劉洋，女，漢族，現供職於中國傳媒大學。

　　2005 至 2008 年於中國藝術研究院研究生院攻讀博士學位，師從秦序研究員，研究方向爲中國音樂史，畢業論文爲《唐代宮廷樂器組合研究》。2008 年由人民音樂出版社出版學術著作《放歌 30 年》（合著），並在學術期刊、學術

會議發表論文數十萬字。

提　要

　　唐代是中國古代樂舞藝術發展的鼎盛時期，繁榮的宮廷音樂舞蹈，代表了當時樂舞藝術所達到的最高水平。由於採用兼容並蓄的文化政策，唐代的器樂藝術也在多元文化的影響下出現了繁盛一時的局面。唐代宮廷音樂規模宏大，樂器種類與風格類型眾多，承擔著宮廷祭祀、朝會宴享、出行儀仗等各種禮樂活動之用樂任務，在宮廷儀式中扮演著重要的角色。與此同時，其藝術水準也得到極大提高，發展出多種器樂組合與表演形式，甚至在「梨園」中設有專門演奏玄宗酷愛之法曲的大型絲竹樂團。宮廷器樂藝術，是唐代音樂藝術高度的體現，在中國音樂發展的歷史上具有重要意義。

　　本書以唐代宮廷樂隊中樂器的配置與組合為研究對象，對各種樂器組合形式進行分析比較，考察唐代宮廷樂隊的編配情況，進而探索其形成條件、嬗變歷程及社會影響，以揭示其在唐代宮廷儀式中的作用及其歷史意義。

　　樂器是音樂的物質載體，樂隊組合是音樂最直觀的物化體現之一。本書以唐代音樂自身的分類為標準，對宮廷樂隊的類別進行了劃分。考慮到太樂署、鼓吹署以及梨園與教坊等眾多樂舞機構的客觀歷史存在，故在行文中以相應的音樂機構為經，以音樂性質為緯，通過五個部分對唐代宮廷樂隊進行闡述：

　　第一部分「唐代正樂之樂器組合形式」，主要對當時「正樂」所包括的雅樂、坐立二部伎、讌樂及文康樂、清樂、西涼樂的各種樂隊具體組合形式、樂器配置、樂隊排列等問題加以考辨。第二部分「唐代四夷樂之樂器組合形式」，以包括東夷、南蠻、西戎、北狄之樂的「四夷樂」樂隊組合形式為研究對象，梳理唐九、十部中「西域」、「南蠻」、「東夷」以及高麗、百濟等樂部的樂器組合形式。第三部分「唐代宮廷鼓吹樂之樂器組合形式」，分別對唐代鼓吹樂五大部類、鼓吹十二案、鹵簿鼓吹以及唐代宮廷其他場合所用凱樂、行軍鼓吹樂、軍禮鼓吹樂、大儺、合朔伐鼓、夜警晨嚴、輓歌等不同鼓吹樂形式予以論述。第四部分「唐代宮廷其他樂器組合形式」，闡述了梨園、教坊、太常等機構中所見法曲、散樂、太常四部樂等形式的樂隊構成。由於唐代宮廷宴享「以部奉樂」的形式與宋代「以盞奉樂」頗為不同，唐代宮廷中的樂器獨奏形式靈活、場合多變，在朝會儀式中亦常出現，故文中對其進行了專

門的論述。第五部分總結前文，並進一步分析了唐代樂器組合的發展變遷軌。指出在唐代文化大交流的背景下，雅、胡、俗樂逐漸融匯，相互交流吸收，加速了樂器組合的發展變化。特別是天寶十三載玄宗推行的胡部新聲與道調法曲「合作」，標誌著各族器樂在宮廷的空前融合，並對後世形成了深刻的影響。

縱觀唐代宮廷樂器組合的變遷，既是藝術自身的發展規律使然，也是歌舞伎樂極度繁盛的結果，集中展現了唐代宮廷音樂藝術的風貌。

目　次

上　冊

第二三、二四冊　五代墓葬美術研究

作者簡介

　　鄭以墨，女，1972年出生，2003年至2006年於首都師範大學攻讀美術學專業的碩士研究生學位，研究方向爲中國美術史，師從李福順先生；2006年至2009年於中央美術學院攻讀美術學專業的博士研究生學位，研究方向爲美術考古，師從鄭岩先生；2009年至今任教於河北科技大學藝術學院，從事中國美術史的教學與研究。曾在《美術研究》、《故宮博物院院刊》、《南京藝

術學院學報》（美術與設計版）、《東南文化》、《四川文物》等雜誌發表學術論文數篇。

提　要

　　五代的政治分裂使得墓葬的地域差異更爲明顯，此時的墓葬美術呈現出與唐代迥異的發展面貌。在五代墓葬系統的創建過程中，墓葬美術、地上繪畫、佛教美術、建築等不同系統之間的交流與碰撞變得異常頻繁。本書將以五代墓葬爲研究對象，旨在探討其與其他圖像系統之間的複雜關係。

　　對五代墓葬的類型學分析意在勾勒其整體的發展面貌，並在此基礎上選取三個典型案例，即王處直墓、王建墓和仿木建築，三者分別指向同一個問題的不同方面。

　　對王處直墓的分析主要關涉畫工是如何用壁畫表達某一特定觀念的。其中包括畫工對各種繪畫題材、風格樣式的選擇、對諸多壁畫的組織、對空間關係的處理等等，從中可看到畫工對不同系統繪畫的借鑒與再創造。

　　對王建墓的探討則試圖勾畫一座帝王陵墓的形成軌。文中首先討論了該墓形制、佈局及棺槨樣式與以法門寺爲代表之佛舍利瘞埋制度的關係，並在此基礎上進一步分析棺床雕刻、十二半身像與佛教淨土思想的關係、王建像與皇權的表達，兼及諸多圖像所共同組成的意義體系。對上述問題的解答在某種程度上展示了佛教圖像在墓葬中的轉換與重組。

　　對仿木建築的分析將有助於揭示墓葬與地上建築之間的特殊關係。其中涉及三方面的子問題；其一，從模仿的動機、形式、技術三個方面來分析仿木樣式的來源；其二，工匠爲了實現對地上木建築的眞實模仿而遵循的比例法則、觀看法則以及處理不同建築空間所採用的各種手段等；其三，解讀該形式所蘊含的思想觀念。

目　次
上　冊

先秦時期應對災異方式中的非理性因素研究

衛崇文　著

作者簡介

衛崇文（1965～），山西運城人。長治學院歷史文化與旅遊管理系教師、系主任。師從陝西師範大學趙世超教授。主要研究先秦史、中國文化史。在《陝西師範大學學報》、《史學月刊》、《長治學院學報》等刊物發表學術論文十多篇，主持省級科研項目多項。

提　　要

　　災害史研究是近十多年來學界研究的重要課題之一。

　　縱觀我國災害史研究，可以歸納爲如下幾個特點：從研究者的學術背景上看，自然科學居多，人文社會科學較少；從研究的時段上看，近現代最多，明清、唐宋次之，先秦最少；從研究的內容上看，對災害現象的簡單羅列較多，分析災害救助的相關政策和制度次之，論及應對災害救助方式背後的思想根源較少；從研究的視角上看，從政治制度史上論述者多，從社會史上論述者次之，從思想史上論述者少；從評價上看，肯定古代救災措施者多，對古代救災措施持懷疑和否定態度者少；從研究的範圍上看，討論自然災害的多，研究異常現象的少。特別是近年來，從環境史方面研究中國古代災害救助的過程中，把古代一些救災、防災措施所帶來的客觀效果，說成是古人已有的科學思想，因而在研究人與自然的關係方面，有著誤讀歷史、曲解古人（如對「天人合一」的認識）的現象，有的甚至刻意拔高古人。究其原因，是在研究中學者過多地注意了災異救助中的理性因素，而忽視了非理性因素的作用。因此，我們認爲重新審視中國古代災異救助方式中的非理性因素是十分必要的。本書正是基於以上關於災害史研究中的欠缺和不足之處，對先秦時期應對災異方式中的非理性因素進行探討。

　　本書從先秦典籍中關於「災」之內涵的研究入手，認爲古人所謂的「災」，既包括自然災害，又包括日食等異常現象，故而我們採用了「災異」的說法。本書從對「災異」概念的界定入手，在把自然災害和日食等異常天象同時列入研究範圍，對「災異」救助方式中的非理性因素進行全面系統研究是本書的特色之一，即從模擬巫術和陰陽五行的角度研究先秦時期應對災異的救助方式。本書第一部分對近百年來的災害史研究進行了回顧和總結；第二部分主要通過對大禹治水與禹步、商湯禱雨與焚巫尪，以及雩祭與做土龍的分析中，討論了在模擬巫術和陰陽五行思想指導下，古人應對水旱災害救助方式的儀式化過程，指出了非理性因素對災異救助方式的影響；第三部分結合先秦時期應對日食、地震、蟲災、火災和疾疫等災異救助方式的分析，探討了非理性因素在災異救助方式中的作用。指出非理性行爲既有消極影響，又起到了穩定社會心理和維護統治的「積極」作用；第四部分是本書的重點，綜合運用文化人類學、社會學和歷史學的理論和方法，對在先秦時期應對災異救助方式中的非理性因素進行了系統分析和歸納；並認爲戰國時期以鄒衍爲代表的一派陰陽家們，以及漢代「天人感應」原理，都與巫術有著密切的關係，這是指導中國幾千年災異救助中的主流思想。

　　我們認爲：非理性因素在災異救助方式中的作用和影響雖不容忽視，但是也不能估計得過高。只有這樣才能客觀地把握先秦時期的災異救助方式，才能更加透徹地理解自秦漢直到現代社會災異救助方式中非理性措施存在的原因，從而也才能從根源上消除迷信，倡導科學。

目

次

第一章　緒　論

　　災害的歷史和人類的歷史一樣久遠，並將與人類相始終。中國是一個傳統的農業國度，自古以來各種自然災害頻發，對人民的生產生活、社會矛盾的激化和社會的穩定等都產生了巨大影響。上世紀九十年代以來，水災、旱災、非典流行等大規模自然災害和瘟疫的發生，使得對歷史上自然災害和社會變遷的研究成爲自然科學、人文社會科學、以及災害管理部門研究的熱門課題。今天，我們總結歷史經驗，對當前的防災、救災、減災具有重要的現實意義和借鑒作用。

一、學術史回顧

　　現代意義的災害史研究始於 20 世紀 20 年代，近百年來，災害史研究出現過兩次高潮。

　　第一次是 20 世紀 30、40 年代，當時，自然災害與社會矛盾相互交織，天災人禍相互影響，許多學者從不同角度對災害問題進行探討：

　　主要論著有馮柳棠的《中國歷代民食政策史》，此書敘述了歷代安民足食的施政綱要，實際上是針對歷史上的災荒問題而作。〔註1〕潘光旦的《民族特性與民族衛生》，以生物進化論爲基礎，融合歷史學、社會學、人種志、心理學等多學科理論，從災荒角度入手，對中華民族的民族特性和制度變遷進行了新的探研。在此書中專門有「飢饉薦臻的夏楚」一節，論述飢饉與人口遷

〔註1〕馮柳棠，中國歷代民食政策史〔M〕，北京：商務印書館，1934 年。

移、民族品性的關係。〔註2〕鄧拓的《中國救荒史》是建國前第一本較爲完整、系統和科學地研究中國歷代災荒的專著。該書詳細探究了歷代災荒的實況，在分析其成因和影響的同時，舉例並進一步分析了歷代救荒思想的發展歷程，又通過對歷代消極和積極兩種救荒措施的不同表現的分析，說明了歷代救荒措施的具體實施，進而揭示了歷代災荒形成的自然和社會原因，分析了歷史上各個階段災害的特點，探求並提出了許多重要的具體防治途徑和措施，因而可以說是災害史研究中名副其實的拓荒之作。〔註3〕早期的相關論著還有陳高傭的《中國歷代天災人禍表》，此書是第一部全面而系統的關於中國古代天災人禍的資料彙編。〔註4〕

　　這一階段的主要論文有于樹德的《我國古代之農荒預防策——常平倉、義倉和社倉》，探討了倉儲對於備荒的作用，同時還論述了三倉的性質、特點，以及各自的沿革與運行制度。〔註5〕竺可楨的《中國歷史上之旱災》是一篇較早研究我國歷史上「旱災」的論文。〔註6〕還有他的《中國歷史上氣候之變遷》，第一次科學地統計了歷史上水旱災害的次數和分佈狀況。〔註7〕竺可楨還寫了《論祈雨禁屠與旱災》一文，他從科學的角度闡述了雨的形成和雨量的觀測，對於祈雨禁屠之舉進行了批判，竺先生此文在今天看來對於倡導科學也是很有意義的。但是在文中竺先生對傳統祈雨禁屠之舉的認識尚有值得商榷之處：第一，他認爲禁屠之舉似與佛教有關，傳自西域，因而對中國傳統災異思想認識不足；第二，以科學精神懷疑文獻後出或僞作，在方法上也有不足之處，「《左傳》雖有『龍見而雩』之言，《易》雖載有『雲從龍』之說，但媚龍以求雨，古時敘述最詳者當推漢之董仲舒。依《春秋繁露》，則春旱求雨以大蒼龍，夏以大赤龍，季夏以大黃龍，秋以大白龍，冬以大黑龍。此外尚有取蝦蟆，燔骴豬之術，其說荒誕不經。董書早有人疑其爲僞，或爲隋、唐時

〔註2〕潘光旦，民族特性與民族衛生〔M〕，北京：商務印書館，1927 年。

〔註3〕鄧拓，中國救荒史〔M〕，北京：商務印書館，1937 年。

〔註4〕陳高傭，中國歷代天災人禍表〔M〕，上海：上海書店據暨南大學 1939 年版影印 1986 年。此外還有王龍章，中國歷代災況與賑濟政策〔M〕，上海：上海獨立出版社，1942 年。

〔註5〕于樹德，我國古代之農荒預防策——常平倉、義倉和社倉〔J〕，東方雜誌，18 卷，第 14、15 頁。

〔註6〕竺可楨，中國歷史上之旱災〔J〕，史地學報，3 卷 6 期 1925 年 6 月。

〔註7〕竺可楨，中國歷史上氣候之變遷〔J〕，竺可楨文集〔C〕，科學出版社，1979 年。

人所作，亦未可知。」顯然把《春秋繁露》成書年代拉得太後了。當然我們不能苛求於科學家必須熟讀先秦經典。﹝註8﹞竺先生還著有《直隸地理的環境與水災》一文，竺先生在此文中認為：人口的增加和農業的過度開發是造成直隸水災頻發的主要原因，開始重視人類活動在災害形成過程中的作用，這種思考方法和研究角度在當時來說是有開創意義的。﹝註9﹞鄭振鐸針對流傳廣泛的商湯禱雨傳說寫了《湯禱篇》一文，鄭先生用人類學、人種志和民俗學的方法和理論研究商湯禱雨，認為「湯之將他自己當作犧牲，而剪髮斷爪，禱於桑林，並不足以表現他的忠於百姓的幸福，卻正是以表現他的萬不得已的苦衷。這乃是他的義務，這乃是他被逼著不能不去而為犧牲的……他是君，他是該負起這個祈雨的嚴重的責任的！除了他，別人也不該去。他卻不去不成！雖然『旱』未必是『七年』，時代未必便是殷商的初期，活劇裏主人公也許未必便真的是湯，然而中國古代之曾有這幕活劇的出現，卻是無可置疑的事。──也許不止十次百次」。﹝註10﹞鄭先生此論可謂切中一二之要害。此外，還有不少相關論文，﹝註11﹞此不贅述。

綜上所述，早期的災害史研究者來自社會科學和自然科學兩大領域的各

﹝註8﹞　竺可楨，論祈雨禁屠與旱災﹝J﹞，東方雜誌，1926年第23卷，第13頁。
﹝註9﹞　竺可楨，直隸地理的環境與水災﹝J﹞，科學，1927年12月。
﹝註10﹞鄭振鐸，湯禱篇──古史新辨之一﹝J﹞，鄭振鐸文集第3卷﹝C﹞，花山文藝出版社，石家莊，1998年，第588頁。
﹝註11﹞容肇祖，占卜的源流﹝J﹞，史語所集刊，1928年。W，H，Mollory著，俞祐世譯，中國災荒原因﹝J﹞，東方雜誌，1929年5月。徐誦光，由左傳上觀看春秋時代之迷信與信仰﹝J﹞，廈大周刊，1930年10月。李泰初，漢朝以來中國災荒年表﹝J﹞，新建設，1931年4月。華文煜，宋代之荒政﹝J﹞，經濟統計季刊，1932年4月。李鏡池，古代的物占﹝J﹞，嶺南學報，1933年6月。鄒枋，朱熹的救荒論與經界論﹝J﹞，建國月刊，1934年1月。龔山友，古代農村救濟制度考﹝J﹞，山道，1934年3月。熊得山，求雨的史的敘述與其歸宿﹝J﹞，申報月刊，1934年8月。梁慶椿，中國旱災之分析﹝J﹞，廣播周報，1934年12月。徐中舒，古代灌溉工程原起考﹝J﹞，歷史語言所集刊第5本地2分冊，商務印書館，1935年。吳毓昌，中國災荒之史的分析﹝J﹞，中國實業雜誌，1935年10月。陳位凝，西漢之五行與天人感應說﹝J﹞，新民月刊，1935年。12年。徐鍾渭，中國歷代之荒政制度﹝J﹞，經理月刊，1936年1月。楊寬，月令考﹝J﹞，齊魯學刊，1941年2月。王夢鷗，先秦崇拜天鬼之倫理觀﹝J﹞，時代精神，1941年11月。樊恭炬，漢以前對於龍的觀念﹝J﹞，新中華（復刊），1947年7月。嵇文甫，陰陽家的社會基礎﹝J﹞，新中華（復刊），1948年2月。王世穎，中國荒政要籍題解﹝J﹞，社會建設（復刊），1948年4月。

個不同專業，他們第一次運用現代自然科學中的氣候學、地理學、生物學和社會科學中的社會學、人類學、經濟學等理論與方法，對我國歷史上的自然災害、氣候變遷、環境變化，歷代政府在應對災害時的舉措，以及對中國歷史進程乃至民族心理的影響，都進行了深入研究，使得我國具有現代意義的災害學理論和災害史研究初具規模。這些有著深刻時代背景印記的研究主要側重於社會因素的研究，多從社會政治方面探討災害的成因和救助，認為吏治腐敗，救荒不力，連年戰亂是造成災害的根本原因。

災害史研究的第二次高潮是上世紀 80 年代中期以來，隨著改革開放和思想解放的深入發展，學術界也開始重視國家對各種利益階層的調節作用，即國家的各項社會職能方面的研究，災害史也就進入了研究者的視野。也正是在這個時候，1989 年底聯合國經濟和社會理事會通過了「國際減災十年的決議案」和「國際減輕自然災害十年行動綱領」，宣佈把 1990 年到 2000 年作為「國際減輕自然災害十年」。加之 1991 年和 1998 年兩次百年不遇的大洪水，2003 年蔓延全球的「非典」等一系列重大災害，引起了學界對災害史研究的廣泛關注。而 2008 年 5 月 12 日汶川大地震以及 2009 年華北、黃淮、西北、江淮 15 省市和 2010 年西南五省市持續乾旱等特大災害，更是促進了學界對災害史的重點關注和深度研究。而此次研究的範圍日漸擴大，視角逐步拓寬，研究方法和途徑更加多樣化，研究層次不斷深化，科技史（主要是地震史、天文學史、氣象史、水利史、農業史等）、歷史學、社會學、人口學、文化人類學、社會心理學、人文地理、生態環境史等多學科交叉研究，還有計量史學的運用，使得這一時期研究論著頗多，成果亦豐。

研究先秦時期災害史的論著成果主要可分為三個方面：一是資料整理〔註

〔註12〕主要有顧功敘，中國地震目錄〔M〕，北京：科學出版社，1983 年。李文海，夏明方，朱滸主編，中國荒政書集成〔M〕，天津：天津古籍出版社，2010 年。謝毓壽、錄奠彪，中國地震歷史資料彙編〔M〕，北京：科學出版社，1985 年。北京天文臺主編，中國古代天象記錄總集〔M〕，南京：江蘇科技出版社，1988 年，中國社會科學院歷史研究所資料編纂組，中國歷代自然災害及歷代盛世農業政策資料〔M〕，北京：農業出版社，1988 年。張波、馮風等編，中國農業自然災害史料集〔M〕陝西科學技術出版社，1994 年。李文海、夏明方主編，中國荒政全書〔M〕，北京：北京古籍出版社，2003 年。駱承政，中國歷史大洪水調查資料彙編〔M〕，北京：中國書店出版社，2006 年。孟昭華編著，中國災荒史記〔M〕，中國社會出版社，1999 年。孟韶華，彭傳榮編，中國災荒辭典〔M〕，哈爾濱：黑龍江科學技術出版社，1989 年。宋正海等：《中國古代重大自然災害和異常年表總集〔M〕，廣州：廣東教育出版社，1992 年。

12），二是在自然災害史研究方面，成果最多，相關係列叢書分別有湖南人民
出版社出版，馬宗晉、鄭功成主編的《中國災害研究叢書》，該叢書於 1998
年推出共 12 冊，分別是：《災害學導論》，《災害經濟學》，《災害管理學》，《災
害社會學》，《災害統計學》，《災害保障學》，《災害醫學》，《災害歷史學》，《中
國氣象洪澇海洋災害》，《中國地質地震災害》，《中國交通災害》，《中國礦山
災害》。這部叢書可以說是改革開放以來第一部以災害為主題的系列叢書。幾
乎在同時，中國國際減災十年委員會副主任兼秘書長、民政部副部長范寶俊
主編的《災害管理文庫》，由當代中國出版社 1999 年出版。此文庫十卷十四
本，共 18706 頁，可謂卷帙浩繁，但各卷自成體系，是一部重要救災文獻資
料，分別是《當代中國的自然災害》，《中國自然災害史與救災史》，《災害理
論研究》，《災害統計資料彙編》，《災害管理文件法規》，《災害防禦對策研究》
《災害管理體制》，《抗災救災》，《災害與保險》，《災害與醫學》。還有由宋正
海主編的《中國古代自然災異整體性研究》叢書，該叢書共有三卷，《中國古
代自然災異群發期》、《中國古代自然災異動態分析》、《中國古代自然災異相
關性年表總匯》，主要從自然科學史的角度出發，在進行資料整理彙編的同
時，旨在探討歷史上災異發生的規律，該叢書於 2009 年由安徽教育出版社出
版。另外還有一些專題論著；〔註 13〕三是歷史學研究涉及先秦時期災害史的
著作也有十幾部，〔註 14〕其中鄭州大學出版社 2009 年推出袁祖亮主編的《中

〔註13〕 陳遵嬀，中國天文學史〔M〕，上海：上海人民出版社，1982 年；馬宗晉等，
中國減災重大問題研究〔M〕，北京：地震出版社，1992 年；申曙光，災害生
態經濟研究〔M〕長沙：湖南教育出版社，1992 年；牟委行，中國五千年氣
候變遷的再考證〔M〕，北京：氣象出版社，1996 年；高慶華等，中國自然災
害史（總論）〔M〕，北京：地震出版社，1997 年；高文學，中國自然災害史
〔M〕，北京：地震出版，1997 年；范寶俊，中國自然災害與災害管理學，哈
爾濱：黑龍江教育出版社，1998 年；羅祖法，災害科學〔M〕，杭州：浙江教
育出版社，1998 年；高建國，中國減災史話〔M〕，鄭州：大象出版社，1999
年。等都屬此類。

〔註14〕 劉昭民，中國歷史上氣候之變遷〔M〕，臺北：臺灣商務印書館，1982 年；胡
明思、駱承政主編，中國歷史大洪水〔M〕，北京：中國書店，1988 年；江曉
原，天學真原〔M〕瀋陽：遼寧教育出版社，1991 年；袁林，西北災荒史〔M〕
蘭州：甘肅人民出版社，1994 年；李向軍，中國救災史〔M〕，廣州：廣東人
民出版社，華夏出版社，1996 年；邱國珍，三千年天災〔M〕南昌：江西高
校出版社，1998 年；復旦大學歷史地理研究中心主編，自然災害與中國社會
歷史結構〔M〕，上海：復旦大學出版社 2001 年；孫紹騁，中國救災制度研
究〔M〕，北京：商務印書館，2004 年；陳業新，災害與兩漢社會研究〔M〕，

國災害通史》中劉繼剛的《中國災害通史（先秦卷）》是一部關於先秦災害史專著，劉書主要從「先秦災害的主要特徵」、「先秦災害基本概況」、「先秦災害原因探析」、「先秦防災與救災實踐」、「先秦防災和救災思想」五個方面對先秦自然災害及其救治進行了系統研究。劉書在第六章專門關有「先秦祭祀禳災思想」一節，但是他認爲這種思想到「春秋戰國時期漸漸趨於減弱」的觀點似有進一步商榷的餘地。

　　八十年代早期的論文不是很多，〔註15〕從九十年代初到現在，筆者基本按照論文分類及發表時間順序概述如下：

　　專門探討災異救助思想的主要有劉家和的《〈春秋〉三傳的災異觀》，該文認爲：「《左傳》對於災異的態度的淵源應從史學傳統中去考察，而《公羊傳》、《穀梁傳》的淵源則應從經學傳統中去分析」，所以「《左傳》作者本著以信傳信、疑以傳疑的寫史態度，記災祥應驗之說，亦記反對災祥之說；他對所謂已有應驗的災祥預言取相信的態度，但始終不失重人事的特點」，「《公羊傳》對於《春秋》記災的解釋一般都說爲『記異』，談災祥應驗的地方並不多」。「唯有《穀梁傳》不言災異，保持了一貫重人事的態度」。〔註16〕這種根據「三傳」自身淵源的不同考察三傳對災異的不同態度，確實是抓住了要害，但是對災異觀在當時的影響卻少有涉及。徐鳳先在 1994 年《自然科學史研究》第 3 期上發表的《中國古代的異常天象觀》一文認爲：「中國古代的異常天象不是單一的一套理論或概念，而是中國自然觀、宇宙觀的綜合反映。其中理

上海：上海人民出版社，2004 年；江曉原，鈕衛星，中國天學史〔M〕，上海：上海人民出版社，2005 年；卜風賢，周秦漢晉時期農業災害和農業減災方略研究〔M〕，北京：中國社會科學出版社，2006 年；馮時，中國古代的天文與人文〔M〕，北京：中國社會科學出版社，2006 年；郝治清，中國古代災害史研究〔M〕，北京：中國社會科學出版社，2007 年 9 月；段偉，禳祭與減災：秦漢社會自然災害應對制度的形成〔M〕，上海：復旦大學出版社，2008 年；張義和，中國蝗災史〔M〕，安徽人民出版社，2008 年；張濤，項永琴，檀晶，中國傳統救災思想研究〔M〕，北京：社會科學文獻出版社，2009 年。

〔註15〕裘錫圭，說卜辭的焚巫問題與作土龍，胡厚宣主編，甲骨文與殷周史〔C〕，1983 年。彭邦炯，商代卜螽說，〔J〕，農業考古，1983 年 2 期。范毓周，殷代的蝗災〔J〕，農業考古，1983 年 2 期。陳志東，殷代自然災害與殷人的山水崇拜〔J〕，世界宗教研究，1985 年 2 期。斯維至，湯禱桑林之社和桑林之舞，胡厚宣主編，全國商史學術討論會論文集〔C〕，殷都學刊編輯部發行 1985 年。

〔註16〕劉家和，《春秋》三傳的災異觀〔J〕，史學史研究，1990 年 2 期。

論與理論之間、理論與觀測之間、理論、觀測與信仰之間存在著盤根錯節的矛盾和聯繫……由於異常天象與人事有關的觀念居主導地位，歷代都經常對天象採取一些對策，異常天象由此而影響了中國古代的一些政治和軍事活動。」徐文提出的一些災異相關論題並沒有引起更多史家注意，更沒有進行深入系統研究。閻應福在 1995 年第 3 期《中國減災》發表的《先秦救災思想概略》是較早一篇以先秦救災思想為題的論文，就像論文題目一樣，閻文涉及從傳說時代到戰國，只是對先秦時期救災思想做一個概要性敘述。薛亞軍在《〈左傳〉災異預言略論（上下）》一文中對《左傳》一書中的 80 餘條災異記載中的具有預言性質的 30 多條進行了分類研究，認為春秋時期雖有重人意而輕天意傾向，但「思想上的半疑半信並不妨礙其實踐上從災異中尋找天象災變的人事原因」。〔註17〕吳十洲的《先秦荒政思想研究》首先分析「天人合一」的觀念與荒政的主導思想之間的關係，接著論述了「聖王」標準和救荒中的「仁政」、「廉政」問題，荒政中的古代農業科學技術思想的開創以及傳統荒政思想的深遠意義等方面，〔註18〕這也是一篇較早系統研究先秦荒政思想的論文，但對其中的非理性因素研究的還不夠全面和深入。孫湘雲的《天人感應的災異觀與中國古代救災措施》雖然指出：祈晴禱雨從行動到精神上都是神秘的天人感應式的，所以以德救災則主要是精神層面上的，是對包括救災措施在內的仁政和政治改良，〔註19〕但是，孫先生第一沒有給「災異」做一界定，第二沒有對天人感應的災異觀背後的深層原理做進一步分析，不能不說是個缺憾。陸曉東的《先秦時期的救荒防災思想及其現實意義》從「災荒發生前的防災思想與政策」和「災荒發生後的救災思想與政策」兩個方面分析了先秦時期救災防災的積極舉措，〔註20〕但對先秦時期救災防災中的非理性因素認識不夠。何婷立的《臧文仲的救災思想及其現實意義》是專就臧文仲批評魯僖公「欲焚巫尫」時講的「非旱備也。修城郭，貶食、省用、務穡、勸分，此其務也」一段話的理性闡釋，〔註21〕而對當時的非理性因素的

〔註17〕薛亞軍，《左傳》災異預言略論（上下）〔J〕，鎮江師專學報，1997 年 1、2 期。

〔註18〕吳十洲，先秦荒政思想研究〔J〕，農業考古，1999 年 1 期。

〔註19〕孫湘雲，天人感應的災異觀與中國古代救災措施〔J〕，中國典籍與文化，2000 年 3 期。

〔註20〕陸曉東，先秦時期的救荒防災思想及其現實意義〔J〕，浙江經濟高等專科學校學報，2004 年 4 期。

〔註21〕何婷立，臧文仲的救災思想及其現實意義〔J〕，商丘師範學院學報，2006 年 4 期。

影響則沒有提及。劉光本的《中國古代災異說之流變》一文從哲學的角度對漢代災異說進行深入分析時，涉及到了先秦時期災異思想的產生和形成，分析了「符瑞、感應的觀念在先秦時期對人事和政事」的巨大影響。〔註22〕游修齡的《中國蝗災歷史和治蝗觀》從農史的角度對中國古代蝗災發生和地理分佈做了歷史回顧，游文雖然提出了天人感應和天人合一觀念對傳統治蝗舉措的非理性影響，〔註23〕但並未分析非理性因素是如何影響治蝗舉措的。李亞光的《春秋時期的救災思想和防災思想》一文對春秋時期積極的救災思想和防災思想進行梳理，認為「古人在與自然災害的長期鬥爭中，總結並積累了豐富的救災、防災的寶貴經驗，這是中華文明史中人和自然作鬥爭過程中形成的珍貴的歷史遺產。在人與自然的關係問題上，人類由依賴、順應自然發展為與自然抗爭，反映了人類的進步，〔註24〕這無疑是正確的，但是對這一時期在救災、防災中存在的一些非理性因素的隻字未提，因而不能全面把握春秋時期的救災防災思想。張濤和項永琴合作的論文《中國傳統救災思想的發展和特點》認為「先秦時期，救災思想初步形成」，〔註25〕可謂總結到位，但是又認為這一時期的人們追求的天人合一、物我合一以及追求的人地和諧和人與自然生態環境之間的高度和諧，筆者認為是對中國傳統救災思想中非理性因素的作用估計不夠，因而有拔高古人思想、擡高傳統文化之嫌。《周禮·地官·大司徒》中有：「以荒政十有二聚萬民：一曰散利，二曰薄徵，三曰緩刑，四曰弛力，五曰舍禁，六曰去幾，七曰眚禮，八曰殺哀，九曰蕃樂，十曰多昏，十有一曰索鬼神，十有二曰除盜賊。」這既是「荒政」一詞的最早出現，也是第一次提出應對荒政的系列舉措，《周禮》中的救災思想自然成為災異史研究的重要對象。王文濤、陳彩琴、甄盡忠、黃曉非分別都以《周禮》中的「荒政思想」、「荒政制度」和「備荒救災思想」為題，認為「《周禮》中系統的荒政制度是古代人們長期救災經驗的總結」，其「荒政」思想是先秦時期「較為系統的荒政思想」，「已初步構建了我國古代救災制度的基本框架」，「成為後世備荒救災的理論依據」。〔註26〕祁磊的《〈周禮〉『災荒』概念釋義》

〔註22〕劉光本，中國古代災異說之流變〔J〕，青島海洋大學學報，2001年2期。
〔註23〕游修齡，中國蝗災歷史和治蝗觀〔J〕，新華文摘，2003年1期。
〔註24〕李亞光，春秋時期的救災思想和防災思想〔J〕，長春師範學院學報，2004年2期。
〔註25〕張濤，項永琴，中國傳統救災思想的發展和特點〔J〕，文史百題，2010年12期。
〔註26〕王文濤，《周禮》中的救荒思想試論〔J〕，2005年3期。陳彩琴，試論《周禮》

一文認爲以我們對災荒概念的常識性認識爲基礎，也就是從經驗性常識認知原生態常識，雖然有邏輯上的合理性，但不能完全反映《周禮》災荒觀的原貌。〔註 27〕祈文提醒了我們研究歷史必須把研究對象放到當時的社會環境和思想水平上去，這樣才能更正確的瞭解眞實的歷史。

　　有關應對災異救助中的具體措施方面的論文也相對較多，主要有賀潤坤的《從雲夢秦簡〈日書〉看秦民間的災變與救災》，該作者通過對《日書》甲乙種相關內容分析，認爲其防治災變的方法傾向於積極主動，並在一定程度上比較符合科學知識，但其中也有受鬼神迷信思想局限的體現。〔註 28〕王暉在 1999 年就撰寫《商代卜辭中祈雨巫術的文化意蘊》一文，用文化人類學的理論和方法，對卜辭所記錄的舞雩焚巫現象進行分析，是對傳統救災思想研究方法的突破。〔註 29〕趙容俊的《甲骨卜辭所見之巫者的救災活動》一文，從探討巫術的功能出發，通過對甲骨卜辭所記巫者在「祈雨」、「止風雨」、「戰事」、「蝗災」四種活動中作用的分析，認爲各種救災巫儀最大的功效，即在於安撫人心，助眾人走出疑懼的陰影。〔註 30〕駢慧娟的《論春秋時期的火災救治》，則是專就火災防治進行研究的論文。〔註 31〕宋鎮豪的《商代的疾患醫療與衛生保健》一文對甲骨辭例進行系統考察，從中揭示出商代 55 種疾患，認爲當時對病象病因的認識已達到相當水平，散積久演的醫療病患方法與衛生保健方面的社會成俗，內容相當豐富，標誌著當時社會生活的文明發展狀態。同時指出：「早先人們通常把疾病的致因直接歸諸自然界神祇的降災或人鬼祟……消除災害必須借助於能夠溝通人鬼間的媒介來完成，即巫的力量」。〔註 32〕可謂精闢。李亞光亦撰文，認爲農業生產及其相關的刻辭佔有重要地位，「由此，殷人對於卜雨的事看得及其重要。在發生其他災害時，殷人也會通過巫來溝通人神，以祭祀天地神祇、祖先等以祈求免除災害。可貴的是，

　　的荒政制度，學術月刊，1998 年 2 期。甄盡忠，《周禮》備荒救災思想淺論〔J〕，河南社會科學，2004 年 4 期。黃曉非，論《周禮》的備荒救災思想〔J〕，社科縱橫，2006 年 12 期。

〔註 27〕祁磊，《周禮》「災荒」概念釋義〔J〕，社會科學，2007 年 11 期。

〔註 28〕賀潤坤，從雲夢秦簡《日書》看秦民間的災變與救災〔J〕，江漢考古，1994年 2 期。

〔註 29〕王暉，商代卜辭中祈雨巫術的文化意蘊〔J〕，文史知識，1999 年 8 期。

〔註 30〕駢慧娟，論春秋時期的火災救治〔J〕，淮北媒炭師範學院學報，2003 年 3 期。

〔註 31〕趙容俊，甲骨卜辭所見之巫者的救災活動〔J〕，殷都學刊，2003 年 4 期。

〔註 32〕宋鎮豪，商代的疾患醫療與衛生保健〔J〕，歷史研究，2004 年 2 期。

李文認爲：「這些事完全沒有科學根據的，自然在戰勝自然災害方面不會有更多的建樹」。〔註33〕可惜的是李先生沒有進一步指出這些沒有科學根據的舉措後面的深層原因。〔註34〕王星光的《春秋戰國時期國家間的災害救助》一文研究了春秋戰國時期「救災恤鄰、扶危濟貧」的邦國間的救助現象，〔註35〕可謂另闢研究盲區，對於全面把握這一時期的災害救助很有意義。陳彩琴和朱曉紅的《論先秦諸子的抗災賑濟措施》主要分析了先秦諸子提出以農爲本和倉儲等積極措施。〔註36〕卜風賢與朱磊合作，撰有《先秦時期西北地區災荒資料研究》一文，立足西北地區，主要對先秦文獻《詩經》、《春秋》、《周禮》中有關災害記載細梳鈎沈，〔註37〕實際上除了《詩經》中有部分可認爲是西北地區的史料外，《春秋》和《周禮》中對西北地區的災害記載甚微。李軍與馬國英的《中國古代政府的政治救災制度》，從政治學和社會學的角度提出「政治救災制度」的概念，認爲它是在傳統文化「天人感應」思想影響下所形成的「災異天譴論」與「陰陽五行災異觀」等觀念基礎上發展起來的一種傳統社會的政治救災制度」。〔註38〕全文雖著眼整個古代社會，但也涉及先

〔註33〕李亞光，從甲骨文看商代的自然災害及救治〔J〕，錦州師範學院學報，2003年5期。

〔註34〕李亞光先後還發表了三篇論文：西周時期的自然災害及特點〔J〕，長春師範學院學報，2003年3期。春秋時期的救災思想和防災思想〔J〕，長春師範學院學報，2004年3期。戰國時期荒政的特徵〔J〕，渤海大學學報，2004年3期分別對西周、春秋、戰國時期的災害及特點、救災思想和防災思想、荒政特徵進行了系列探討，可謂對先秦時期的救災史的系統研究，但是這幾篇論文第一沒有涉及當時人認爲是災害的「異」，第二忽視了先秦時期應對災異中的非理性因素。

〔註35〕王星光還另有專文，對《呂氏春秋》中的農業災害進行分析，「書（《呂氏春秋》，引者注）中記載有豐富的有關農業災害方面的內容。從中可見農業災害的類型有洪災、霜雪災、雹災、霧災、旱災、蟲災、風沙災等名目。……書（《呂氏春秋》引者注）中提出自然界的萬千生物各有其運行的規律，人們應當認識這些規律，遵循這些規律，才能避免災禍的發生。在揭示違背時令將招致災害時，蘊涵有一定的災害預防思想。認爲要減少或避免自然災害，就要有一個立足於長遠、防患於未然的長效措施，要對生態資源進行保護和有節制地開發。《呂氏春秋》還包含有正視自然災害、因勢利導、從容應對災害的思想。……它對於研究中國災害史和環境史有重要的作用」，《呂氏春秋》與農業災害探析〔J〕，中國農史，2008年4期。

〔註36〕陳彩琴，朱曉紅，論先秦諸子的抗災賑濟措施〔J〕，史學月刊，2000年3期。

〔註37〕卜風賢，朱磊，先秦時期西北地區災荒資料研究〔J〕，北方論叢，2007年6期。

〔註38〕馬國英，中國古代政府的政治救災制度〔J〕，山西大學學報，2008年1期。

秦時期，並指出「災異天譴論」和「陰陽五行災異觀」有著「濃烈的神秘色彩」，可惜並未分析其「神秘色彩」背後的深層原因。艾紅玲和陳戍國合著論文《先秦荒禮探微》雖然指出先秦荒禮大概有禱神、變禮、減膳減用以及提供財物賙補等幾種表現形式；同時指出荒禮可以安撫民心、維護社會安定、節省財務以利於人民的生產生活。〔註39〕但是沒有從思想根源上去探究禱神等非理性行為背後的動因。郭珂的《先秦救荒禁樂述論》僅指出「禁樂」的基本思想是在災害發生時為了節約的一種舉措，〔註40〕我們認為「禁樂」舉措背後還有一種非理性的因素起支配作用。近年更有學者從歷史地理學的角度研究先秦時期疫災和地質災害的空間分佈規律。〔註41〕

　　作為先秦時期災異救助中的一個專題研究，有關日食研究論文相對較多，研究者主要分為科學史研究和歷史學研究兩大陣營。科學史研究者對日食的研究多是通過現代天文學的方法對先秦時期日食的記錄進行辨偽，其目的是為了解決年代學和古代曆法上的問題。〔註42〕歷史學研究者受意識形態影響和禁錮，視日食為迷信，所以相關研究亦多是從年代學意義去考察，〔註

〔註39〕艾紅玲，陳戍國，先秦荒禮探微〔J〕，華南農業大學學報：社會科學版，2008年2期。

〔註40〕郭珂，先秦救荒禁樂述論，蘭臺世界〔J〕，2008年6期。

〔註41〕龔勝生，劉楊，張濤，先秦兩漢時期疫災地理研究〔J〕，歷史地理論叢，2010年3期。王元林，孟昭峰，先秦兩漢時期地質災害的時空分佈及政府應對〔J〕，陝西師範大學學報，2011年3期。

〔註42〕張培瑜，中國古日食記錄和地球自轉長期變化〔J〕，紫金山天文臺臺刊，1994年1期。關立言，《詩經·小雅·十月之交》日食考〔J〕，史學月刊，1995年6期。張培瑜，天再旦與日食〔J〕，地球物理學進展，1998年1期。吳守賢，夏代仲康日食記載再讀〔J〕，自然科學史研究，1998年3期。劉次沅，周曉陸，「懿王元年天再旦於鄭」考證〔J〕，自然科學史研究，1999年10期。劉次沅，李建科，周曉陸，「天再旦」研究〔J〕，中國科學A輯，1999年12期。關立言，春秋日食考補遺〔J〕，開封大學學報，2000年1期。劉次沅，周曉陸，詩經日食及其天文環境〔J〕，陝西天文臺臺刊，2002年1期。關增建，中國科學史研究中的歷史誤讀舉隅〔J〕，上海交通大學學報，2003年1期。關立言，關立行，《左傳·襄公二十七年》的一處疑義〔J〕，開封大學學報，2004年4期。

〔註43〕王化鈺，《春秋經》、《傳》日月食考〔J〕，吉林大學社會科學學報，1988年2期。李學勤，癸酉日食說〔J〕，中國文化研究，1998年秋之卷，黃曆鴻，吳晉生，古代日食與三代紀年，人文雜誌，1998年4期。何幼琦，「仲康日食」辨偽〔J〕，殷都學刊，2001年1期。張樹國，九歌·東君與古代救災習俗〔J〕，中州學刊，1996年1期。王政，《詩經十月之交》與日月神話巫術〔J〕，江淮論壇，2001年2期。

43）唯有關瑜楨於 2009 年發表在《自然辯證法通訊》第 6 期的《〈左傳〉日食觀念研究》一文，把《左傳》中記載的日食與當時的政治文化結合起來研究。該文主要探討了《左傳》及其日食記錄在科學史上的地位，並認為《左傳》對中國古代日食占測政治化，是日食占測模型化的始作俑者。實際上，該文主要論述的是日食占測模型化的過程，雖涉及到了日食與政治的關係問題，但也沒有對其背後思想根源做系統分析。

較早從社會學和環境史學的角度研究災異的綜合性論文主要有鄒逸麟的《「災害與社會」芻議》，認為：「災害有著自然和社會的雙重屬性」，分別從「自然災害的時空分佈」、「災害與人口」、「災害與社會經濟」、「災害與社會政治」和「災害與社會文化」五個方面進行論述，認為研究自然災害社會屬性的重要性從某種角度來說超過自然災害本身。〔註 44〕鄒先生提出的災害對社會文化的影響的理念，對於我們研究先秦應對災異救助中的非理性因素有很大的啓發意義。隨著近年來人與自然的關係不斷惡化，而且日益嚴重和突出，所以誕生於 20 世紀 60 年代的「環境史學」，也很快引起國內災害史研究者的關注。2003 年《史學理論研究》第 4 期刊發一組有五位相關學者筆談的專題《自然災難史：思考與啓示》。〔註 45〕還有王春陽《從〈左傳〉『雩禮』看春秋時期的生態變化》，王文考察了《左傳》中九次雩禮的記載，發現其中八次集中在魯襄公五年到魯昭公二十五年之間，正好是魯國初稅畝實施後的幾十年，說明初稅畝的改革促使土地大量開墾成為導致生態失衡的主要原因。〔註 46〕總之，環境史學注重的是人地關係的具體內容，而對具體內容背後的原因是什麼則不是很關心。〔註 47〕當然，環境史學對於我們研究歷史時期的環境變遷還是很有意義的，但是代替不了我們從傳統角度研究歷史，二者可以互補。

另外近幾年有部分博士論文也多涉及先秦時期的救災和荒政內容：較早

〔註44〕鄒逸麟，「災害與社會」芻議〔J〕，復旦學報，2000 年 6 期。

〔註45〕高國榮，「環境史學是 20 世紀六七十年代在美國率先出現的一門新學科，它以生態學為理論基礎，著力探討歷史上人類社會與自然環境之間的相互關係。在人與自然之間，既有和諧共生的一面，也有緊張對抗的一面，而後者往往倍受環境史學家的青睞。自然災害因此而成為環境史研究的重要內容。」環境史學對自然災害的文化反思〔J〕，史學理論研究 2003 年 4 期。

〔註46〕王春陽，從《左傳》「雩禮」看春秋時期的生態變化〔J〕，樂山師範學院學報，2004 年 11 期。

〔註47〕高國榮，環境史學對自然災害的文化反思〔J〕，史學理論研究，2003 年 4 期。

的博士論文有復旦大學陳彩琴的《周代災異與荒政研究》。陳文克服了史料上困難，利用人類學、思想史和社會史的一些研究成果，系統分析了周代的災異和荒政，填補這方面的研究空白。文章指出：人對災異認識和防治的過程，不僅反映了人與自然之間的相互影響歷史進程，同時也在一定程度上促進了人對自然和自身認識的深化。在 1998 年就系統研究周代的災異和荒政，確實比較早，也較爲有遠見。其第三章「周代的災異思想」，〔註48〕揭示了周代的災異思想及其變化過程，論文以《山海經》和殷墟卜辭爲基礎，詳細分析了神話——宗教意識中的災異思想。根據《洪範》、《周易》和《春秋》這三部重要經典，說明災異思想由神話——宗教思維發展到天命論的過程，以及它們對當時與後代的影響和意義，指出春秋中期以後，理性思潮的興起導致了對災異認識的變化，而這種變化又反過來促進了理性思潮的進一步發展。周代除了災異的天命論認識方法外，傳統的星象學和新興的陰陽說，也是關於災異的重要的具有深遠影響的認識方法，儘管它們都受到了天命論的影響。直到荀子的天人之分思想出現，這種影響才最終被超越。在《月令》系統的形成過程中，可以瞭解人對秩序的需求，認識災異在這種需求中的地位和作用，以及先秦時的天人關係變化過程。陳文主要從天命思想的發展歷程來研究先秦時災異思想的發展，而忽視了在戰國時期形成的陰陽五行說對災異的影響，或者說重視的不夠，更沒有從巫術理論的層面上對先秦災異思想與方法進行深入系統的研究。實際上在中國古代的應對災異救助的措施中，模擬巫術和交感巫術是最基本的一種手段，如救日之寅賓出日、入日、伐鼓助陽等。我們認爲春秋戰國時期，理性思維較前有所發展，但非理性的因素仍普遍存在。而陳文對先秦災異思想中的非理性因素僅簡單一帶而過，或直接認爲是迷信。另外，陳文對先秦時的異災和荒政敘述多，總結少，昇華爲理論的則更少。應該通過史事的敘述來闡釋一種理論或觀念，即災異應對措施背後的思想和觀念的產生與形成，再反過來論述它對應對災異救助措施的影響與作用。總之陳文過多注意了理性的東西，而忽視了或否認了非理性的存在與發展，如巫術等。實際上先秦時期的巫術在「天人感應」和「陰陽五行」觀念支配下，對中國傳統的災異救助影響深遠而巨大，理性的與非理性的觀念往往是同時並存，共同前行的，只不過是各自佔領的領域不同，作用不同而已。《周代荒政研究》是吉林大學李亞光於 2004 年做的博士論文。李文以

〔註48〕陳彩琴，周代災異和荒政研究〔D〕，上海：復旦大學，1998 年。

荒政理論、荒政制度、荒政實踐等爲基本內容，把周代荒政發展分爲西周、春秋、戰國三個歷史發展階段，認爲：「敬天保民」是西周荒政的理論基礎，而且，西周實現了由商代巫術救災向以人力救災的轉化，政府主動救災，並且將救災列於政事重要地位，同時形成救災理論；春秋時期的荒政理論是「天道遠，人道邇」觀念在防災救災上的體現；戰國時期出現了更爲積極主動地「制天命而用之」的荒政理論。〔註 49〕李文對西周到戰國荒政理論、荒政制度和荒政實踐幾方面的系統梳理，勾勒出了有周一代人們不斷認識自然，防止和戰勝災害的積極線索，「從一個側面豐富先秦史研究的內容」。但是，李文對當時人認爲是災害的異常天象的救助則基本沒有涉及，更沒有討論當時還存在著勢力強大的應對災異救助措施中的種種非理性因素。

縱觀最近二十多年的災害史研究，主要呈現出以下幾個特點：從研究者學術背景看，自然科學史者和災害管理部門的學者居多，並且是他們首先重新開始災害史研究之課題，人文社會科學者則少；從研究對象的時段上看，近現代最多，明清時期次之，其次是唐宋時期，又其次是兩漢時期，先秦時期很少；從研究內容上看，羅列各種災害現象者多，救助及相關政策及制度者次之，而論及應對災害方式背後的思想根源者少；從研究視角上看，從政治制度史角度論述者多，從社會史角度論述者次之，從思想史角度論述者少；從評價古代救災思想與措施上看，肯定古代救災措施者多，從具體措施的技術層面上討論者次之，從整個社會及思潮發展史上論述者少；從概念界定上來看，研究歷史上自然災害的居多，而研究歷史上異常現象的少。實際上，在古人眼裏，異常現象也是災，所以應該把自然災害和異常現象合起來研究，故我們稱之爲「災異」。我們認爲把歷史時期，尤其是先秦時期的災害和災異刀斬斧剁般區別開來是不科學的。特別是近年來，從生態環境史學角度研究中國古代的救災思想過程中，把古代一些救災、防災的措施所帶來的客觀效果，說成是古人已有的科學思想，因而在研究人與自然的關係方面，有誤讀歷史、曲解古人的傾向，〔註 50〕有的甚至有意無意的拔高古人，究其原因，

〔註49〕李亞光，周代荒政研究〔D〕，長春：吉林大學，2004 年。
〔註50〕如對「天人合一」的認識：認爲天人合一就是「人與大自然合一」。季羨林在《傳統文化與現代化》（創刊號）發表了《「天人合一」新解》一文，認爲：「天人合一」強調天與人的和諧一致是中國古代哲學的主要基調。」這是比較廣義的理解，是符合實際情況的。……季先生不把「天」理解爲「天命」，也不把「人」理解爲「人生」；而我認爲「天」就是大自然，「人」就是我們人類。

是因爲學者多注意了理性的措施和思想，而忽視了其非理性因素的作用。因此，我們認爲重新審視中國古代的災異救助思想是十分必要的，而先秦時期則是中國古代災異救助思想產生與形成的重要時期，因此對先秦時期的災異救助及其背後的深層思想研究不僅是必要的，而且是有意義的。

我們承認災異救助中的積極舉措是眾多的，而且是行之有效的。〔註51〕但是其中支配這些舉措背後的思想和觀念並不一定都是積極的和理性的，實際上主要是在非理性觀念主導下表現出來的客觀效果而已。所以，我們在探討先秦時期應對災異中的非理性因素的同時，並不否認理性因素的積極作用。理性和非理性是一個事物的兩個方面，二者相輔相成，不可忽視其一。這才是全面把握應對先秦時期災異救助的應有態度和途徑。因爲非理性因素

天人關係就是人與自然的關係。……東方人對大自然的態度是同自然交朋友，瞭解自然，認識自然；在這個基礎上再向自然有所索取。筆者認爲：季先生是在討論中西文化差異的背景下看中國文化，這是十分必要的，也是十分重要的。但是這種對「天人合一」的理解卻不符合中國歷史的實際情況，傳統的天人合一思想是迷信的，保守的，本書第 4 章有論述。而錢穆於 1991 年在《中國文化》第 4 期發表的《中國文化對人類未來可有的貢獻》一文中對「天人合一」的理解甚爲準確和到位：「中國人是把『天』與『人』和合起來看。中國人認爲『天命』就表露在『人生』上。離開『人生』，也就無從來講『天命』。所以中國古人認爲『人生』與『天命』最高貴最偉大處，便在能把他們和合爲一。離開了人，又從何處來證明有天。所以中國古人，認爲一切人文演進都順從天道來。違背了天命，即無人文可言。『天命』『人生』和合爲一，這一概念，中國古人早有認識。……總之，中國古代人，可稱爲抱有一種『天即是人，人即是天，一切人生盡是天命的天人合一觀』。這一概念，亦可說即是古代中國人生的一種宗教信仰，這同時也是古代中國人主要的人文觀，亦即是其天文觀。」錢先生認爲「天人合一」是中國文化思想的總根源，一切中國文化思想都可歸宿到這個概念上。筆者案：錢先生也是在比較中西文化差異之後，積 80 餘年對中國文化的研究和理解，指出「天人合一」觀的重要性以及其在中國文化思想史上的地位之高，這是錢先生一輩子對中國傳統文化研究的結果，來之不易，由於篇幅所限，錢先生並沒有論述「天人合一」思想產生的具體過程和具體內容。而季先生則有點誤讀錢先生，還自以爲是「新解」，真可謂「新」也。筆者以爲季先生的新解是用現代的科學概念看待傳統中的古老觀念了。更有許多災害史研究者認爲「天人合一」實乃中國文化之精髓，不可不謂謬也。

〔註51〕 筆者按：《逸周書》中的《糴匡解》和《大匡》篇，《管子》中的《度地》、《國蓄》、《小匡》、《地員》、《乘馬》、《治國》、《權修》等篇，《呂氏春秋》中的《上農》、《任地》、《辨土》、《審時》等篇，《墨子·七患》，《荀子》中的《富國》、《王制》、《天論》等篇，《孟子》中的《盡心》、《滕文公》《梁惠王》等篇以及《左傳》、《國語》等文獻都有記載，後人研究成果之豐如上所述。

既是以一定的社會實踐和社會生活爲基礎而產生的，同時又是通過一定的社會實踐和社會生活來發揮作用的。所以本書的選題可以說是從一個側面豐富和補充了先秦災異史、乃至整個中國古代災異史研究的內容。

應對災異方式中的非理性因素不僅是先秦救災思想中的重要組成部分，而且對秦漢以後歷代救災思想都有影響。特別是，非理性因素在災異救助中的作用，還表現在撫慰社會心理並對社會穩定上的影響，無疑是巨大的。而對先秦時期災異救助中非理性因素的梳理和分析正是本書的主要任務。

二、本課題研究的意義

20 世紀中葉以來，現代科學技術革命給我們的生活帶來了翻天覆地的變化，給人類帶來了無盡的福祉。但是現代科技的發展也產生了許多負效應，諸如生態危機、資源困乏、人性扭曲、精神頹廢、道德墮落等等。由於學術界因對非理性缺乏足夠的重視和研究，因而誤解了歷史上的許多觀念，把歷史上的非理性觀念支配下帶來的客觀效果說成是古人的眞正意圖，有把糟粕當精華，有意無意拔高古人的傾向。例如在以前的研究中，我們忽視了中國古代「巫術」和「陰陽五行」在應對災異方式中的作用，甚至對非理性的東西給以徹底、全盤的否定。殊不知，非理性與理性是一個事物的兩個方面，二者互爲存在，不可分割。只有對先秦時期應對災異方式中非理性因素的深入系統研究，方可全面認識先秦時期應對災異方式的整體和全貌。

本書的研究至少有兩個方面的意義，一是補充和豐富了對先秦思想史研究的全面性。以前在救災研究中多強調理性思潮的影響與作用，而對非理性思潮的研究不夠重視。實際上，一些非理性的思潮在先秦救災思想中的作用非但沒有消失，而且此種非理性因素對於約束君主、撫慰社會心理、穩定社會秩序有一定的積極作用。因而此項研究對於我們當今如何對待中國文化遺產仍然有借鑒作用。二是對新的歷史條件下的救災、防災具有借鑒意義。儘管現代科學技術已高度發達，但人類在大規模的自然災害面前還是顯得微小和無助的，一些非理性觀念還在一定程度上起作用，如非典時期迷信思想的傳播與影響就不容忽視。

三、主要討論的問題

我們從對「災異」概念的界定入手，在把自然災害列入研究範圍的同時，

也把日食等異常天象納入研究內容，較爲全面系統研究先秦時期應對「災異」救助方式中的非理性因素是本論著的特色之一。即從模擬巫術和陰陽五行思想角度系統研究先秦時期應對災異救助方式中背後的深層原因是本書的創新之處。在對近一百年來災害史研究的學術史回顧和總結的基礎上，第二部分主要通過對大禹治水與禹步、商湯禱雨與焚巫尪和雩祭與做土龍的分析，討論在模擬巫術和陰陽五行思想指導下應對水旱災害方式的儀式化過程，說明非理性因素對災異救助方式的影響。同時也說明隨著理性思潮的發展，非理性因素滲透到祭祀儀式中而得以繼續流傳，並繼續發生作用。第三部分以「伐鼓於社」爲主線，結合先秦文獻中對地震、蟲災、火災和疾疫等災異救助方式的相關記載分析，探討非理性因素——模擬巫術和陰陽五行思想在災異救助方式中的非理性行爲既有消極作用，又有利於統治者維持其統治，特別是對於維護社會心理有穩定作用。第四部分是本書的重點，運用文化人類學、民族學、社會史學和歷史學的理論與方法，對在先秦時期應對災異方式中的非理性因素進行深入系統研究。

　　我們的結論是：先秦時期，非理性因素在災異救助方式的產生和形成過程中的作用和影響不容忽視，但是也不能估計過高，儘管這些非理性因素有時候能起到約束君主、穩定社會心理等作用，但是其指導思想實際上是錯誤的和虛妄的。只有這樣才能把握先秦時期應對災異救助方式的全貌，才能夠全面理解秦漢以後直到近現代應對災異方式中那些被視爲迷信、或非科學的舉措存在的深層原因，才能從根源上消除迷信，倡導科學。

四、方法論

　　第一，馬克思歷史唯物主義辯證分析的方法告訴我們，在客觀的歷史發展過程中，一切社會歷史的因素都是相互作用、相互影響的。人們研究歷史，只有從客觀存在的歷史出發，詳盡地佔有材料，科學地分析材料，才能得出相應的結論。構成社會歷史進程的現象和因素也是不斷運動和發展的，所以我們既要用發展的眼光看歷史，又要用辯證的觀點去把握事物的內在聯繫，更要具體問題具體分析，從而更準確、更全面地把握和認識研究對象。本書即是在佔有材料的基礎上，針對多數學者過分強調應對災異方式中的理性因素的情況，從研究應對災異方式的非理性因素著手，以期對先秦時期應對災異方式的全方位因素有所把握和認識。另外，本書力圖還原先秦時期應對災異方式中非理性因

素的原貌，而不是用當今的科學指標和體系去要求古人，造成要麼拔高古人的
思想和技術，要麼貶低古人的思想和舉措，二者都是不可取的。

　　第二、文化史學亦是一種研究歷史的重要方法，「文化史學把全部注意力
集中在由事件人物表現出來的各種文化現象上，這些現象比起變動不居的事
件來具有較大的穩定性，它們往往成百年乃至上千年沒有本質的變化；比起
事件的形式多樣化又具有相當的齊一性，而具有穩定性、齊一性的事物才是
科學方法便於處理的對象。」〔註52〕這種文化史學不是僅僅把文化看做研究
對象，也不是把文化史看作是與政治史、經濟史、軍事史等等並列的一個史
學分支，而是把它看成是爲了達到特定認識而組織和分析材料的方式，因而
是一種研究歷史的方法。文化史學主要是研究由歷史事件和歷史人物構成的
各種歷史文化現象，而這些文化現象具有很大的穩定性（儘管事件和人物發
生變化）。具體來說就是一種文化現象是由若干的相對單純的文化要素構成
的，找準了構成文化現象的要素並能科學分析這些要素的構成和演變，就能
夠科學地認識歷史，全面地把握歷史。我們認爲：模擬巫術和陰陽五行是構
成先秦時期應對災異方式中的主要的非理性因素，把模擬巫術、陰陽五行和
災異應對方式三者聯繫起來，這樣才能科學認識先秦時期應對災異方式中的
非理性因素的作用和功能。

　　第三、文化人類學的理論和方法給我們的研究提供了更爲廣闊的視野，
同時人類學的材料也爲我提供了更爲有力的佐證。其中，弗雷澤的「模擬巫
術」是我們研究的主要的理論和方法。

　　第四、法國年鑒學派的第二代領軍人物費爾南・布羅代爾的整體史觀和
長時段理論〔註53〕也是我們謀篇全文的主要指導思想之一。

五、幾點說明

（一）災異概念的界定

　　我國是世界上自然災害頻發的國家，自古以來亦然。但是由於災害的多樣

〔註52〕常金倉，窮變通久——文化史學的理論與實踐〔M〕，瀋陽，遼寧人民出版社，
　　　　1996年。
〔註53〕（法）費爾南・布羅代爾，論歷史〔M〕，劉北成，周立紅譯，北京，北京大
　　　　學出版社，2008年。菲利普二世時代的地中海和地中海世界〔M〕，北京，商
　　　　務印書館，1998年。

性和複雜性以及不同時代人們對災害認識水平的制約，加之研究者學科背景、研究角度、研究方法和研究側重點的不同，使得當今學者對災害的定義頗有歧義，互不統一。因為學術研究中的概念和歷史實際本來就是很難同一的，正如恩格斯所說：「思維和存在的同一性（用黑格爾的話來說）完全符合於您舉的圓和多邊形的例子。換句話說，這兩者，即一個事物的概念和它的現實，就像兩條漸近線一樣，一齊向前延伸，彼此不斷接近，但是永遠不會相交。兩者的這種差別正好是這樣一種差別，由於這種差別，概念並不無條件地直接就是現實，而現實也不直接就是它自己的概念。」〔註54〕更何況災害救助有一個歷史發展的過程，不同時期有不同的救助形式，同時也是一個不斷完善的過程。

　　綜合考察學界在災害史研究中使用的概念主要有「災害」、「災荒」、「荒政」、「災異」等不同是說法。「災害」是指由於自然界的異常給人類和社會帶來的損害；〔註55〕「災荒」主要是指人類和社會對災害應對無力或應對不力而造成人類自身和社會的危害；〔註56〕「荒政」是社會或政府對待災害造成的災荒的應對政策和舉措，包括災前的預防措施和災後的救濟措

〔註54〕　恩格斯，致康・施密特，馬克思恩格斯選集第4卷，北京：人民出版社，2001年，第744～745頁。

〔註55〕　有關「災害」概念定義最多，但基本大同小異，主要有：國際減輕自然災害十年委員會專家組確認：「任何一種超出社會正常承受力的，作用於人類生態的破壞都是災害。」（陳玉瓊：自然災害與減災對策建議，全國減輕自然災害研討會文集〔C〕，北京：北京氣象出版社，1992年，第93頁。）袁林：災，多稱災害，一般所說的災害都是指自然災害，它是一種或數種具有破壞性的自然力，通過非正常的，非一般的方式釋放出來，在一定範圍內，為害和破壞了人類正常經濟活動和社會生活的自然現象（西北災荒史〔M〕，蘭州：甘肅人民出版社1994年，第3頁。）；鄒逸麟：所謂災害，是指自然界的變遷，對人類社會造成不可承受的損失時，才稱之為災害（災害與社會研究芻議〔J〕，復旦學報，2000年6期。）；夏明方：所謂自然災害，顧名思義，即是自然力量的異常變化給人類社會帶來危害的事件或過程。如果只有自然力量的變化（成害體）而沒有人類社會（承災體），也就無法形成一個完整的災害過程（中國災害史研究的非人文化傾向〔J〕，史學月刊，2004年3期。）；高國榮：所謂自然災害，是指因不可抗拒或難以預測的自然因素（諸如火山、地震、乾旱、洪澇、沙塵暴、泥石流、蟲災、瘟疫等）或人為因素（諸如資源過度開發、環境污染等）引起自然變異，從而導致嚴重損害或危及人類生命、健康、財產和棲息環境的禍害（環境史學對自然災害的文化反思〔J〕，史學理論研究2003年4期。）等等。實際上早在《管子・地員篇》就有「五害」記載：「善為國者必先除其五害。……水，一害也；旱，一害也；風霧雹霜，一害也；厲（瘟疫），一害也；蟲，一害也。此謂五害。五害之屬，水最為大。五害已除，人乃可治。」

〔註56〕　鄧拓，中國救荒史〔M〕，北京：北京出版社，1998年，第5頁。

施，是側重於制度和政策層面而言；〔註57〕「災異」則是「災」和「異」的合稱。〔註58〕實際上，「災」是指水旱、地震、雹霜、火災、蟲災等自然災害。「異」是指日食、彗星等天文現象和雲氣、鬼神、物妖等怪異現象（其中許多古人以爲異者，今人則習以爲常也）。部分異常天象雖然沒有直接對人類自身和社會造成損害，但它可以給社會心理造成恐慌，所以古人亦認爲是災害。災和異都是一種歷史現象，二者既相聯繫又有區別。《春秋》、《左傳》中一般稱「災」，如《左傳》隱公元年，「有蜚。不爲災，亦不書」；《左傳》莊公十八年，「秋，有蜮，爲災也」；《春秋》僖公二十年，「西宮災」；《左傳》昭公元年，「水旱癘疫之災」；《左傳》昭公十八年，宋、衛、陳、鄭火，《春秋》曰：「宋、衛、陳、鄭災」；《左傳》昭公二十一年，「秋七月壬午朔，日有食之」，梓慎曰：「二至、二分，日有食之，不爲災。日月之行也，分，同道也；至，相過也。他月則爲災」等。《左傳》將災解釋爲「天反時爲災」。〔註59〕到了漢代，「災」有時也被稱爲「異」，如《公羊傳》隱公三年，「春，王二月己巳，日有食之。何以書？記異也」；《公羊傳》莊公十八年，「秋，有蜮。何以書？記異也」；《公羊傳》莊公二十九年，「秋，有蜚。何以書？記異也」；《公羊傳》僖公二十年，「西宮災何以書？記異也」；《公羊傳》文公九年，「九

〔註57〕主要有吳十洲：「荒政」就是指我國古代救濟饑荒的政策、政令和制度，是我國古代社會機制在非常時期的一種特殊的體現（先秦荒政思想研究〔J〕，農業考古，1999 年 1 期。）；邵永忠認爲荒政是中國古代救濟饑荒的法令，制度、政策與措施的統稱。但是從更廣層面上講，在前者的基礎上還應包括救濟災荒的實踐活動，思想見解和具體辦法等等（二十世紀以來荒政史研究綜述〔J〕，中國史研究動態，2004 年 3 期。《周禮·地官》大司徒之職：「以荒政十有二聚萬民：一曰散利，二曰薄徵，三曰緩刑，四曰弛力，五曰舍禁六曰去幾，七曰眚禮，八曰殺哀，九曰蕃樂，十曰多昏，十有一曰索鬼神，十有二曰除盜賊。」可謂是「荒政」一詞的最早記載。

〔註58〕劉光本：「災」指災害，災難，災劫，「異」指異常，變異，怪異，「災異」，舊指自然災害或反常的自然現象。「災異說」，是指依據天人合一和天人感應觀念，由自然界和人類社會的某些變異，怪異等異常之象和某些災害，災難等災變之事來推斷其所預示的有關政治和人事變遷的學說（中國古代災異說之流變〔J〕，青島海洋大學學報，2001 年 2 期）薛亞軍認爲災異就是指社會生活中的災害禍患及奇事怪物（《左傳》災異預言略論（上）〔J〕，鎮江師專學報，1997 年 1 期）《左傳·宣公十五年》載有：「天反時爲災，地反物爲妖，民反德爲亂，亂則妖災生。」《左傳·莊公十四年》亦有：「妖由人興也；人無釁焉，妖不自作；人棄常則妖生」的記載。

〔註59〕楊伯峻，春秋左傳注·宣公十五年〔M〕，北京：中華書局，1981 年，第 763頁。

月癸酉，地震。地震者何？動地也。何以書？記異也」；《公羊傳》昭公十八
年，「夏五月壬午，宋、衛、陳、鄭災。何以書？記異也。何異爾？異其同日
而俱災也。外異不書，此何以書？爲天下記異也」等。當然，災和異在古人
看來還是有區別的，如漢儒董仲舒就曾對災和異作出了區分。他在《春秋繁
露》一書中說：

> 天地之物有不常之變者，謂之異，小者謂之災。災常先至而異
> 乃隨之。災者，天之譴也；異者，天之威也。譴之而不知，乃畏之
> 以威。《詩》云：「畏天之威。」殆此謂也。〔註60〕

可見董仲舒所謂的「天地之物，有不常之變」之「異」，也包括了《左傳》中
的「天反時」之「災」。依照董仲舒來看，「異」與「災」只是大小的不同，
並沒有實質性的區別。故而我們認爲無論是春秋戰國時期稱「災」，還是漢代
稱「異」，這些都是我們探討先秦時期救災史研究的重要內容。所以，本書所
用「災異」一詞，包括以上「災害」和「災異」兩部分內容。

　　我們這裡研究的先秦時期應對災異方式中的非理性因素，這種「非理性」
是借用了一個哲學概念，「非理性是社會精神生活的一個特定方面，是人類所
特有的一種精神現象，是在社會實踐中形成、發展並能動地參與社會實踐，
反映並反作用於社會存在的非條理化、非規範化、非邏輯化、非程序化、非
秩序化的社會精神現象」。〔註61〕實際上非理性因素是一種複雜的社會文化現
象，也是一種思維範式，因此非理性存在於社會生活的各個方面和領域，亦
與人類社會發展相始終。所以「在文化上，『非理性』是指人類早期的集體表
象、巫術、圖騰、神話，中世紀的偶像崇拜、宗教狂熱，近代思想家所講的
人性異化，現代思想家所謂的生命衝動、意識流等」。〔註62〕先秦時期，應對
災異方式中的模擬巫術就是一種典型的非理性因素。

（二）本書研究斷限的說明

　　把先秦時期應對災異方式中的非理性因素作爲一種文化現象來研究是我
們研究的又一個新視角。首先，文化現象的產生都有一個相對漫長的過程，

〔註60〕蘇輿，春秋繁露義證·必仁且智〔M〕，北京：中華書局，1992年，第259頁。
〔註61〕吳寧，社會歷史中的非理性〔M〕，武漢：華中理工大學出版社，2000年，第
　　　　32頁。
〔註62〕吳寧，社會歷史中的非理性〔M〕，武漢：華中理工大學出版社，2000年，第
　　　　16頁。

巫術產生於原始社會是學界公認的，但是進入文明以後巫術並沒有消失，或繼續存在於民間，或滲透到祭祀儀式中而存在於君主和國家的行為當中，鄒衍即是借助了模擬巫術的原理創立了陰陽五行說。其次，一種文化現象一旦產生，就又具有相對的穩定性，陰陽五行說雖創自鄒衍，但是它對中國歷史的影響卻是深遠的，經董仲舒把它引入儒學後，影響中國社會兩千多年。

所以本書的研究斷限，上自殷周，下及秦漢，而重點主要是在西周到春秋戰國這一段。究其原因有二：一是殷商時代雖有大量甲骨出土，但畢竟是零散的，而傳世文獻又有限，所以殷商時期僅為追朔所及，沒有深入探究；當然也與本人古文字知識欠缺不無關係。二是我們在研究中發現具有模擬巫術思想和原理的陰陽五行說的災異救助思想，雖然產生於戰國後期，但是把它真正系統化則是在秦漢，特別是《呂氏春秋》的「十二紀」是陰陽五行災異觀的真正範式，而經董仲舒的改造之後，才開始成為國家行政的指導思想。為了展現這種文化現象的全貌，我們的研究下限延伸到了秦漢。

第二章　應對水旱災害方式中的
非理性因素研究

　　最晚自周秦以來，農業生產逐漸成為中國古代社會物質財富的最主要來源方式。由於中國大部分地區屬於亞洲季風區，受海陸分佈、地形、季風等因素的影響，降水量的區域分佈差異明顯，年內季節分配很不均衡，年際之間變化亦大。凡此種種的不確定因素，使得一個地區的降水可能時多時少，變數極大，從而導致水災、旱災的頻繁發生。為了應對包括水旱在內的種種自然災害，適應農業生產模式需要，保證農業生產活動的正常進行，中國歷代統治者不僅制定了諸如「重農抑商」、「尚農」之類的行政政策，同時還採取了多方面的舉措和策略以應對農業生產中的水旱問題。從時間和功能上說，其中有的措施施行於災害未然之前，旨在防止隨時可能發生的水旱災害；而有的措施則施行於災害已然之後，目的是將業已爆發的災害控制在盡可能小的範圍之內，並阻止災害不良後果的進一步擴大。這種區分當然是相對的，因為在實際的操作過程中，要將以上兩種防災、救災措施作出完全清晰的區分幾乎是不可能的。比如說，本節將要講到的「大禹治水與禹步」、「禱與焚巫尪」以及「雩祭與作土龍」三者其實都具有防災和救助的作用，因此在災害發生前和發生中都有實施的可能。

　　災異救助思想是人們在長期的救助活動中經過不斷總結、歸納而形成的集體智慧的結晶，其中不僅蘊含著某個民族特定的文化內容，也必然體現人類社會發展的一般規律。就中國上古社會而言，陰陽五行堪稱當時人們所持種種救災措施、救災觀念的主要指導思想，這可以說是人類早期社會思維特點在中國歷史與文化中的獨特體現；而就人類文化發展的一般性而言，英國

人類學家詹姆斯·喬治·弗雷澤所概括的人類巫術現象的基本原理（尤其是關於「模擬巫術」和「觸摸巫術」兩種類型的理論，詳下），也同樣隱含於中國古代的救災活動和救災思想中。從這個意義上講，中國古代的救災活動和思想中體現了人類社會發展的辯證法，因此在研究這一現象時我們就必須注意從更加全面、綜合的視角對其加以分析和考察。我們將依次討論這些觀念在「大禹治水與禹步」、「禱與焚巫尪」、「雩祭與作土龍」三則水旱災害救災個案中的具體表現。

一、大禹治水與禹步

顧名思義，所謂「禹步」即大禹之步伐或步式。它是中國古代術士創造的一種流行範圍甚廣、影響程度深遠的巫術儀式，因相傳係大禹創制於治水過程中，故名。《尸子》一書中最早出現該巫術名稱：「（大禹）步不相過，人曰禹步。」〔註1〕關於禹步巫術的具體內容，晉代的道士葛洪在所著《抱朴子內篇·登涉》一書中引《遁甲中經》有關文字，稱（道士）「往山林中，當以左手取青龍上草，折半置逢星下，歷明堂入太陰中，禹步而行」，如此則可辟「百邪虎狼」。禹步的具體內容為：

> 又禹步法：正立，右足在前，左足在後，次復前右足，以左足從右足併，是一步也。次復前右足，次前左足，以右足從左足併，是二步也。次復前右足，以左足從右足併，是三步也。如此，禹步之道畢矣。〔註2〕

同書《仙藥》篇又記禹步法曰：

> 前舉左，右過左，左就右。次舉右，左過右，右就左。次舉右，右過左，左就右。如此三步，當滿二丈一尺，後有九跡。

成書較晚的另一部道教經典《雲笈七籤》卷六十一《服五方靈氣法》記服氣時所行之禹步步法，云：

> 諸步綱起於三步九跡，是謂禹步。……其法先舉左，一跬一步，一前一後，一陰一陽，初與終同步，置腳橫直，互相承如丁字所，亦象陰陽之會也。〔註3〕

〔註1〕尸佼，尸子〔M〕，上海：華東師範大學出版社，2009 年，第 50 頁。
〔註2〕葛洪，抱朴子內篇校釋〔M〕，北京：中華書局，1985 年，第 209 頁。
〔註3〕張君房，雲笈七籤〔M〕，北京：華夏出版社，1996 年，第 368 頁。

略加比較，即可知各家大同小異。之所以如此，我們推測或由道士傳習失誤所致，或由師承淵源不同所致，其實並無本質區別。

禹步是如何起源的？對於這個問題，自古及今的不少學者已從不同角度、出於不同的動機進行過考察闡釋。最爲流行的看法見於道教經典《洞神八帝元變經・禹步致靈》，其中這樣說道：

> 昔大禹治水，……居南海之濱，見鳥禁咒，能令大石翻動。此鳥禁時，常作是步，禹遂模寫其行，令之入術。自茲以還，術無不驗。

是說大禹治水時抵達「南海之濱」，因注意到有一種禽鳥能夠通過某種特殊的步伐運作咒法，令「大石翻動」。大禹受此啓發，遂模擬它的行爲，並將它發展爲一種巫術。從此以後，禹步成爲術士「萬術之根源，玄機之要旨」，行無不驗。此說充滿神話色彩，無疑是術士爲了神化其道術而進行的演繹，當然不可盲目信從。

人們關於禹步起源的另一種說法，可以陳夢家先生爲代表。陳先生於 1936 年曾提出關於三代巫史關係的論斷，他說：「由巫而史，而爲王者的行政官吏；王者自己雖爲政治領袖，同時仍爲群巫之長。」並由此推斷：「古之王即巫者，故禹步亦稱巫步。」〔註4〕不難看出，陳先生顯然主張古代的「王」起自宗教領袖即巫者，並主張禹步巫術爲政治領袖兼巫師的大禹所創立，並得以傳襲。

以上兩種說法的可取之處在於將禹步與大禹聯繫起來考察其來源，不當之處則在於均在缺乏嚴格史料審查的情況下便得出結論，將大禹視爲一個巫師，以此解釋禹步係大禹所創。在筆者看來，禹步巫術的確與大禹及其所從事的中國上古時期的救災（主要是抗洪）活動有緊密聯繫，但事實卻並不是因爲大禹身爲巫師，自創法術那麼簡單。相反，我們認爲這則巫術乃是建立在大禹其人其事在漫長的歷史過程中逐漸被神化的基礎之上。

關於傳世文獻中所保留的大禹其人及其事迹的眞實性，疑古派學者曾於 20 世紀 30 年代前後屢次強烈質疑。顧頡剛先生最早提出大禹爲神話主體的觀點，他指出：

> 西周中期，禹爲山川之神；後來有了社祭，又爲社神（后土）。其神職全在土地上，故其神跡從全體上說，爲鋪地、陳列山川、治洪水；從農事上說，爲治溝洫，事耕稼。……又因當時神人的界限

〔註4〕陳夢家，商代的神話與巫術〔J〕，燕京學報，1936 年，第 20 頁。

> 不甚分清，禹又與周族的祖先並稱，故禹的傳說漸漸傾向於「人王」
> 方面，而與神話脫離。〔註5〕

顧頡剛認為大禹原本為山川之神，只是後來為了民眾信仰的需要而逐漸被歷史化，成為形象生動的夏代統治者（「人王」）。顧先生以勇於疑古、敢於創新而為史學界所服膺，但在大禹屬性這一問題上他顯然疑古過甚而將事實的真相顛倒了。今天我們重新拜讀顧先生的有關論著，不難看出他所倡導的「大禹由神話而歷史化」這一見解缺乏真正有力的證明。考諸先秦時期的《詩》、《書》及諸子論著關於大禹的論述，尤其是大量出土金文中關於大禹其人其事的描述，研究者可以順理成章地勾勒出大禹由歷史人物而逐步被神話化的過程。

後代婦孺皆知的大禹治水等歷史傳說首見《尚書》各篇。《書‧堯典》說帝舜時遭受洪水之災，舜遂接受四嶽舉薦，命大禹作司空，委以平治水土的重任。《書‧皋陶謨》曰：

> 禹曰：「洪水滔天，浩浩懷山襄陵，下民昏墊。予乘四載，隨山刊木，暨益奏庶鮮食。予決九川，距四海，濬畎澮距川；暨稷播奏庶艱食。鮮食，懋遷有無化居。烝民乃粒，萬邦作乂。」〔註6〕

由此不難看出，洪水之災危害生靈，治水是當時一項關係民眾生計、社稷安危的大事。為了治水，大禹自稱「娶於塗山，辛壬癸甲，啓呱呱而泣，予弗子，惟荒度土功」，「三過家門而不入」，可見其極盡心血。治水以成功告終，大禹的功德由此為後人緬懷不已。《詩經‧文王有聲》：「豐水東注，維禹之績。」《信南山》：「信彼南山，維禹甸之」。《大雅‧韓奕》：「奕奕梁山，維禹甸之。」《殷武》：「天命多辟，設都於禹之績。」《周頌‧閟宮》：「奄有下土，纘禹之緒。」《商頌‧長發》：「洪水芒芒，禹敷下土方。」見於金文中的大禹事迹有春秋早期《秦公簋蓋》鑄銘：「不（丕）顯朕（朕）皇且（祖），受天命，鼏（冪）宅禹責（蹟）」（《集成》4315》），西周中期《豳公盨（燹公盨）》銘：「天令（命）禹尃（敷）土，隓（墮）山叡（濬）川」（《新收》1607），春秋晚期齊靈公時的《叔夷鍾（叔尸鍾）》銘文：「伊少（小）臣隹桷（唯輔），咸有九

<hr />

〔註5〕顧頡剛，古史辨自序，第 1 冊〔M〕，上海：上海古籍出版社，1982 年，第 61～63 頁。

〔註6〕孫星衍，尚書今古文注疏‧皋陶謨〔M〕，北京：中華書局，1986 年，第 89 ～94 頁。

州，處塯（禹）之堵（土）」（《集成》276）。這些材料表明，大禹治水作爲一種歷史事實在西周以來人們的觀念中佔有十分重要的地位。《逸周書・商誓》也有「在昔后稷，惟上帝之言，克播百穀，登禹之績」的說法。由於歷年既久，歷史上的人物事迹在文學作品中顯得更加具有詩情畫意，其中「敷下土方」、「禹績」等等恰恰說明在豐富的文學語言比喻之間這些記載終究不失其爲歷史事實的一面。在筆者看來，這些辭例並不像一味疑古的學者們所理解的那樣富於神話色彩，相反表明至少在西周以前大禹的史迹還較簡單，只不過是人們心目中一位功績卓著、澤被後世的文化英雄而已。

　　禹畢生功績之二是繼續帝舜武力統治異部的政策，維護了政權的穩固。《書・堯典》曰：「（帝舜）流共工於幽洲（州），放驩兜於崇山，竄三苗於三危，殛鯀於羽山。」大禹繼位之後，一度歸服的驩兜、三苗有重新叛亂的趨勢，當政者對此憂心忡忡。皋陶認爲如統治者能做到「知人」、「安民」則足以使國家長治久安，大禹認爲：「知人則哲，能官人。安民則惠，黎民懷之。能哲而惠，何憂乎驩兜，何遷乎有苗？」〔註7〕同時告誠皋陶「苗頑弗即工，帝其念哉！」的告誠，可知大禹至少也是流四凶族、鎮壓叛亂等事件積極參與者，後世關於禹征三苗等事的發揮當本於此。

　　春秋戰國之際，大禹其人其事受到諸多學派從不同角度進行的粉飾和描繪，久而久之使他帶上了神化色彩。《韓非子・顯學》說：「孔子、墨子俱道堯舜，而取捨不同。皆自謂眞堯舜，堯舜不復生，將誰使定儒墨之誠乎？」韓非對各家學術的這一揭示無疑是準確的，包括大禹在內的諸多歷史人物正是在諸子百家借古喻今的名義下得到豐富發展，以至質變而爲新生神話。在《論語・泰伯》中，孔子稱大禹「菲飲食，而致孝乎鬼神；惡衣服，而致美乎黻冕；卑宮室，而盡力乎溝洫」，成爲儒家理想中的典範君主。孟子爲了闡明天下之勢「一治一亂」的道理，極力發揮《尙書》各篇關於大禹治水的史事，《孟子・滕文公下》云：

　　　　當堯之時，水逆行，氾濫於中國，蛇龍居之。民無所定，下者
　　　爲巢，上者爲營窟。《書》曰：「洚水警余。」洚水者，洪水也。使
　　　禹治之，禹掘地而注之海，驅蛇龍而放之菹。水由地中行，江、淮、

〔註7〕孫星衍，尚書今古文注疏・皋陶謨〔M〕，北京：中華書局，1986 年，第 79 頁。

河、漢是也。險阻既遠，鳥獸之害人者消，然後人得平土而居之。〔註8〕

孟子引據典謨，應有所本，然無意之中已為大禹增添幾分神秘色彩。無獨有偶，墨家在大禹身上也找到了其學說的基礎，在墨家看來，大禹既是兼愛之君、節葬之君，同時又是其「天志」哲學的直接體現者，《墨子·非攻下》說：

> 昔者三苗大亂，天命殛之。日妖宵出，雨血三朝。龍生於廟，犬哭於市。夏冰，地坼及泉，五穀變化，民乃大振（震）。高陽乃命玄宮，禹親把天之瑞令，以征有苗。雷電誖振（震），有神人面鳥身，奉珪以侍，搤（扼）矢有苗之將。苗師大亂，後乃遂幾。禹既已克有三苗，焉磨為山川，別物上下，卿制四極，而神民不違，天下乃靜，則此禹之所以征有苗也。〔註9〕

這則故事中的大禹以巫師形象出現，秉承了上天的意志以征討三苗，又有人面鳥身的天神協助大禹完成「天志」。平定三苗之後，大禹接著便整頓天下秩序，協調神民關係，終於使得「神民不違，天下乃靜」。墨家的初旨無非是以神道設教的方式發揮歷史功用，以便約束人的思想和行為，但這些充滿神秘色彩的描述正好迎合了術士之流的心理需求，神秘色彩十足的大禹崇拜由此形成。《山海經·海外北經》曰：

> 禹殺相柳，其血腥，不可以樹五穀種。禹厥（掘）之，三仞三沮。乃以為眾帝之臺，在崑崙之北，柔利以東。相柳者，九首人面，蛇身而青。〔註10〕

相柳顯然是術士們為反襯大禹神威而附益出的一位怪神，「禹殺相柳」當是虛構而成的神話故事。但因為大禹畢竟是一歷史人物，因此不可能在所有神話中均脫去史迹，同書另一則神話說：「洪水滔天，鯀竊帝之息壤以堙洪水，不待帝命，帝令祝融殺鯀於羽郊。鯀復生禹，帝乃命禹卒布土以定九州。」〔註11〕在這幕實現歷史人物神話化的古史人物的「聯合匯演」中，尚不難看出早期歷史的若干框架，這正是戰國時期文化新綜合的成果。從籠統意義上的大禹崇拜到巫師對大禹行為的模仿——禹步巫術的產生——畢竟還有一個較長

〔註8〕 楊伯峻，孟子譯注·滕文公〔M〕，北京：中華書局，1960年，第155頁。
〔註9〕 孫詒讓，墨子閒詁·非攻下〔M〕，北京：中華書局，2001年，第146～148頁。
〔註10〕 袁珂，山海經校注〔M〕，上海：上海古籍出版社，1980年，第233頁。
〔註11〕 袁珂，山海經校注〔M〕，上海：上海古籍出版社，1980年，第472頁。

的過程。莊子以前的論述也只是籠統地說明大禹治水時如何兢兢業業、憂勞勤苦，《莊子・天下》將這一品質細節化了：「禹親自操稿耜而九（鳩）雜天下之川，禹親操橐耜而九（鳩）雜天下之川，腓無胈，脛無毛，沐甚雨，櫛疾風，置萬國。」〔註 12〕此說雖是推測，但終歸還未流於怪誕。戰國末年，荀子在闡述「非相」思想時將《莊子》這一說法作了進一步發揮，作者力辨人不可以貌相，以歷史人物爲例，「禹跳湯偏」，但能爲天下聖王。《呂氏春秋・行論》索性便直接說：「禹官爲司空，以通水潦，顏色黎黑，步不相過。」

　　由神話衍生巫術，這在人類學調查中是常常見到的現象。英國人類學家馬林諾夫斯基曾經指出：

> 術士個人底聲望與聲望在提高巫術效力信仰上的重要，結果便產生一件很可注意的現象，可以叫作「巫術底當代神話」的現象。關於每個大術師，都有一套動人聽聞的故事，說他怎樣會治病，怎樣能殺人，怎樣漁獲豐盛，怎樣打仗勝利，怎樣調情成功。任何野蠻社會裏面都有這類故事作了巫術信仰底骨幹，因爲巫術奇迹是在每一個人底情緒經驗上都可得到贊助的，所以大術師底成功奇迹乃流傳極有勢力，沒有責難疑惑的餘地。〔註 13〕

大禹生理缺陷由簡趨繁的過程正與大禹的神話化以及大禹崇拜思想的形成同步進行，於是禹步巫術便形成了。它實際上是建立在以相似律基礎上的「模擬巫術」。

　　禹步巫術與中國古代的災異救助活動和思想存在怎樣的關係呢？通過以上分析，我們大致可以看出，儘管「禹步」並非眞如有些學者所說是大禹在治理洪水時曾採用的一種巫術，但它的確與古代的洪災治理活動具有緊密聯繫。禹步巫術無論名稱還是來源都與大禹這位上古時期的治水英雄聯繫起來，這從一個側面說明洪災以及救災活動給中國古人留下了深刻的印象和衝擊，禹步巫術可以說是古代洪災留給人們的另一種副產品，是古代救災思想史上一個十分有趣而典型的個案。

　　在這裡需要指出的是，與其他一些救災策略不大相同，禹步巫術自從戰國時期被創造、魏晉時期逐漸豐富起來之後，它主要被道教法師用於治病、

〔註 12〕陳鼓應，莊子今注今譯〔M〕，北京：中華書局，2009 年，第 863 頁。
〔註 13〕（英）馬林諾夫斯基，巫術科學宗教與神話〔M〕，台北：協志工業叢書出版股份有限公司，2006 年，第 106～107 頁。

驅邪、入山、祈禱等活動，而不見其在真正治水活動中得到應用。如雲夢睡虎地秦墓竹簡《日書》甲種簡文發現有一種以禹步預除災禍的做法：

> （巫者或法師）行到邦門困，禹步三，勉壹步，呼：「皋！敢告
> 曰：某行毋（無）咎，先爲禹除道。」即五畫地，掓其畫中央土而
> 懷之。〔註14〕

其意爲遠行者來到一座城邑的門檻時，如果被阻擋在城外不能進去時，要先走上三個禹步，之後，再向前走一步，口中高呼：「冒昧地敬告您說：某某（遠行者自己的名字）在旅行中沒有災殃，請求先爲大禹神清除道路。」接著在地上畫個交叉符號，然後拾取交叉點上的土，放在懷中，這樣遠行者就能順利進城了。放馬灘秦簡《日書》甲種簡文亦說：「擇日出邑門，禹步三。」〔註15〕禹步巫術由上古洪水及一位文化英雄的抗洪活動引發，最終蔚爲大觀，並演變爲人們應對其他災異的重要手段，這是古代救災觀念中極富啓發性的一則案例。

二、商湯禱雨到焚巫尪

中國上古災害種類繁多，但其中發生頻率最高、後果最爲嚴重、文獻記載最多的當首推旱災。據鄧拓《中國救荒史》的統計，自公元前 1766 年至公元 1937 年，旱災共 1074 次，平均約每 3 年 4 個月便有 1 次，其頻率超過水災而位居諸多災害之首。〔註16〕就災害的後果而言，旱災不僅直接破壞了人們正常的生產生活環境，給人們帶來了巨大的人身財產損失，同時還可能引發一系列次生性社會悲劇。這些災害的綜合後果，是其他災害所不可比擬的。何炳棣在其關於中國人口歷史的研究中即曾斷言：「旱災是最厲害的天災。」無疑是真知灼見。

早在先秦時期，有關史料中旱災及其後果記載就令人觸目驚心。《國語·周語上》說：「昔伊、洛竭而夏亡，河竭而商亡。」韋昭注：「伊出熊耳，洛出冢嶺。禹都陽城，伊洛所近。」「商人都衛，河水所經。」是說伊水、洛水以及河水（黃河）乾涸，竟然與夏、商兩大王朝的滅亡有關。如果上述記載可信

〔註14〕睡虎地秦墓竹簡編寫組，睡虎地秦墓竹簡〔M〕，北京：文物出版社，1990 年，第 223 頁。

〔註15〕甘肅省文物考古研究所，天水放馬灘秦簡〔M〕，北京：中華書局，2009 年，第 86 頁。

〔註16〕鄧拓，中國救荒史〔M〕，北京：北京出版社，1998 年，第 53 頁。

的話，足見這兩次發生於伊洛流域、黃河流域的旱災一定範圍極廣、時間極早、後果極爲嚴重。我們固然不能簡單地將兩個王朝的衰亡僅僅歸結爲旱災，但旱災在這些歷史性的事件中曾發揮過重要的助推作用則是無可質疑的。春秋時期，隨著中國史書記載制度的初創，發生於各諸侯國中的旱災經常出現在典籍之中。《左傳》僖公三年載：「春，王正月，不雨。夏四月，不雨。」《春秋》昭公二十五年：「秋七月，上辛，大雩；季辛，又雩。」《左傳》則曰「秋，書再雩，旱甚也。」《古本竹書紀年》載晉幽公七年「大旱，地長生鹽」。《詩經》中亦多記載人們對旱災的嗟歎和感慨。如《大雅·雲漢》：「旱既大甚，則不可推。……旱魃爲虐，如惔如焚。」《小雅·雨無正》：「浩浩昊天，不駿其德。降喪飢饉，斬伐四國。」《小雅·小旻》：「旻天疾威，敷於下土。」

如前所述，災難來臨之時，人們除了採用理性的手段積極抗旱之外，還實施了諸如祭祀、巫術等種種非理性主義的方法，以期望奏效於萬一。焚巫尪，即是其中最值得關注的抗旱巫術之一。焚巫尪是古代求雨抗旱的一種形式，其儀式大抵是將巫覡置於積薪之上，放火燒之，使之告知天神。其中最爲典型的一則例證，見於《左傳》僖公二十一年：「夏大旱，公欲焚巫尪。臧文仲曰：『非旱備也。脩城郭、貶食，省用，務穡、勸分，此其務也。巫，尪何爲？天欲殺之，則如勿生；若能爲旱，焚之滋甚。』」此事最終因爲臧文仲的干預而未能實行，但由此可見焚燒巫者或殘疾之人乃是世人遭遇旱災時常常要採取的辦法之一。春秋時期，社會文明程度愈加發達，輕易地焚燒傷害他人也漸爲君子所不許，這應該是臧文仲阻止魯僖公焚巫尪的背景。此外，漢代成書的《說苑·辨物篇》也記載了一條旱災材料，其中提到齊景公求雨的方式，與焚巫有異曲同工之妙：齊大旱，晏子曰：「君誠避宮殿暴露，與靈山河伯共憂，其幸而雨乎？」於是景公出野，暴露三日，天果大雨。

從淵源上來看，通過焚燒活人的辦法祈禱雨水，這種做法在商代已經出現。焚人（焚巫）求雨的古俗在甲骨卜辭中就有充分的反映，卜辭時常提到祭祀求雨之事。如：

> 丙辰卜，貞：今日桼舞，出從雨（《合集》12818）。
> 貞勿舞，亡其從雨（《合集》12481 正甲）。
> 貞今丙戌烄材，出從雨（《合集》9177 正）。
> 貞烄聞，出從雨。貞勿烄聞（《合集》1136）
> 甲子卜，貞烄，出從雨（《合集》15675）。

裘錫圭在《說卜辭的焚巫尪與做土龍》一文裏，對卜辭所記「焚」字和一系列女巫的名字進行了詳細的考察，認爲「商代有焚巫求雨的習俗」，「焚尪求雨是歷史非常悠久的習俗，其產生也許早於焚巫。」〔註17〕而從傳世文獻中看，與焚巫尪類似的祈雨止旱方式同樣可以追溯至商代初期，這就要說到著名的商湯禱雨傳說。《墨子・兼愛》記載說，商湯時期天下大旱，商湯遂一方面向上天祈求降雨，一方面自請降罪。其云：

> 湯曰：「惟予小子履，敢用玄牡，告於上天后曰：今天大旱，即當朕身履，未知得罪于上下，有善不敢蔽，有罪不敢赦，簡在帝心。萬方有罪，即當朕身，朕身有罪，無及萬方。」〔註18〕

此處僅僅留有一段禱詞，尚未提到如何以祈禱者身體的損害作爲代價，而在《呂氏春秋》、《淮南子》的相關記載中，則明確涉及「翦其髮，磨其手，以身爲犧牲」等類似商湯自殘祈雨的情節。《呂氏春秋・順民》說：

> 昔者湯克夏而正天下，天大旱，五年不收。湯乃以身禱於桑林曰：「余一人有罪，無及萬夫；萬夫有罪，在余一人。無以一人之不敏使上帝鬼神傷民之命。」於是翦其髮，磨其手，以身爲犧牲，用祈福於上帝。民乃甚悅，雨乃大至。〔註19〕

《淮南子・主術》也說：

> 湯之時七年旱，以身禱於桑林之際，而四海之雲湊，千里之雨至。

另外，《文選》李善注《思玄賦》引《淮南子》云：

> 湯時大旱七年，卜用人祀天，湯……乃使人積薪，翦髮及爪，自潔居柴上，將自焚以祭天。火將燃，即降大雨。〔註20〕

《尸子》亦載：

> 湯之救旱也，乘素車白馬，著布衣，身嬰白茅，以身爲牲，禱於桑林之野。〔註21〕

以上幾條文獻，都說商湯在位期間，天下曾連續五年（一說七年）大旱。湯

〔註17〕裘錫圭，說卜辭的焚巫尪與做土龍，古文字論集〔C〕，北京：中華書局，1992年，第223頁。

〔註18〕孫詒讓，墨子閒詁・兼愛〔M〕，北京：中華書局，2001年，第122～123頁。

〔註19〕陳奇猷，呂氏春秋新校釋・順民〔M〕，上海：上海古籍出版社，2002年，第485頁。

〔註20〕何寧，淮南子集解〔M〕，北京：中華書局，1998年，第620頁。

〔註21〕二十二子〔M〕，上海：上海古籍出版社，1986年，第376頁。

便親自去桑林中向上天禱告，並剪去自己的頭髮和指甲，然後坐於柴火堆之上，作出將要自焚的姿態。正當其時，天降大雨，旱情幸得緩解。

　　關於上述商湯祈雨之種種行爲的內涵，東漢學者杜預在解釋《左傳》僖公二十一年焚巫尪事的原理時說道：

> 巫尪，女巫也，主祈禱請雨者。或以爲尪非巫也，瘠病之人，其面上向，俗謂天哀其病，恐雨入其鼻，故爲之旱，是以公欲焚之。〔註22〕

這是說巫乃上天的使者，溝通天地是他們的本職，用火焚巫便是讓他（她）們昇天親自向上天稟告人間旱情，乞求降雨。尪是一種有病的殘疾人，古人認爲上天有好生之德，哀憐他們腹部膨大，仰面向天，不忍將雨落入他們的鼻中，故而致旱。換言之，尪是導致旱災的源頭，用火焚之就會促使上天降雨。杜氏在這裡提出了兩種解釋：一種是人們試圖通過懲罰承擔祈雨職責的女巫，引起上天的體恤；另一種是通過懲罰阻礙降雨的可能因素，消除上天的疑慮，以便降下甘霖。綜合前文關於湯禱儀式的分析，我們認爲後說稍嫌迂曲，而前一解釋可能更符合歷史的事實。

　　有必要提到的是，鄭振鐸先生曾於1933年發表了根據《荀子》、《尸子》、《呂氏春秋》、《淮南子》、《說苑》中記載的商湯禱於桑林故事撰寫而成的《湯禱篇》一文，文章採用弗雷澤的巫術理論以及世界其他地方的人禱儀式來解釋商湯以身爲犧牲的本質。弗雷澤在《金枝》中曾說過：

> 在野蠻社會中，還有另一類常見的可稱之爲「公眾巫術」的事例，即一些爲了整個部落裏的共同利益而施行的巫術。……當部落的福利被認爲是有賴於這些巫術儀式的履行時，巫師就上昇到一種更有影響和聲望的地位，而且可能很容易地取得一個首領或國王的身份和權勢。〔註23〕

基於「公眾巫術」的原理，鄭振鐸認爲「人禱」是野蠻社會所常見的現象。他引用希臘神話中將妙齡女郎作爲犧牲以求悅於 Artemis 女神的故事，認爲：既然在世界上別的地方有過用活人獻祭的實例，中國古籍中的「人禱」也不會不可能存在。作爲一國之王，商湯爲什麼要親自充當犧牲品，作爲祈雨的工具呢？

〔註22〕十三經注疏‧左傳‧僖公二十一年〔M〕，北京：中華書局，1981年，第390頁。

〔註23〕弗雷澤‧金枝〔M〕，北京：大眾文藝出版社，1998年，第70頁。

《金枝》用交感巫術原理來解釋國王為什麼必須負起所有天災人禍的責任，認為當時是那種王與神通的觀念迫使當災難發生時，臣民們便歸其咎於王的失職或罪過。鄭振鐸排比了《淮南子》等典籍中的例證，進一步指出：

> 這乃是他的義務，這乃是他被逼著不能不去而為牲的——或竟將真的成了犧牲品，如果他運氣不好，像希臘神話的國王Athamas，這位Athamas也是因了國內的大饑荒而被國民們殺了祭神的。〔註24〕

筆者認為，巫術雖然沒有多少實際的經濟意義（它不會使人們的財富增長，相反往往會消耗大量社會財富），但它卻具有豐富的政治意義。商湯禱雨之舉，一方面說明了早期君主的政權與神權的合一，同時也樹立了君主關心民眾疾苦的光輝形象，加強了政府的凝聚力。另外，聚集大眾舉行的儀式，也可以激發各階層同心同德的熱情。時間雖然已經過去了將近80年，但鄭先生關於商湯禱雨內涵的上述解釋既考慮了中國歷史和文化發展的特殊性，也參照了人類學有關人類文化發展的共性理論，因而是能夠成立的。春秋時期，上古社會的政治傳統已有不小損益。一方面，當自然災害發生的時候，統治者往往不再像往昔的賢君一樣返躬內省，而是從外部尋找原因。實在不得已的時候，他們就會尋找那些據說能夠通天或能夠引起上天眷顧的巫者作為祈禱時的犧牲。另一方面，祈禱儀式在一定程度上也得到改造，商湯時期的「翦其髮，磨其手，以身為犧牲」，逐漸流變為暴曬。在某種程度上，這似乎也可理解為文明的進步。《禮記·檀弓下》記述了魯國國君穆公與縣子的一段有趣的對話：

> 歲旱，穆公召縣子而問然，曰：「天久不雨，吾欲暴尪而奚若？」曰：「天久不雨，而暴人之疾子，虐，毋乃可與！」「然則吾欲暴巫而奚若？」曰：「天則不雨，而望之愚婦人，於以求之，毋乃已疏乎！」〔註25〕

縣子的回答充滿了唯物與人文思想。商代被奉為神聖的巫覡，在縣子的眼中只不過是一群上演鬧劇的愚昧之人，這說明遠古那種殘酷而愚蠢的求雨巫術在戰國時期已經受到社會有識之士進步思想的強烈衝擊。雖然漢代依然有「春旱求雨……暴巫聚蛇八日……秋，暴巫尪至九日」〔註26〕的記述，然而以巫尪作為

〔註24〕鄭振鐸，湯禱篇·鄭振鐸全集第3卷〔C〕，石家莊：花山文藝出版社，1998年，第588頁。
〔註25〕孫希旦，禮記集解·檀弓下〔M〕，北京：中華書局，1989年，第307頁。
〔註26〕裘錫圭，古文字論集〔M〕，北京：中華書局，1992年，第23頁。

求雨活動主要手段的高峰期畢竟已經結束了，此時的人們已經將興趣和目光轉向了另外一些更加符合「人道主義精神」的祈雨巫術——雩祭與作土龍。

三、雩祭與作土龍

在先秦兩漢時期，應對旱災的非理性方式除了上述由商湯自焚求雨演變而來的焚巫尪之外，還有雩祭與作土龍兩項。

1. 雩祭

雩祭，又稱大雩，是中國古代一種以舞蹈為主要表現形式的求雨儀式。既名「雩祭」，則以祭祀祈禱為主要特色，而與強迫性、暴力型的巫術有所不同。何休在《公羊傳》桓公五年「大雩者何？旱祭也」條曰：「君親之南郊，以六事謝過自責曰：『政不一與？民失職與？宮室崇與？婦謁盛與？苞苴行與？讒夫倡與？』使童男女各八人舞而呼雩，故謂之雩。」〔註27〕《說文》說：「雩，夏祭樂於赤帝，以祈甘雨也。」《荀子‧天論》：「雩而雨，何也？曰無何也，猶不雩而雨也。」《禮記‧月令》：「仲夏之月……命有司為民祈祀山川百源大雩帝，用盛樂……雩祀百辟卿士有益於民者，以祈穀實。」似乎在不同的時期，雩祭的內容又各有不同。唐杜佑撰《通典》卷四十三載：

> 周制，《月令》：建巳月，大雩五方上帝。其壇名雩禜，於南郊
> 之傍。配以五人帝，命樂正習盛樂，舞皇舞。……若國大旱，則司
> 巫帥巫而舞雩；若旱暵，則女巫舞雩。〔註28〕

據此，則雩祭似乎是指用奏樂、巫舞娛神。從《論語‧先進》所載孔子與弟子討論「舞雩」的對話中，也多少可以看出雩祭的一些更為詳細的內容。曾皙說：「暮春者，春服既成，冠者五六人，童子六七人，浴乎沂，風乎舞雩，詠而歸。」東漢王充解釋說：

> 冠者、童子，雩祭樂人也。「浴乎沂」，涉沂水也，象龍之從水
> 中出也。「風乎舞雩」，風，歌也。「詠而饋」，詠歌饋祭也，歌詠而
> 祭。〔註29〕

據《爾雅‧釋訓》記載：「舞，號雩也。」郭注云：「雩之祭，舞者吁嗟而請

〔註27〕阮元，十三經注疏〔M〕，北京：中華書局，1986 年，第 2216 頁。

〔註28〕杜佑，通典〔M〕，北京：中華書局，1988 年，第 1200 頁。

〔註29〕張宗祥，論衡校注‧明雩篇〔M〕，上海：上海古籍出版社，2010 年，第 313
　　　頁。

雨。」由此可知，雩祭是伴之以舞是有傳統的。何休在《春秋公羊傳‧桓公五年》條下注云：「使童男女各八人，舞而呼雩，故謂之雩。」從中可以看出先秦雩祭儀式的影子。《詩經‧小雅》中《大田》、《甫田》等篇應該都是雩祭儀式時的歌詠之詞。〔註 30〕但總的看來，雩祭時所跳之舞的具體內容今已不得而知，從以上描述我們還是大致可以看出舞蹈、歌詠均在此儀式中發揮了主要作用。

雩祭祈雨儀式在先秦出土與傳世文獻中並見。殷商時期旱災頻仍，求雨是較為常見的國家重要活動。甲骨文中卜辭云：「癸卯卜，今日雨。其自東來雨。其自西來雨。其自北來雨」蓋乃商代為王者服務的巫師向上天祈福求雨的占驗之辭。由《甲骨文合集》所載以下甲骨卜辭中，也可看出當時的雩祭祈雨儀式：

> □□卜，爭，〔貞〕上帝降莫（《合集》10166）。
> 貞〔帝〕其莫我（《合集》10174 正）。
> 辛未卜，爭，貞生八月帝令多雨（《合集》10976 正）。
> 貞生八月帝不其令多雨（《合集》10976 正）。
> 貞帝令雨弗其正年（《合集》10139）。
> 帝令雨正年（《合集》10139）。
> 奠帝史風一牛。（《合集》14226）。
> □午卜，方帝三豕出犬，卯於土牢，卒雨（《合集》12855）。

在有些殷墟卜辭中，我們甚至可以發現以舞求雨的記載，這很可能意味著雩祭在商代即已經出現。如商代甲骨文中有從雨從於的「雩」字和從雨從無的

〔註 30〕《周禮‧大司樂》載：「大司樂掌成均之法……以樂舞教國子。舞雲門、大卷、大咸、大磬、大夏、大濩、大武，以六律、六同、五聲、八音、六舞，大合樂以致鬼神示，以和邦國，以諧萬民，以安賓客，以說遠人，以作動物。乃分樂而序之，以祭、以享、以祀。乃奏黃鍾，歌大呂，舞雲門，以祀天神。乃奏大蔟，歌應鍾，舞咸池，以祭地示。乃奏姑洗，歌南呂，舞大磬，以祀四望。乃奏蕤賓，歌函鍾，舞大夏，以祭山川。」《大田》：「有渰萋萋，興雨祈祈。雨我公田，遂及我私。彼有不穫稺，此有不斂穧。彼有遺秉，此有滯穗。伊寡婦之利，曾孫來止。以其婦子，饁彼南畝。田畯至喜，來方禋祀。以其騂黑，與其黍稷。以享以祀，以介景福。」《甫田》：「自古有年，今適南畝。或耘或耔，黍稷薿薿。攸介攸止，烝我髦士。以我齊明，與我犧羊。以社以方，我田既臧。農夫之慶，琴瑟擊鼓。以御田祖，以祈甘雨。以介我稷黍，以穀我士女。……曾孫之稼，如茨如梁。曾孫之庾，如坻如京。乃求千斯倉，乃求萬斯箱。黍稷稻粱，農夫之慶。報以介福，萬壽無疆。」

「雨」字，前者當爲祭名或人名，後者則爲雩舞的舞字。商人以雩祭祈雨的情況，下引卜辭可證：

> 甲申卜，貞雩丁亡貝。貞雩丁其出貝（《合集》11423 正）。
>
> 翌日庚其乗乃霽、卯，至來庚出大雨（《合集》31199）。
>
> 翌日庚其乗乃霽、卯，至來庚亡大雨（《合集》31199）。

總之，商代應該有雩祭，祈雨之俗，大致無誤。

西周以來，尤其是春秋時期，大雩之祭在《春秋》三傳等材料中已較爲普遍。《周禮·春官·女巫》說：「旱暵則舞雩。……旱，則舞雩……凡邦之大災歌哭而請。」同書《春官·宗伯》說：

> 司巫，掌群巫之政令，若國大旱，則帥巫而舞雩。

《地官·舞師》說：

> 舞師掌教兵舞，帥而舞山川之祭祀。教帗舞，帥而舞社稷之祭
>
> 祀。教羽舞，帥而舞四方之祭祀。教皇舞，帥而舞旱暵之事。[註31]

這是說周代的司巫、舞師負責在國家發生大規模旱災的時候率領群巫以舞蹈求雨。《左傳》桓公五年秋，「大雩，書不時也。凡祀，啓蟄而郊，龍見而雩，始殺而嘗，閉蟄而蒸。過則書。」[註32]《公羊傳》說：「大雩者何？旱祭也。……何以書？記災也。」魯國於九月行大雩之祭，《春秋》經文書之，《左傳》認爲這是因爲不當祭而祭，是爲失時。《公羊傳》則認爲這是表示發生了旱災，似乎並無非議祭祀不時的含義。成公七年《春秋》經文：「冬，大雩。」《穀梁傳》：「雩不月而時，非之也。冬無爲雩也。」由《左傳》和《穀梁傳》的上述記載可知，秋冬二季似乎不宜舉行大雩之祭。關於這點，我們還可以由以下材料得知。《春秋》經文：「定公元年九月，大雩。」《穀梁傳》的觀點是：

> 雩月，雩之正也。秋，大雩，非正也。冬，大雩，非正也。秋
>
> 大雩，雩之正何也？毛澤未盡，人力未竭，未可以雩也。雩月，雩

[註31] 孫詒讓，周禮正義·地官·舞師〔M〕，北京：中華書局，1987 年，第 2062 頁。

[註32] 楊伯峻注：「雩有二，一爲龍見而雩，當夏正四月，預爲百穀祈雨，此常雩。常雩不書。一爲旱暵之雩，此不時之雩。《春秋》書雩者二十一，《左傳》於此年云，『書不時也』；於襄五年、八年、二十八年，昭三年、六年、十六年、二十四年、皆曰『旱也』；昭二十五年再雩，則曰『旱甚』；餘年無傳。首言不時而後皆言旱，互文見義，皆以旱而皆不時也。」《左傳》共記載雩或大雩九次。

之正也。月之爲雩之正何也？其時窮，人力盡，然後雩，雩之正也。
何謂其時窮、人力盡？是月不雨，則無及矣；是年不艾，則無食矣。
是謂其時窮、人力盡也。雩之必待其時窮、人力盡，何也？雩者，
爲旱求者也。求者，請也。古之人重請，何重乎請？人之所以爲人
者，讓也。請道去讓也。則是舍其所以爲人也，是以重之，焉請哉？
請乎應上公。古之神人，有應上公者，通乎陰陽，君親帥諸大夫道
之而以請焉。夫請者，非可詁託而往也，必親之者也，是以重之。
〔註33〕

詳繹傳義，九月之所以被認爲不適合於舉行大雩之祭，原因在於此時「毛澤
未盡，人力未竭」。邵氏解釋說：「凡地之所生謂之毛。《公羊傳》曰：『錫之
不毛之地』是也。言秋百穀之潤澤未盡也。人力未盡，謂耕耘之功未畢。」
似乎主要是從理性主義角度加以考量，並認爲大雩之祭有助於「通乎陰陽」。
所謂「通乎陰陽」，其實就是利用陰陽五行相生相剋的關係，順應自然之道，
助陰而抑陽。對此，漢代儒生董仲舒在《春秋繁露・精華》中以答難者的方
式解釋說：

> 大雩者何？旱祭也。難者曰：「大旱雩祭而請雨，大水鳴鼓而攻
> 社，天地之所爲，陰陽之所起也。或請焉，或怒焉者何？」曰：「大
> 旱者，陽滅陰也。陽滅陰者，尊厭卑也，固其義也，雖大甚，拜請
> 之而已，敢有加也。大水者，陰滅陽也。陰滅陽者，卑勝尊也，日
> 食亦然，皆下犯上、以賤傷貴者，逆節也，故鳴鼓而攻之，朱絲而
> 脅之，爲其不義也。此亦《春秋》之不畏強禦也。故變天地之位，
> 正陰陽之序，直行其道而不忘其難，義之至也。是故脅嚴社而不爲
> 不敬靈，出天王而不爲不尊上，辭父之命而不爲不承親，絕母之屬
> 而不爲不孝慈，義矣夫。」〔註34〕

是說按照陰陽五行理論，旱災之所以發生乃是陽勝於陰，這種情況雖然導致災
難，但由於陽強陰弱符合「自然之理」，因此人們所能做的就是通過祈求的方
式（而非恐嚇的方式）調整陰陽關係。反之，發生大水和日食，則都是由於陰
勝於陽。陽爲尊，陰爲卑，故其方式則是「鳴鼓而攻之，朱絲而脅之」，其目

〔註33〕阮元，十三經注疏・春秋穀梁傳〔M〕，北京：中華書局，1980 年，第 2443
頁。
〔註34〕蘇輿，春秋繁露義證・精華〔M〕，北京：中華書局，2005 年，第 85～87 頁。

的與「雩祭」的「拜請」一樣。即所謂「變天地之位，正陰陽之序」。說到底，大雩之祭就是應用了傳統非理性主義的基本原理，以期抗旱求雨的一種救災方式。從這個意義上講，它與本書所述其他各個類型的救災儀式的意義並無不同。

2. 作土龍

　　再說作土龍。龍是中國古代神話傳說中的一種長於隱現無常、登天潛淵、興雲致雨、兼利萬物的神異之物。近年的考古發現為人們提供了不少關於龍的生動形象：1970 年代，內蒙古赤峰市出土「C」型玉龍，後經考古勘查確認其屬於距今約 5000 多年的紅山文化遺物；1987 年，河南濮陽西水坡遺址 45 號墓發現了蚌塑龍虎，考古和碳──14 測定墓葬的年代在距今 6500 年前左右；1978 年～1980 年襄汾陶寺遺址出了彩繪龍盤。這些「龍」的相繼出土，對於我們理解它的屬性具有一定參考價值。〔註35〕

　　實際上，根據許進雄先生的研究，我們可知：「龍是現今不存在的動物。但它應是源於人們見過的實實在在的動物，後來其形象慢慢變化，又被神化，才終於脫離實際，成為虛構的動物形。商代的人很熟悉龍的形象……甲骨文的龍字是個頭有角冠，上頜長，下頜短而下曲，身子捲曲的動物形。其同時代的銅器花紋，描畫的比較詳細，前軀有短腳，有的後軀還有短腳，應是較完整的形象」，甲骨文的「龍字是描寫有短足的爬蟲動物形。從流傳的文物，可看出龍的形象最先是較為寫實的，後來為了誇張其神奇，就選擇其他九種不同動物的特徵加以修飾」〔註36〕，「至於認為龍能飛翔和致雨，可能和棲息於長江流域的小

〔註35〕高煒、李健民，1978～1980 年山西襄汾陶寺墓地發掘簡報〔J〕，考古，1983 年 1 期。孫守道，郭大順，論遼河流域的原始文明與龍的起源〔J〕，文物，1984 年 6 期。方酉生，濮陽西水坡 M45 蚌殼擺塑龍虎圖的發現及重大學術意義〔J〕，中原文物，1996 年，第 91 頁。吉成名，龍崇拜起源研究述評〔J〕，中國史研究動態，1997 年 12 期。何星亮，中國龍文化的特徵〔J〕，思想戰線，1999 年 4 期。段勇，從考古發現看龍的起源及早期面貌〔J〕，北方文物，2000 年 1 期。吳生道，淺談龍的起源〔J〕，中原文物，2000 年 3 期。周崇發，論中華龍的起源〔J〕，江漢考古，2000 年 4 期。翁旗，「中華第一龍」出土揭秘〔J〕，神州，2003 年 9 期。劉宗迪，華夏上古龍崇拜的起源〔J〕，民間文化論壇，2004 年 4 期。徐永安，「龍崇拜起源」研究述評〔J〕，長江大學學報，2007 年 3 期。謝瑞琚，五千年前中國原始龍〔J〕，天水師範學院學報，2008 年 1 期。蔣明智，作為巫術信仰的龍〔J〕，長江大學學報，2008 年 5 期。李書敏，紅山文化與龍〔J〕，遼寧政治學院學報，2008 年 6 期。

〔註36〕許進雄，中國古代社會・文字與人類學透視〔M〕，臺北：臺灣商務印書館股份有限公司，民國七十七年九月初版，第 492 頁。

鱷魚的生活習慣有關，揚子鱷經常是在雷雨之前出現，又有秋冬隱匿、春天復醒的冬眠習慣。所以古人常常看見揚子鱷與雷雨同時出現，而雨自空中而降，因此想像它能飛翔。」許先生又認為龍能致雨的能力也可能來自龍捲風。由於龍捲風的威力特大，而且經常有雨相伴。風捲曲的形狀好像細長的龍，故容易讓人意識到它與爬蟲的化石聯想起來，誤認為龍能大能小、飛翔、致雨，是威力無邊的神物。〔註37〕在《山海經》一書中，顓頊帝嚳夏后啓、蓐收、句芒等都具有「乘兩龍」、「乘龍至四海」、「帝嚳春夏乘龍」的生動形象。春秋時魯昭公時期鄭、晉等諸侯國中先後發生多起「見龍」事件。如《左傳》昭公十九年載：

> 鄭大水，龍鬥于時門之外洧淵。國人請為榮焉，子產弗許，曰：「我鬥，龍不我覿也；龍鬥，我獨何覿焉？禳之，則彼其室也。吾無求於龍，龍亦無求於我。」乃止也。〔註38〕

這是說龍出現於大水之後。《左傳》昭公二十九年又云：

> 秋，龍見於絳郊。魏獻子問於蔡墨曰：「吾聞之，蟲莫知於龍，以其不生得也，謂之知，信乎？」對曰：「人實不知，非龍實知。古者畜龍，故國有豢龍氏，有御龍氏。」〔註39〕

襄公二十一年亦云：

> 初，叔向之母妬叔虎之母美而不使，其子皆諫其母。其母曰：「深山大澤，實生龍蛇。彼美，余懼其生龍蛇以禍女。女，敝族也。國多大寵，不仁人閒之，不亦難乎？余何愛焉！」〔註40〕

又《莊子·列禦寇》曰：「千金之珠，必在九重之淵，驪龍頷下。」《說文》：「龍，鱗蟲之長，能幽能明，能細能巨，能短能長，春分而登天，秋分而潛淵。」是以深山淵澤為龍之當然居所。《禮記·禮運》：「鱗、鳳、魚、龍，謂之四靈。」《廣雅》：「有鱗曰蛟龍，有翼曰應龍，有角曰虯龍，無角曰螭龍，未昇天曰蟠龍。」值得注意的是，《周易》中所見不少的卦、爻辭都提到了「龍」，

〔註37〕許進雄，中國古代社會·文字與人類學透視〔M〕，臺北：臺灣商務印書館股份有限公司，民國七十七年九月初版，第493～494頁。

〔註38〕楊伯峻，春秋左傳注·昭公十九年〔M〕，北京：中華書局，1981年，第1405頁。

〔註39〕楊伯峻，春秋左傳注·昭公二十九年〔M〕，北京：中華書局，1981年，第1500頁。

〔註40〕楊伯峻，春秋左傳注·襄公二十一年〔M〕，北京：中華書局，1981年，第1061頁。

卦象中以龍作爲比喻對象者亦不鮮見。其中最典型的如乾坤二卦：

乾：

初九——潛龍勿用。

九二——見龍在田，利見大人。

九四——或躍在淵，屬，無咎。

九五——飛龍在天，利見大人。

上九——亢龍有悔。

用九——見群龍無首，吉。

坤：

上六——龍戰於野，其血玄黃。

這些卦爻辭，向人們展示的同樣是龍靜動有常、往來天地、矯健剛強的形象。

以上文獻和出土材料所反映的龍，給人們留下的最突出印象包括：其一，龍自很早時期就已形成於中國古人的觀念之中；第二，龍與雲、水、雨具有緊密的聯繫，如《左傳》桓公五年載：「秋大雩。書不時也。凡祀，啓蟄而郊，龍見而雩，始殺而嘗，閉蟄而烝。過則書。」正因爲如此，當發生旱災的時候，人們便利用了弗雷澤所謂「模擬巫術」的基本原理，利用泥土造成龍的形象，模仿傳說中龍行雲致雨的動作，以期望促使自然界降下甘霖。《淮南子·說林》有「旱則脩土龍」的記載。《淮南子·地形訓》載：「土龍致雨。」高誘注：「湯遭旱，作土龍以象龍，雲從龍，故致雨也。」據高誘之說，以土龍致雨的做法最早可以追溯至商湯時期。此說及注解均出現在東周之後，所說是否確爲商代的眞實情況，無法斷言。然而商代甲骨卜辭中有：「其乍龍於凡田，业雨。(《合集》29990) 又有「其乍龍於凡田」之說。據此，我們至少可知商代確實有以龍祈雨的習俗。東周時期，利用狗、人、龍等現實或傳說動物的模擬物實施祈禱或詛咒，已成爲一種比較常見的做法。故而《老子》第五章說：「天地不仁，以萬物爲芻狗；聖人不仁，以百姓爲芻狗。」芻狗即草做成的狗，蓋用於祭祀。這段話的意思是說，天地和聖人無所謂仁慈偏愛，它對待萬物百姓就如同對待芻狗一樣任其自生自滅、自作自息。也就是說，天地是自然的、客觀的，不感情用事，對待萬事萬物都一視同仁，不偏不倚。《莊子·天運》：「夫芻狗之未陳也，盛以篋衍，巾以文繡，尸祝齋戒以將之；及其已陳也，行者踐其首脊，蘇者取而爨之而已。」此處「芻狗」之義同上，也是指祭祀時用草做成的狗，即魏源解釋的那樣：「結芻爲狗，用之祭祀，既

畢事則棄而踐之。」《孟子・梁惠王上》引孔子的話說：「始作俑者，其無後乎。」認爲用泥人作爲祭祀之物，不符合人道精神。關於龍的模型，《山海經・大荒東經》記載道：「旱而爲應龍之狀，乃得大雨。」郭璞注云：「今之土龍本此。」這是「模擬巫術」與「接觸巫術」兩項原理的典型運用。

西漢時期，陰陽五行之說盛行，以土龍求雨的模擬巫術不僅更爲流行，而且儀式更趨豐富。董仲舒在《春秋繁露》中記載了漢代祈雨巫術的具體方式，這是研究當時宗教、習俗，尤其是用龍巫術十分珍貴的資料，其主要內容和觀點有先秦時之影，當無所疑。今擇要抄錄於下：

> 春旱求雨，……以甲乙日爲大蒼龍一，長八丈，居中央；爲小龍七，各長七丈，於東方，皆東鄉，其間相去八尺。小童八人，皆齋三日，服青衣而舞之；田嗇夫亦齋三日，服青衣而立之。

> 夏求雨，……以丙丁日爲大赤龍一，長七丈，居中央；又爲小龍六，各長三丈五尺，於南方，皆南鄉，其間相去七尺。壯者七人皆齋三日，服赤衣而舞之；司空嗇夫亦齋三日，服赤衣而立之。……季夏禱山陵以助之。……以戊己日爲大黃龍一，長五丈，居中央；又爲小龍四，各長二丈五尺，於南方，皆南鄉，其間相去五尺。丈夫五人皆齋三日，服黃衣而舞之。老者五人，亦齋三日，衣黃衣而立之。

> 秋暴巫尪至九日，無舉火事，無煎金器……以庚辛日爲大白龍一，長九丈，居中央；爲小龍八，各長四丈五尺，於西方，皆西鄉，其間相去九尺。鰥者九人，皆齋三日，服白衣而舞之；司馬亦齋三日，衣白衣而立之。

> 冬舞龍六日，禱於名山以助之。……以壬癸日爲大黑龍一，長六丈，居中央；又爲小龍五，各長三丈，於北方，皆北鄉，其間相去六尺。老者六人，皆齋三日，衣黑衣而舞之；尉亦齋三日，服黑衣而立之。……四時皆以水日，爲龍，必取潔土爲之，結蓋，龍成而發之。四時皆以庚子之日，令吏民夫婦皆偶處；凡求雨之大體，丈夫欲藏匿，女子欲和而樂。〔註41〕

以上詳細記述了一年四季不同情況下以作龍方式求雨的具體細節。從中不難

〔註41〕蘇輿，春秋繁露義證・求雨〔M〕，北京：中華書局，1992 年，第 426～437頁。

發現，和漢代之前的情況有所不同，儘管漢代的求雨巫術依然是以「龍」作
為載體，但它要求人們必須選擇與五行相應的時日，龍也要選擇與五行相配
的蒼、赤、黃、白、黑五色，參與者的衣服顏色也必須與之相應。而「丈夫
欲藏匿，女子欲和而樂」則是助陰抑陽「模擬巫術」的具體運用。這些都與
五行學說的發展具有直接關係。由此可以清晰地看出，漢代祈雨巫術雖延用
了遠古祈雨巫術的主要禮儀，但已經徹底地將祈雨巫術納入陰陽五行學說的
框架之內。新的哲學思想的注入，為遠古巫術增添了新的生命力。王充在《論
衡・亂龍篇》中也認為：「董仲舒申《春秋》之雩，設土龍以招雨，其意以雲
龍相致。《易》曰：『雲從龍，風從虎。』以類求之，故設土龍，陰陽從類，
雲雨自至。」關於漢人以土龍祈雨的觀念，東漢桓譚《新論》中有所闡述：「劉
歆致雨，具作土龍，吹律，及諸方術無不備設。譚問：『求雨所以為土龍何也？』
曰：『龍見者，輒有風雨興起，以迎送之，故緣其象類而為之。』」《後漢書・
禮儀志》亦有「行雩禮求雨，作土龍」的記載。

　　由此可知，漢人設土龍是利用它具有的與雲雨相同的水屬性來招雨，這
正是典型的模擬巫術在祈雨儀式中的應用。

　　通過巫術控制雨水是早期人類普遍存在的觀念，那些具有調節「天水」供
應的巫師為完成其職責而採用的方法，常是運用順勢或模擬巫術的原則。如果
他們要降雨，就通過灑水或用蒸汽製造假雲來模仿。〔註42〕弗雷澤舉例說：

　　　　在普羅斯卡村，為了結束乾旱促使甘霖降臨，婦人和少女們在
　　　夜裏光著身子來到村子邊界上把水潑到地上。在新幾內亞西邊一個
　　　名叫哈爾馬赫拉或基羅羅的大島上，男巫求雨的方法是把一根特殊
　　　的樹枝浸在水中，然後揮動滴著水的樹枝把地面浸濕；在新不列顛，
　　　祈雨法師把紅的綠的爬藤纏繞在香蕉葉上，用水將它澆濕再埋入土
　　　中，然後他嘴裏發出模仿下雨的嘩嘩聲。在北美的奧馬哈印第安人，
　　　在穀物因缺雨而乾涸時，「神牛社」的成員們便將一隻大桶盛滿水，
　　　圍著牠跳四次舞，其中一人從桶裡啜水並將其噴向空中，使之四處
　　　彌漫，好像細霧或濛濛細雨。然後舉起水桶把水倒在地上，於是跳
　　　舞的人都趴下來喝地上的水，弄得滿臉是泥，最後他們都把水噴向
　　　空中造成霧氣騰騰。他們就這樣來挽救乾枯的稼穡〔註43〕

〔註42〕　（英）詹姆斯・喬・弗雷澤，金枝〔M〕，徐育新，張澤石，汪培基譯，北京：
　　　　　大眾文藝出版社，1998 年，第 95 頁。
〔註43〕　（英）詹姆斯・喬・弗雷澤，金枝〔M〕，徐育新，張澤石，汪培基譯，北京：

　　澳大利亞中部的迪埃里人，在嚴重乾旱時節……祈求那些他們稱之爲「穆拉穆拉」的遠祖們賜給他們力量促成一場大雨，他們相信通過「穆拉穆拉」的影響，由於他們或他們臨近部落所舉行的巫術儀式，天上的雲層可以將下雨水來。他們從雲彩裏引出雨來的方法是這樣的：挖一個長約 12 英尺，寬爲 8 至 10 英尺的坑，在坑上用木頭和樹枝搭好一個圓錐形的小屋。兩位據認爲從「穆拉穆拉」那兒獲得神靈的男巫讓一位德高望重的老人用燧石把他們胳臂肘下皮膚劃破，並把血滴在擠坐在小屋中的其他男人身上。與此同時這兩位流血的人撒出滿把羽毛，一些羽毛就黏在他們那些滿身是血的同胞們身上，而另一些羽毛還漂浮在空中。血被認爲可代表雨，而羽毛則代表雲。在儀式進行過程中兩塊大石頭被搬來放在小屋中間，它們立在那裡是爲了收集雲和兆示雨。然後那兩位被放了血的男巫把這兩塊大石頭帶往大約 10 或 15 哩外的遠處，並將它們盡可能高地放在一棵最高的樹上，在此同時，其它的男人就收集石膏，把它們敲得粉碎，然後撒到水坑中去。當「穆拉穆拉」看見這一切之後，他就會立即讓烏雲出現在天空。最後，年輕和年老的男人們就彎腰俯首地像一群公羊一樣用頭抵撞那座小屋。這樣撞進小屋，再從小屋的另一端抵撞出來。如此反覆直到屋子被撞倒爲止。這樣做的時候是不允許用手或胳臂的，只有當屋子只剩下沉重的木柱時，才被允許用手把木頭從坑裡拉出來。用頭撞破屋子象徵著穿透烏雲，而房子倒榻則象徵著雨水降下。同樣明顯的是：把代表著雲彩的兩塊石頭高高地放到樹上去的行動，是一種促使眞正的烏雲升上天空的方法。〔註44〕

迪埃里人的祈雨方式與作土龍如出一轍。

四、小結

　　英國文化人類學家拉德克利夫——布朗在《安達曼島人》的《前言》中曾說：

　　　　　大眾文藝出版社，1998 年，第 96 頁。

〔註44〕　（英）詹姆斯·喬·弗雷澤，金枝〔M〕，徐育新，張澤石，汪培基譯，北京：大眾文藝出版社，1998 年，第 98～99 頁。

> 正如詞語具有含義一樣，文化中的其他事物也如此──慣用的
> 手勢、儀式活動及迴避行為、象徵性物品、神話，都是意味深長的
> 符號。一個詞、一個手勢、一項儀式的含義，在於它要表達什麼，
> 而這是由它與觀念、感情和思想方法之間的聯繫所決定的。〔註45〕

通過上述關於巫術儀式化過程的討論，我們大致可以看出中國古代應對水旱
之災過程中先後形成的諸多具有非理性特色的宗教和巫術儀式也完全符合拉
德克利夫－布朗所說的這種情況。具體來說，這些儀式的基本原理既包括基
於弗雷澤所謂「相似律」、「接觸律」的交感巫術，也包括具有中國特色的陰
陽五行觀念。戰國中後期形成的陰陽五行的基本原理是：一年中陰陽的消長、
交替是以連接子月（舊曆十一月）與午月（舊曆五月）的子午線為軸進行的。
這個包含冬至的舊曆十一月，在十二支中屬於最初的「子」。「子」乃鼠也，「子」
的意思是「孳」，表示生命的增殖，萬象經歷了舊物枯死的舊曆十月，即經過
「全陰」之以後，即萬象以冬至為契機，一點一點地走向「陽」的方向。舊
曆十一月，即所謂子月，就是具有這樣意思的月份。聯結子月、午月的「子
午線」，在劃分一年陰陽的軸中也是最重要的軸。把一年分為兩個部分，即陽
軌和陰軌。〔註46〕在陽軌上要做助陽抑陰的事就可以促使自然順利發展，在
陰軌上要做助陰抑陽的事就能促使自然順利發展，否則就出現災害警告人間。

　　總的看來，中國古代的救災活動和思想中體現了人類社會發展的辯證
法，本節所討論的「大禹治水與禹步」、「商湯禱雨與焚巫尪」以及「雩祭與
作土龍」三則救災巫術隱藏了人類思維的辯證法，即陰陽五行學說以及巫術
運用的豐富理論。同時，從求雨方式中的「商湯自焚禱雨」，經過「焚巫」、「暴
巫」，到「作土龍」，又顯示出一脈相承的人文理性的進化痕跡。

〔註45〕　（英）拉德克利夫‧布朗，安達曼島人〔M〕，桂林：廣西師範大學出版社，
　　　　　2005 年，第 2 頁。
〔註46〕　（日）吉野裕子，陰陽五行學與日本民俗〔M〕，雷明群等譯，北京：學林出
　　　　　版社，1989 年，第 37～38 頁。

第三章　應對日食、蟲災、地震、火災、疾疫救助方式中的非理性因素研究

　　日月星辰的運行，風雨雷電的發作，看似有規律，實際上是變化多端的。這使得古人很難預測，於是便疑惑之、敬畏之、感激之，總之複雜之情難以表達，正如《左傳》所說的「山川之神，則水旱癘疫之災，於是乎禜之。日月星辰之神，則雪霜風雨之不時，於是乎禜之」。〔註1〕我們目前看到有關災異的最早文字是殷商時期的甲骨文。許進雄先生曾指出：「甲骨文是向神靈徵求忠告的貞問文辭。所問的大都是日常生活中所面臨的具體問題，有關天文的知識只偶爾間接的反映出來。所以對於商人的天文知識，我們也只有模糊的概念而已」。〔註2〕但不管怎麼說，這些卜辭文獻畢竟對殷商時代的災異狀況作了較早的記錄。到了春秋時期，這種記載的文獻就更多了，如日食、蟲災、地震、火災、疾疫等自然現象，以及災害和疾病等，在《春秋》和《左傳》中都有大量的記載，那麼對於日食、蟲災、地震、火災、疾疫等災異，先秦時期主要採用哪些救助方式？這些救助方式中的非理性因素是如何體現的？這些救助方式又有怎樣的特點？這將成為本章所要討論的主要問題。

〔註1〕楊伯峻，春秋左傳注·昭公元年〔M〕，北京：中華書局，1981 年，第 1219 頁。

〔註2〕許進雄，中國古代社會：文字與人類學透視〔M〕，臺北：臺灣商務印書館股份有限公司，民國七十七年九月初版，第 458 頁。

一、日食救助方式中的非理性因素

（一）日食的記載

早在商代就有關於日食的記載，如「貞日屮食」（《合集》11480）；「癸酉，貞日夕屮食，隹若」，「癸酉，貞日夕屮食，斐若」（《合集》33694）；「□酉□，日夕〔屮〕食……」（《屯南》379），等等。「貞日屮食」和「貞日夕屮食」，都是對日食是否發生的占問。西周時期，亦有關於日食的記載，如《詩經·小雅·十月之交》曰：

> 十月之交，朔月辛卯。日有食之，亦孔之醜。彼月而微，此日
而微；今此下民，亦孔之哀。〔註3〕

春秋時期關於日食的記載就更加豐富，如《春秋》隱公三年、《春秋》桓公三年、《春秋》桓公十七年、《春秋》莊公十七年、《春秋》莊公二十五年、《春秋》莊公二十六年、《春秋》莊公二十九年、《春秋》僖公五年、《春秋》僖公十二年、《春秋》僖公十五年、《春秋》文公元年、《春秋》文公十五年、《春秋》宣公八年、《春秋》宣公十年、《春秋》宣公十七年、《春秋》成公十六年、《春秋》成公十七年、《春秋》襄公十四年、《春秋》襄公十五年、《春秋》襄公二十年、《春秋》襄公二十一年、《春秋》襄公二十三年、《春秋》襄公二十四年、《春秋》襄公二十七年、《春秋》昭公七年、《春秋》昭公十五年、《春秋》昭公十七年、《春秋》昭公二十一年、《春秋》昭公二十二年、《春秋》昭公二十四年、《春秋》昭公三十一年、《春秋》定公五年、《春秋》定公十二年、《春秋》定公十五年、《春秋》哀公十四年等都有「日有食之」的記載，而「日有食之」即日食。

在先秦時期，人們往往將日食視為上天的示警，即認為日食的出現將預示著人世間的災禍。如卜辭占卜「重食日酚，王受屮」（《屯南》2666），「酚」是祭名，「屮」通「佑」，這條卜辭的意思是對日食進行「酚」祭，占問商王會受到保祐嗎？這說明商人認為日食與商王的禍福休戚相關，故而要進行祭祀。《詩經·小雅·十月之交》曰：「日月告凶，不用其行。四國無政，不用其良。彼月而食，則維其常；此日而食，于何不臧。」「日月告凶」就是日月示人以災凶，「不用其行」即沒有遵循常軌運行，「此日而食，于何不臧」，「于」，猶如也，「臧」，善也，這兩句是說日月不遵循常軌運行，發生日食或月食，

〔註3〕阮元，十三經注疏·毛詩正義·小雅〔M〕，北京：中華書局，1987 年，第445 頁。

預示著人世間的凶災。西周末年發生日食，預示著災禍即將降臨，這是多麼的不吉利啊！對於這首詩，《毛詩序》的作者認為是「大夫刺幽王也」，故這裡所說的告凶就是指西周末年，「百川沸騰，山冢崒崩。高岸為谷，深谷為陵」等天災和幽王廢嫡立庶致使西周滅亡之人禍。《左傳》昭公七年云：

> 夏四月甲辰朔，日有食之。晉侯問於士文伯曰：「誰將當日食？」
> 對曰：「魯、衛惡之，衛大，魯小。」公曰：「何故？」對曰：「去衛
> 地如魯地，於是有災，魯實受之。其大咎其衛君乎？魯將上卿。」

〔註4〕

接著同年八月，衛襄公卒。十一月，季武子卒，這正好印證了魯、衛當日食。而衛國為君，魯國為臣，故曰「衛大魯小」。《左傳》昭公二十年云：

> 七月壬午朔，日有食之。公問於梓慎曰：「是何物也？禍福何
> 為？」對曰：「二至二分，日有食之，不為災。日月之行也，分，同
> 道也；至，相過也。其他月則為災，陽不克也，故常為水。」〔註5〕

依照梓慎對日食的解釋，日食為災是因為「陽不克」陰，因而會導致水災。《左傳》昭公二十四年云：

> 五月乙未朔，日有食之。梓慎曰：「將水。」昭子曰：「旱也。
> 日過分而陽猶不克，克必甚，能無旱乎？陽不克莫，將積聚也。」

可見，日食也可以導致旱災。《左傳》昭公三十一年云：

> 十二月辛亥朔，日有食之。是夜也，趙簡子夢童子嬴而轉以歌，
> 旦占諸史墨，曰：「吾夢如是，今而日食，何也？」對曰：「六年及
> 此月也，吳其入郢乎！終亦弗克。入郢必以庚辰，日月在辰尾。庚
> 午之日，日始有謫。火勝金，故弗克。」〔註6〕

史墨認為此次日食預示著六年後十二月庚辰，吳入郢。果然六年後，即《左傳》定公四年，「庚辰，吳入郢，以班處宮」。這段材料很可能是後人所記，但把日食和吳國入郢聯繫起來，本身就可以反映當時人們認為日食告凶的觀念。《春秋》隱公三年，二月己巳書「日有食之」，緊接著，三月庚戌書「天

〔註4〕楊伯峻，春秋左傳注‧昭公七年〔M〕，北京：中華書局，1981 年，第 1287
　　　頁。
〔註5〕楊伯峻，春秋左傳注‧昭公二十一年〔M〕，北京：中華書局，1981 年，第
　　　1426 頁。
〔註6〕楊伯峻，春秋左傳注‧昭公二十四年〔M〕，北京：中華書局，1981 年，第
　　　1513 頁。

王崩」。儘管《左傳》並未對此連續兩月之事有所記載，但《春秋》將二者相繼爲書，我們就很難將二者割裂開來看待。以上這些資料都說明在殷周至春秋，時人多認爲日食與人世間的災禍有著密切的關聯。

（二）日食的救助

由前面的論述可知，在先秦時期日食被當時人認爲是一種災害，也就是《左傳》昭公七年所說的「日月之災」。同時，人們相信這種災害可以通過人世間的活動得到救助，而救日的主要措施就是伐鼓、用幣。魯國就曾多次記載「日有食之，鼓，用牲於社」。但是在《左傳》的作者看來，這卻是一種違禮行爲。《左傳》文公十五年曰：

> 六月辛丑朔，日有食之，鼓，用牲于社。非禮也。日有食之，天子不舉，伐鼓于社；諸侯用幣于社，伐鼓于朝，以昭事神、訓民、事君，示有等威，古之道也。〔註7〕

《左傳》昭公十七年亦曰：

> 夏六月甲戌朔，日有食之。祝史請所用幣。昭子曰：「日有食之，天子不舉，伐鼓於社；諸侯用幣於社，伐鼓於朝，禮也。」

可見唯有天子才能「伐鼓於社」，而諸侯只能「用幣於社，伐鼓於朝」。《左傳》昭公十七年，昭子主張伐鼓、用幣，而平子反對說：「止也。唯正月朔，慝未作，日有食之，於是乎有伐鼓用幣，禮也。其餘則否。」關於救日的儀式，《左傳》昭公十七年載：

> 夏六月甲戌朔，日有食之。祝史請所用幣。昭子曰：「日有食之，天子不舉，伐鼓於社；諸侯用幣於社，伐鼓於朝，禮也。」平子禦之，曰：「止也。唯正月朔，慝未作，日有食之，於是乎有伐鼓、用幣，禮也。其餘則否。」大史曰：「在此月也。日過分而未至，三辰有災。於是乎百官降物，君不舉，辟移時；樂奏鼓，祝用幣，史用辭。故《夏書》曰：『辰不集于房，瞽奏鼓，嗇夫馳，庶人走。』」平子弗從，昭子退，曰：「夫子將有異志，不君君也。」〔註8〕

平子所講正月日食才能舉行伐鼓用幣之禮，因爲正月乃正陽之月，此月發生

〔註7〕 楊伯峻，春秋左傳注·文公十五年〔M〕，北京：中華書局，1981年，第612頁。

〔註8〕 楊伯峻，春秋左傳注·昭公十七年〔M〕，北京：中華書局，1981年，第1384頁。

日食則是陰侵陽也，正說明救日之禮的意義是助陽抑陰。太史所講「在此月也」是說明三代曆法之不同，亦或是所謂三正，不在此文討論之列。杜注：「慝，陰氣也。四月純陽用事，陰氣未動而侵陽，災重，故有伐鼓用幣之禮也。」孔疏：「日食，陰侵陽，臣侵君之象。救日食，所以助君抑臣也。平子不肯救日，劉炫云：『乃是不復以君爲君也。』」「百官降物」，就是百官穿素服。「君不舉」，就是國君食不殺牲，菜肴也不求豐盛，更不用音樂助食。「辟移時」，杜注：「避正寢，過日食時」。「樂奏鼓」，杜注：「伐鼓」。「祝用幣」，杜注：「用幣於社」。「史用辭」，杜注：「用辭以自責」，古人迷信日食爲上天的示譴，故自責。又《穀梁傳》莊公二十五年曰：「天子救日，置五麾，陳五兵、五鼓，諸侯置三麾，陳三鼓、三兵；大夫擊門，士擊柝。」《禮記·昏義》亦曰：

> 男教不脩，陽事不得，適見於天，日爲之食；婦順不脩，陰事
> 不得，適見於天，月爲之食。是故日食則天子素服而脩六官之職，
> 蕩天下之陽事；月食則後素服而脩六宮之職，蕩天下之陰事。〔註9〕

《白虎通義·禮樂》對鼓的意義做了詳盡闡述：

> 鼓，震音煩氣也。萬物憤懣震而出，雷以動之，溫以煖之，風
> 以散之，雨以濡之，奮至德之聲，感和平之氣也，同聲相應，同氣
> 相求，神明報應，天地佑之，其本乃在萬物之始耶？故謂之鼓也。

〔註10〕

〔註9〕 孫希旦，禮記集解·昏義〔M〕，北京：中華書局，1989 年，第 1423 頁。
〔註10〕 關於「樂」的助陽作用，《白虎通義·禮樂》講的十分明白：「樂者，陽也，陽倡始，故言作；禮者，陰也，陰制度於陽，故言制。樂象陽，禮法陰也。」而鼓又是我國傳統的打擊樂器中的一種重要樂器，鼓的出現比較早，可以確定鼓大約有 4500 年的歷史（高煒，李健民：《1978～1980 年山西襄汾陶寺墓地發掘簡報》，考古，1983 年第 1 期。）傳說中「伊耆氏」之時就已有「土鼓」。由於鼓有良好的共鳴作用，聲音激越雄壯且傳聲很遠，所以古人很早就把鼓作爲軍隊上助威之用。據《山海經·大荒東經》記載：「東海中有流波山，入海七千里。其上有獸，狀如牛，蒼身而無角，一足，出入水，則必風雨；其光如日月，其聲如雷，其名曰夔。黃帝得之，以其皮爲鼓，橛之以雷獸之骨，聲聞五百里，以威天下。」而夔乃舜之樂官，後被神話化，以其皮爲鼓，聲聞五百里樂官影子仍在。據《周禮·地官司徒》記載，周代已專門設置了「鼓人」來管理鼓制、擊鼓等事。「鼓人，掌教六鼓、四金之音聲，以節聲樂，以和軍旅，以正田役。教爲鼓而辨其聲用，以雷鼓鼓神祀，以靈鼓鼓社祭，以路鼓鼓鬼享，以鼖鼓鼓軍事，以鼛鼓鼓役事，以晉鼓鼓金奏，以金錞和鼓，以金鐲節鼓，以金鐃止鼓，以金鐸通鼓。凡祭祀百物之神，鼓兵舞、帗舞者。凡軍旅，夜鼓鼜，軍動，則鼓其眾，田役亦如之。救日月，則詔王鼓。大喪，則詔大僕鼓。」鄭

《白虎通義・災變》亦曰：

> 日食必救之何？陰侵陽也。鼓用牲於社。社者，眾陰之主，以
> 朱絲縈之，鳴鼓攻之，以陽責陰也。

可見春秋戰國時期，日食即預示著陰侵陽、臣侵君的觀念已相當流行，而救日儀式就是爲了助陽抑陰，助君抑臣，其原理則是模擬。孔穎達在《周禮・鼓人》正義中解釋《春秋》只記載日食而不記載月食的原因從另一個方面進一步說明了這一觀念。

> 《春秋》不記救月食者，但日食是陰侵陽、臣侵君之象，故記
> 之；月食是陽侵陰、君侵臣之象，非逆事，故略不記之也。〔註11〕

實際上，日食原本是在日月推移過程中，日舒月速，三者恰好或幾乎在同一條直線上，而月亮在太陽和地球中間，完全或部分擋住了太陽光線，現代天文上叫做合朔。正如張培瑜先生所說：「先民認爲日月相合，安於其位是正常的，不安於其位是不正常的，反常則出現日食」。〔註12〕

注：「救日月食，王必親擊鼓者，聲大異。」孔疏：「謂日月食時，鼓人詔告王擊鼓，聲大異以救之。案《大僕職》云『軍旅田役贊王鼓』。鄭注云：『佐擊其餘面。』又云『救日月食亦如之』。大僕亦佐擊其餘面。鄭既云佐擊其餘面，則非只兩面之鼓。……則此救日月亦宜用雷鼓，八面，故《大僕》與《戎右》俱云『贊王鼓』，得佐擊餘面也。案莊二十五年《左氏傳》：『夏六月辛未，朔，日有食之，鼓用牲於社，非常。唯正月之朔，慝未作，日有食之，於是乎用幣於社，伐鼓於朝。』若然，此救日食用鼓，惟據夏四月陰氣未作，純陽用事，日又太陽之精，於正陽之月，被食爲災，故有救日食之法也。月似無救理。《尚書・胤征》季秋九月日食，救之者，上代之禮，不與周同。諸侯用幣於社，伐鼓於朝，退自攻責。若天子法，則伐鼓於社。昭十七年，昭子曰『日食，天子伐鼓於社』是也。『救日月食，王必親擊鼓者，聲大異』者，言聲大異者，但日月食始見其微兆，未有災驗，故云異也。……《春秋》不記救月食者，但日食是陰侵陽、臣侵君之象，故記之；月食是陽侵陰、君侵臣之象，非逆事，故略不記之也。」筆者案：從鄭注孔疏中可知：日食發生時，王擊鼓的正面，鼓人則是協助王擊打八面之鼓的餘面，日食擊鼓是爲了發揮鼓的助陽抑陰作用昭然自明，而不是坊間所傳擊鼓是爲了趕走吃太陽的天狗（天狗吃太陽當爲後起之說。）《春秋穀梁傳・莊公二十五年》：「言日言朔，食正朔也。鼓，禮也。用牲，非禮也。天子救日，置五麾，陳五兵五鼓；諸侯置三麾，陳三鼓三兵；大夫擊門；士擊柝。言充其陽也。」范甯集解：「鼓有聲，皆陽事以厭陰氣。」《穀梁傳》所記救日時天子、諸侯、大夫、士在規模和方式上各有等衰，但是「充其陽」的助陽抑陰的原理是一致的。

〔註11〕陳立，白虎通疏證・災變〔M〕，北京：中華書局，1994 年，第 273 頁。
〔註12〕張培瑜，中國古日食記錄和地球自轉長期變化〔J〕，北京：紫金山天文台臺刊，1994 年 1 月。

　　由上述分析可見，古人的救日方式主要是一種非理性行爲。日食被古人
認爲是「陽不克」陰而爲災，所以伐鼓、用幣的主要目的就是爲了達到「充
其陽」的目的。《荀子·樂論》曰：「鼓似天，鍾似地，磬似水。」救日伐鼓
於社，概因鼓似天，模擬天，代表陽氣，已達到助陽抑陰的目的。除了《周
禮·地官》有專門的鼓人之官，「掌教六鼓、四金之音聲」，凡「救日月，則
詔王鼓」之外，〔註 13〕另《周禮·秋官·庭氏》記載與日食儀式有關的「法
器」，「庭氏掌射國中之夭鳥。若不見其鳥獸，則以救日之弓與救月之矢射之。
若神也，則以大陰之弓與枉矢射之。」〔註 14〕概日食之爲災，其最早應是給

〔註 13〕《周禮》一書很可能編定於戰國時期。所用官名及設官分職的總體框架襲自
　　　　王官之舊，但被塞進框架内的政治、經濟措施卻多取自戰國現實，見陳高華、
　　　　陳智超，中國古史史料學〔M〕，北京：北京出版社，1983 年。

〔註 14〕鄭注：「『鄭司農云：『救日之弓，救月之矢，謂日月食所作弓矢。』玄謂日月
　　　　之食，陰陽相勝之變也，於日食則射大陰，月食則射大陽與？神，謂非鳥獸
　　　　之聲，若或叫於宋大廟禧禧出出者。太陰之弓，救月之弓，枉矢救日之矢與？
　　　　不言救月之弓與救日之矢者，互言之。救日用枉矢，則救月以恒矢可知也。」
　　　　孔疏：「『玄謂日月之食，陰陽相勝之變也』者，日之食，晦朔之間，月之食
　　　　惟在於望。日食是陰勝陽，月食是陽勝陰，未至爲災，故云陰陽相勝之變也。
　　　　所以救日月用弓矢射之者，鄭以意推量。『日食則射大陰』者，以陰侵陽，臣
　　　　侵君之象，故射大陰是其常，不足可疑。月食是陽侵陰，君侵臣之象，陽侵
　　　　陰非逆，既用弓，不得不射，若射當射大陽，以是爲疑，故云『月食，則射
　　　　大陽與』以疑之。『若神也』者，謂不見其身，直聞其聲，非鳥獸之神耳，則
　　　　以大陰救月之弓與救日枉矢射之。鄭知『神，謂非鳥獸之聲』者，見宋大廟
　　　　有聲，非鳥獸之聲，既有聲又非鳥獸之聲，故知是神聲，若神降於莘之類是
　　　　也。云『若或叫於宋太廟禧禧出出者』，《左傳》文。云『太陰救月之弓，枉
　　　　矢救日之矢與』者，太陰之弓爲救月之弓，不言與，則不疑，不疑者，以其
　　　　與經云『救日之弓』相對，彼言救日之弓，明此太陰之弓是救月之弓可知。
　　　　若然，上言『救月之矢』，則此枉矢是救日可知。而言『與』以疑之者，但救
　　　　日與太陰相對，故不疑，上言救月，此不言太陽之矢，直言枉矢矢名而已，
　　　　故須疑之。云『不言救月之弓與救日之矢者』，互言之者，若此文云救月之弓
　　　　與救日之矢，爲文自足，何暇須互，既不須互，則上下二文全不見弓矢之名
　　　　矣。是以互見其文，欲見有弓矢之名故也。互者，上文云救日，明太陰是救
　　　　月；此文救月，是太陰，則上文救日是太陽也。又枉矢，見矢名不言救，明
　　　　有救名，救月之矢，見救不見矢名，明亦有名，亦是互也。云『救日用枉矢，
　　　　則救月以恒矢可知也』者，見《司弓矢》枉矢最在前，明救月矢當在枉矢之
　　　　下，故知救月用恒矢可知。不用庫矢，以其庫矢弩所用故也。」筆者按：「庭
　　　　氏」所用救日月之弓矢經鄭玄和孔穎達考釋的十分清楚，我們要説明的是這
　　　　與日食發生後天子要「伐鼓於社」，諸侯「伐鼓於朝」，「瞽奏鼓，嗇夫馳，庶
　　　　人走。」具有同等意義，是不同等級或身份者按照其職守採取不同的救日舉
　　　　措。這就如同奧吉布威人「把帶火的箭頭射入天空，希望這樣能重新點燃它

人類帶來恐懼所至，突然的變異引起人類的恐慌，又無法解釋，只好模擬以救之。美國學者李克特認爲：

> 當被觀察的情況模糊不清時，人們一般用想像的推論來填補他們通過觀察所得到的知識的空白。最終的推論性解釋可能是與文化相一致的，這可以從各種原始的、古代的和中世紀的宇宙學和天文學上看出來，這些學說爲天體加上了各種各樣的遠遠超出了所能觀察到的或由通過對天體的觀察所能合理地推導出的特點。〔註15〕

這種解釋，同樣適用於中國的救日行爲。實際上，通過巫術控制太陽的現象在世界上的許多民族中普遍存在。弗雷澤《金枝》中記載：

> 在發生日蝕的時候，奧吉布威人常常想像那是由於太陽的火焰被撲滅了。於是，他們把帶火的箭頭射入天空，希望這樣能重新點燃它已經熄滅的火焰。秘魯的森西人也在日蝕之時向太陽射去燃燒著的箭，但他們這樣做，顯然主要不是去點燃太陽的燈，而是爲了去趕走那隻他們想像中的與太陽搏鬥的野獸。……堪察加人習慣從屋裏把火帶到屋外，並祈禱這偉大發光的天體再像以前一樣發

已熄滅的火焰。」一樣是一種模擬巫術儀式，只是到了此時，這種巫術儀式已經被定型爲文明時代的禮了。又據《春秋公羊傳・莊公二十五年》：「六月，辛未，朔，日有食之。鼓用牲於社。日食則曷爲鼓，用牲於社？求乎陰之道也。以朱絲營社，或曰脅之，或曰爲闇，恐人犯之，故營之。」何休注：「或曰者，或人辭，其義各異也。或曰脅之，與責求同義。社者，土地之主也。月者，土地之精也。上繫於天而犯日，故鳴鼓而攻之，脅其本也。朱絲營之，助陽抑陰也。或曰爲闇者，社者，土地之主，尊也，爲日光盡，天闇冥，恐人犯歷之，故營之。然此說非也。記或傳者，示不欲絕異說爾。先言鼓，後言用牲者，明先以尊命責之，後以臣子禮接之，所以爲順也。不言鼓於社用牲者，與禘於大廟用致夫人同，嫌起用牲爲非禮。書者，善內感懼天災應變得禮也。是後夫人遂不制，通於二叔，殺二嗣子也。徐彥疏：知其非者，正以日食者，陰氣侵陽，社官五土之神，理宜抑之，而反營衛，失抑陰之義故也。《公羊》之義，救日食而有牲者，以臣子之道接之故也，與《左氏》天災有幣無牲異矣。僖八年『秋，七月，禘於大廟，用致夫人』，彼注云『以致文在廟下，不使入廟，知非禮也』。然則此經若鼓用牲之文，在於社之下，不使在社上，則用牲爲非禮。若然，上二十四年傳云『用者不宜用也』，而此注復以用牲爲得禮者，《公羊》之義，以用爲時事，不必著不宜也。謂經書日食，善內之得禮矣。夫人遂不制以下，是其日食之義。」筆者案：朱當陽色，「朱絲營之」，意即助陽抑陰也。

〔註15〕 （美）李克特著，顧昕、張小天譯，科學是一種文化過程〔M〕，北京：生活、讀書、新知三聯書店，1989年，第58頁。

光。……在類似情況下的純粹巫術儀式曾在奇爾科廷印第安人那裡
被發現，男人和婦女們象徵在旅行時那樣撩起長袍，像他們正背著
重物一樣拄著棍子，不停地繞著圓圈走，直到日蝕結束。顯然，他
們想這樣去支持太陽在它環繞著天空疲倦地移動時那無力的腳步。
與此相似，在古埃及作為太陽的代表的過往肅穆地繞著一個廟宇的
圍牆轉圈，為的是保證太陽也將完成它每天的行程，不致於因日蝕
或其它意外而停頓。〔註16〕

弗雷澤所舉各地土著救日的方式與前文所述的「伐鼓」儀式只是具體手段有
所差異，而其救助原理則是一致的。

在人類社會早期，太陽崇拜普遍存在，中國先秦時期也是如此。〔註17〕
太陽做為萬物之源，是五穀蕃熟，晴雨溫潤的保證。在中國先秦時期天子和
諸侯都設有掌日之官，如《尚書・堯典》曰：

乃命羲和，欽若昊天，曆象日月星辰，敬授人時……分命羲仲，
宅崵夷，曰暘谷。寅賓出日，平秩東作……分命和仲，宅西，曰昧
谷。寅餞納日，平秩西成。〔註18〕

周秉鈞在《尚書易解》中認為：「寅」，敬也；「賓」，導也；「餞」，送也。〔註19〕
「寅賓出日」，就是敬導春分之出日；「寅餞納日」，就是敬送秋分之落日。趙世
超先生認為這是以神話為基礎的巫術儀式。〔註20〕《山海經・大荒南經》曰：

東南海之外，甘水之間，有羲和之國。有女子名曰羲和，方日
浴於甘淵。

郭璞注：「羲和蓋天地始生，主日月者也……作日月之象而掌之，沐浴運轉之
於甘水中，以效其出入暘谷虞淵也。〔註21〕由此可見，羲和是中國最古的天

〔註16〕（英）詹姆斯・喬・弗雷澤，金枝〔M〕，徐育新，汪培基，張澤石譯，：北
　　　　京：大眾文藝出版社，1998年，第118～119頁。

〔註17〕關於太陽崇拜的論述如宋鎮豪，夏商社會生活史〔M〕北京：中國社會科學
　　　　出版社，1994年。；朱狄，信仰時代的文明〔M〕，北京：中國青年出版社，
　　　　1999年；王暉，商周文化比較研究〔M〕，：北京人民出版社，2000年；楊
　　　　希枚，先秦文化史論集〔M〕，北京：中國社會科學出版社，1995年。

〔註18〕孫星衍，尚書古今文注疏・堯典〔M〕，北京：中華書局，1986年，第10～
　　　　20頁。

〔註19〕周秉鈞，尚書易解〔M〕，長沙：嶽麓書社，1984年，第4～6頁。

〔註20〕趙世超，浴日和御日〔J〕，歷史研究，2003年3期。

〔註21〕袁珂，山海經校注〔M〕，成都：巴蜀書社，1996年，第438頁。

文學家或管理天文之官。《左傳》桓公十七年曰：「天子有日官，諸侯有日御。日官居卿以底日，禮也。日御不失日，以授百官於朝」。「日官」和「日御」都是負責管日之官，並掌管制定曆法。

太陽崇拜的盛行，使得日食時出現的「天再旦」和「日夜出」現象給人們帶來巨大的恐懼感，於是才有伐鼓、用幣的救日活動。日食現象給人類帶來恐懼，引起人類的恐慌，古人又無法解釋，由此模擬以救之。後來太陽被賦於君主之政治神話的意義，則救日的意義就更為明確，而且愈加豐富了，但救助儀式的巫術性卻始終沒有消除。其巫術性表現在兩個方面：一是主持者即巫師的身份漸漸的發生變換；二是被祭者太陽的象徵意義也發生變化。因而其儀式不斷地被豐富。

二、蟲災救助方式中的非理性因素

（一）蟲災之記載

先秦時期關於蟲災的記載頗為豐富。早在西周時期，先民對蟲災就多有記載，如《詩經‧大雅‧桑柔》曰：「天降喪亂，滅我立王。降此蟊賊，稼穡卒痒。」高亨先生解釋說：「蟊，食苗根的蟲。賊，吃苗節的蟲。此句言上天降下蟲災。卒，盡也。痒，病也」。〔註22〕春秋時期，先民對蟲災不僅有更加的詳細記載，而且還作了一定程度的區分。以下分類述之。

1. 螟

《春秋》隱公五年、八年和莊公六年記載有螟災，《穀梁傳》隱公五年即說：「螟，蟲災也」。螟，是蛾屬，昆蟲類麟翅目，幼蟲曰螟，棲稻之葉腋或莖中，蛀食稻莖之髓部，《爾雅‧釋蟲》所謂「食苗心，螟」是也。「螟害為災，故書。」〔註23〕

2. 蝥（蟘、螣、蟘）

《春秋》莊公十八年，記載有蝥災，《左傳》曰：「有蝥，為災也」。「蝥」又作「蟘」。《呂氏春秋‧任地》云：「又無螟蟘。」高誘注云：「蟘或作螣。食心者螟，食葉者螣。兗州謂蟘為螣，音相近也。」蝥即《詩經‧小雅‧大田》「去其螟螣」之「螣」。《後漢書‧明帝紀》引《詩經》作「去其螟蟘」，

〔註22〕高亨，詩經今注〔M〕，上海：上海古籍出版社，1980年，第443頁。
〔註23〕楊伯峻，春秋左傳注‧隱公四年〔M〕，北京：中華書局，1990年，第41頁。

尤可證螣與蟘爲一物。《說文》云：「蟘，蟲食苗葉者，《詩》曰『取其螟蟘』」。則蟘又作螣，而訓短狐之蜮別爲一物。楊伯峻先生說《漢書‧五行志》引劉向說及服虔、杜預之說，皆謂此蟁爲含沙射人之短狐，恐非。〔註24〕

3. 蜚

《左傳》隱公元年、《春秋》莊公二十九年記載有蜚災。《左傳》莊公二十九年曰：「秋，有蜚，爲災也。凡物，不爲災，不書。」「蜚」，宋代羅願《爾雅翼》曰：「蜚者，似蟎而輕小，能飛，生草中，好以清旦集稻上，食稻花。田家率以早作掇拾至他所。至日出，則皆散去，不可得矣。既食稻花，又其氣臭惡，能燼稻，使不稔。《春秋》書之，當由此爾。今人謂之蜚盤蟲，亦曰香娘子。」〔註25〕蜚爲災，故書之。

4. 螽

《春秋》桓公五年、《春秋》僖公十五年、《春秋》文公三年、《春秋》文公八年、《春秋》宣公六年、《春秋》宣公十三年、《春秋》宣公十五年、《春秋》襄公七年、《春秋》哀公十二年、《春秋》哀公十三年等都記載有螽災。《穀梁傳》僖公十五年曰：「螽，蟲災也」，《春秋》文公八年，「螽」。杜注：「爲災，故書。」「螽」，古者螽、蝗不分，《春秋》所書之螽，皆飛蝗，旱災之後多有蝗災，〔註26〕故書之。《藝文類聚》引《春秋佐助期》云：「螽之爲蟲，赤頭甲身而翼，飛行，陰中陽也。螽之爲言眾，暴眾也。」又引《五行傳》云：「介蟲有甲能蜚，陽之類，陽氣所生。於《春秋》爲螽，今謂之蝗。」皆以螽即飛蝗，與《詩》之螽斯、草蟲不同。〔註27〕

5. 蝝

《春秋》宣公十五年還記載有蝝，《左傳》曰：「冬，蝝生。饑，幸之也」。據《說文》引董仲舒說及《爾雅》郭璞注，爲飛蝗之幼蟲，未有翅者。據《漢書‧五行志》引劉歆說，則以爲蚍蜉之有翅者，食穀爲災。據《左傳》莊公

〔註24〕楊伯峻，春秋左傳注‧莊公十八年〔M〕，北京：中華書局，1990年，第206頁。

〔註25〕〔宋〕羅願撰：石雲孫點校，爾雅翼〔M〕，合肥：黃山書社，1991年，第280頁。

〔註26〕蝗，又稱蝗蟲，是昆蟲，種類很多，口器堅硬，前翅狹窄而堅韌，後翅寬大而柔軟，善於飛行，後肢很發達，善於跳躍。主要危害禾本科植物，是農業害蟲。有的地區叫「螞蚱」。

〔註27〕楊伯峻，春秋左傳注‧桓公五年〔M〕，北京：中華書局，1990年，第103頁。

二十九年，「凡物，不爲災，不書」之義例，此書必爲災。以上這些都是關於蟲災的記載。

（二）蟲災之救助

蟲災的救助方式也主要是一種非理性行爲。《詩經・小雅・大田》曰：「去其螟螣，及其蟊賊，無害我田穉。田祖有神，秉畀炎火。」孔穎達正義曰：「以螟螣之屬四者，盛陽氣嬴則生之，以得陽而生，故陽盛而爲害。」《禮記・月令》亦說：

> 「仲夏行春令，百螣時起。」是陽行而生，陽盛則蟲起，消之則付於所生之本。今明君爲政，田祖之神不受此害，故持之付於炎火，使自消亡也。田祖所以受者，以害由政起。今明君爲政，害無由作，故云田祖不受四蟲之害。若政能消之，則本無可受，而云田祖不受者，以田祖主田之神，託而言耳。

實際上，「蟊」是指吃禾根的蟲，「賊」是指吃禾節的蟲，「穉」是指嫩禾，「田祖」是指農神，「秉」即拿，「畀」即交付，「炎火」即大火，因而「秉畀炎火」即是說把害蟲用火燒化。〔註28〕用火燒死飛蟲本是一種實用的方法，但是祈求農神「田祖」拿著「炎火」把害蟲燒化，則是一種非理性行爲，而祈求農神的活動必然有一系列的儀式，雖然其救助儀式於史籍已不可詳考，但毫無疑問，這種儀式必然是在一種非理性觀念支配下進行的。

三、地震救助方式中的非理性因素

（一）地震之記載

先秦時期，地震稱「地震」或「崩」，亦簡稱爲「震」。如《國語・周語上》說：「幽王二年，西周三川皆震。」《詩經・小雅・十月之交》被認爲是刺幽王之詩，所謂「百川沸騰，山冢崒崩。高岸爲谷，深谷爲陵」，這應該是對大地震的記載，亦可與《國語・周語上》地震的記載相互印證。《春秋》僖公十四年，「八月辛卯，沙鹿崩」；《春秋》文公九年，「九月癸酉，地震」；《春秋》成公五年，「梁山崩」；《春秋》襄公十六年，「五月甲子，地震」；《春秋》昭公十九年，「己卯，地震」；《春秋》昭公二十三年，「八月乙未，地震」等，這些都是先秦時期關於地震的記載。

〔註28〕高亨，詩經今注〔M〕，上海：上海古籍出版社，1980年，第333頁。

（二）地震之解釋

在古人看來，地震不僅是一種自然災害，而且還是一種人世間災禍的徵兆。如《國語・周語上》載：

> （伯陽父曰）「夫國必依山川，山崩川竭，亡之徵也。川竭，山必崩。若國亡，不過十年，數之紀也。夫天之所棄，不過其紀。」是歲也，三川竭，岐山崩。十一年，幽王乃滅，周乃東遷。〔註29〕

又《左傳》昭公二十三年載：

> 八月丁酉，南宮極震。萇弘謂劉文公曰：「君其勉之！先君之力可濟也。周之亡也，其三川震。今西王之大臣亦震，天棄之矣！東王必大克。」〔註30〕

而後《左傳》昭公二十六年，王子朝奔楚，敬王入於成周。《左傳》僖公十四年，八月辛卯，沙鹿崩。晉卜偃曰：「期年將有大咎，幾亡國。」後《左傳》僖公十五年，秦、晉韓原之戰，晉大敗，晉侯被擒。由此可知，在古人看來，地震與人世間的災禍確有關聯。

關於地震之發生，古人有時也從陰陽失位的視角進行解釋。如在《國語・周語上》中，伯陽父曰：

> 周將亡矣！夫天地之氣，不失其序，若過其序，民亂之也，陽伏而不能出，陰迫而不能烝，於是有地震，今三川實震，是陽失其所而鎮陰也。陽失而在陰，川源必塞，源塞，國必亡。夫水土演而民用也。土無所演，民乏財用，不亡何待！〔註31〕

在伯陽父看來，地震是由陰陽失位導致的，即「陽伏而不能出，陰迫而不能烝」，於是才會發生地震。

（三）地震之救助

由於古人對地震成因有獨特的看法，致使其地震救助措施也有其自身的特點。《左傳》成公五年，梁山崩。晉之伯宗所遇之絳人曰：「故山崩川竭，君爲之不舉，降服，乘縵，徹樂，出次，祝幣，史辭以禮焉。」「不舉」，即

〔註29〕徐元浩，國語集解・周語上〔M〕，上海：上海古籍出版社，2002 年，第 27 頁。

〔註30〕楊伯峻，春秋左傳注・昭公二十三年〔M〕，北京：中華書局，1981 年，第 1446 頁。

〔註31〕徐元浩，國語集解・周語上〔M〕，上海：上海古籍出版社，2002 年，第 26 頁。

食不殺牲，莱肴不求豐盛，不用音樂助食。「降服」，杜注謂「損盛服」，即不穿華麗的衣服。「乘縵」，杜注謂「車無文」，即無彩飾之車。「出次」，杜注謂「舍於郊」，即離開平時的居處。「祝幣」，杜注謂「陳玉帛」，即陳列獻神的禮物。「史辭以禮焉」，即史官讀祭神的文辭以禮祭神。〔註 32〕《國語·晉語五》曰：「夫國主山川，故川涸山崩，君為之降服出次，乘縵不舉，祭於上帝，國三日哭，以禮焉」。二者記載大體相似。「不舉」、「降服」、「乘縵」，雖不是直接救助措施，但君主主動減膳、省樂，本身就是一種節約，以利於救災經費的籌集，但「祝幣」和「史辭」則完全是一種非理性行為。

四、火災救助方式中的非理性因素

（一）火災之記載

先秦時期的火災一般稱為「火」或「災」。《左傳》宣公十六年曰：「凡火，人火曰火，天火曰災。」春秋時期關於火災的記載很多，如《春秋》桓公十四年，「八月壬申，御廩災」；《春秋》僖公二十年，「五月，乙巳，西宮災」；《左傳》僖公二十四年，己丑晦，晉國「公宮火」；《春秋》宣公十六年，「夏，成周宣榭火」；《春秋》成公三年，二月，甲子，「新宮災」；《春秋》襄公九年，「春，宋災」；《春秋》昭公九年，「四月，陳災」；《春秋》昭公十八年，「五月，壬午，宋、衛、陳、鄭災」，《左傳》曰：「宋、衛、陳、鄭皆火」；《春秋》定公二年，「五月，壬辰，雉門及兩觀災」；《春秋》哀公三年，「五月，辛卯，桓宮，僖宮災」；《春秋》哀公四年，「六月，辛丑，亳社災」等，這些都是關於火災的記載。

（二）火災之解釋

在古人看來，火災是一種人世間災禍的徵兆。如《左傳》載：昭公九年四月，陳災。鄭裨竈曰：「五年陳將復封。封五十二年而遂亡。」子產問其故，裨竈對曰：

> 陳，水屬也；火，水妃也。而楚所相也。今火出而火陳，逐楚而建陳也。妃以五成，故曰五年。歲五及鶉火，而後陳卒亡，楚克有之，天之道也，故曰五十二年。

在《左傳》昭公八年，楚師滅陳。後《左傳》昭公十三年，楚平王復封陳。

〔註32〕楊伯峻，春秋左傳注·成公五年〔M〕，北京：中華書局，1990 年，第 823 頁。

古人有時亦將火災的發生原因歸於天象大火。《春秋》襄公九年，宋災。晉侯問於士弱曰：「吾聞之，宋災於是乎知有天道，何故？」士弱對曰：

> 古之火正，或食於心，或食於味，以出內火。是故味爲鶉火，心爲大火。陶唐氏之火正閼伯居商丘，祀大火，而火紀時焉。相土因之，故商主大火。商人閱其禍敗之釁，必始於火，是以日知其有天道也。

《左傳》昭公十七年，宋、衛、陳、鄭發生火災之前，冬天有星孛於大辰，西及漢。對此，申須與梓慎有一段精彩的問答：

> 申須曰：「彗所以除舊布新也。天事恒象，今除於火，火出必布焉。諸侯其有火災乎！」梓慎曰：「往年吾見之，是其徵也，火出而見。今茲火出而章，必火入而伏。其居火也久矣，其與不然乎？火出，於夏爲三月，於商爲四月，於周爲五月。夏數得天。若火作，其四國當之，在宋、衛、陳、鄭乎！宋，大辰之虛也；陳，大皞之虛也；鄭，祝融之虛也，皆火房也。星孛及漢，漢，水祥也。衛，顓頊之虛也，故爲帝丘，其星爲大水，水，火之牡也。其以丙子若壬午作乎！水火所以合也。若火入而伏，必以壬午，不過其見之月。」〔註33〕

《左傳》昭公十八年夏五月，火始昏見；丙子，風。梓慎評論曰：「是謂融風，火之始也。七日，其火作乎！」戊寅，風甚。壬午，大甚。於是宋、衛、陳、鄭皆火。

在這裡，不管是魯國的申須、梓慎，還是晉國的士弱，在解釋火災的發生原因時，都沒有用神靈、天意之類的天命觀來說明問題，而是根據天象大火的出現，來斷言地上與天象分野相應的國家必有火災，這就是「天人感應」。

（三）火災之救助

古人對火災的救助可以分爲理性和非理性兩種。魯襄公九年，宋災，宋大夫樂喜爲司城以爲政。《左傳》載：

> 使伯氏司里，火所未至，徹小屋，塗大屋，陳畚、挶；具綆、缶，備水器；量輕重，蓄水潦，積土塗；巡丈城，繕守備，表火道。使華臣具正徒，令隧正納郊保，奔火所。使華閱討右官，官庀其司。向戌討左，亦如之。使樂遄庀刑器，亦如之。使皇鄖命校正出馬，

〔註33〕楊伯峻，春秋左傳注·昭公十七年〔M〕，北京：中華書局，1981年，第1390頁。

工正出車,備甲兵,庀武守。使西鉏吾庀府守。〔註 34〕

魯昭公十八年,鄭國火作。《左傳》載:

> 子產辭晉公子、公孫于東門,使司寇出新客,禁舊客勿出於宮。使子寬、子上巡群屏攝,至于大宮。使公孫登徙大龜,使祝史徙主祏於周廟,告於先君。使府人、庫人各儆其事。商成公儆司宮,出舊宮人,置諸火所不及。司馬、司寇列居火道,行火所焮。城下之人伍列登城。明日,使野司寇各保其徵。郊人助祝史,除於國北,禳火於玄冥、回祿,祈於四鄘。書焚室而寬其徵,與之材。三日哭,國不市。使行人告於諸侯。宋、衛皆如是。陳不救火,許不弔災,君子是以知陳、許之先亡也。〔註 35〕

魯哀公三年,魯國桓宮和僖宮災。《左傳》載:

> 南宮敬叔至,命周人出御書,俟於宮,曰:「庀女,而不在,死。」子服景伯至,命宰人出禮書,以待命。命不共,有常刑。校人乘馬,巾車脂轄,百官官備,府庫慎守,官人肅給。濟濡帷幕,鬱攸從之。蒙葺公屋,自大廟始,外內以悛。助所不給。有不用命,則有常刑,無赦。公父文伯至,命校人駕乘車。季桓子至,御公立于象魏之外,命救火者傷人則止,財可為也。命藏《象魏》,曰:「舊章不可亡也。」富父槐至,曰:「無備而官辦者,猶拾瀋也。」於是乎去表之槀,道還公宮。〔註 36〕

此外,諸侯國之間也有互相救助的措施,如魯襄公九年,宋災;《左傳》襄公三十年,「為宋災故,諸侯之大夫會,以謀歸宋財」。因為這次澶淵之會,無歸於宋,故不書其人,但是這樣的舉措足以說明諸侯國之間是有相互救助的措施的。

以上都是關於火災救助之理性的積極措施,而《春秋》成公三年,二月甲子,新宮災,「三日哭」;《左傳》襄公九年,宋災時,宋司城樂喜,還「令司宮、巷伯儆宮。二師令四鄉正敬享,祝宗用馬於四墉,祀盤庚於西門之外」;

〔註 34〕楊伯峻,春秋左傳注・襄公九年〔M〕,北京:中華書局,1981 年,第 961~962 頁。

〔註 35〕楊伯峻,春秋左傳注・昭公十八年〔M〕,北京:中華書局,1981 年,第 1395~1396 頁。

〔註 36〕楊伯峻,春秋左傳注・哀公三年〔M〕,北京:中華書局,1981 年,第 1620~1622 頁。

《左傳》昭公十七年，鄭國發生火災之前，鄭裨竈言於子產曰：「宋、衛、陳、鄭將同日火，若我用瓘斝玉瓚，鄭必不火。」子產弗與。子產認為：「天道遠，人道邇，非所及也，何以知之？竈焉知天道？」但是在推行理性的積極措施的同時，還令「郊人助祝史除於國北，禳火於玄冥、回祿，祈於四鄘……三日哭，國不市」，這些又是非理性的救助措施。然而理性和非理性的救助措施是相互依存的，這正反映了春秋時期作為一個變革時代的特點。春秋時期非理性救助措施依然存在，正說明非理性因素自其產生後並未隨著理性的發展而消失。

五、疾疫救助方式中的非理性因素

（一）疾疫之記載

先秦時期關於疾疫的記載很多。商代就已有關於疾疫的記載，如殷墟卜辭中有關疾病的內容很多，據研究大致有 55 種之多，〔註37〕如疾首、疾目、疾耳、疾口、疾齒、疾舌、疾趾、疾自、疾身、疾肘、疾足、疾骨等，已有學者對殷墟卜辭所見的各種疾病作過一些研究。〔註38〕王暉先生根據卜辭「癸丑卜，爭，貞旬亡田。三日乙卯□屮婟，單丁人豐〔盘〕於彔……丁巳龟子豐盘……鬼亦尋疾」（《合集》）137 正），「貞盘弗其田凡屮〔疾〕」（《合集》13887）和「己巳卜，貞屮夢，王盘。」（《合集》17446）等，認為到商代已經有了有關流行性瘟疫傳染病方面的記錄。〔註39〕西周時期，如《尚書·金縢》曰：「既克商二年，王有疾，弗豫。」這裡的王指的是周武王，周公祝曰：「惟爾元孫某，遘厲虐疾。」「遘」，遇也；「厲」，危也；「虐」，惡也。此句是言武王遇到了危惡之病。〔註40〕

春秋時期關於疾疫的記載更加豐富，如《左傳》僖公二十八年，晉文公

〔註37〕宋鎮豪，商代的疾患醫療與衛生保健〔M〕，歷史研究，2004 年 2 期。

〔註38〕丁山，釋疾〔J〕，中央研究院歷史語言研究所集刊（1 本 2 分），1930 年；胡厚宣，殷人疾病考〔J〕，甲骨學商史論叢初集（外一種）〔M〕，石家莊：河北教育出版社，2002 年，第 302～325 頁；楊樹達，讀胡厚宣君殷人疾病考〔J〕，楊樹達文集之五·積微居甲文說〔M〕，上海：上海古籍出版社，1986 年，第 84～89 頁；胡厚宣，論殷人治療疾病之方法〔M〕，中原文物〔J〕，1984 年 4 期；宋鎮豪，夏商社會生活史〔M〕，北京：中國社會科學出版社，1996 年，第 415～416 頁。

〔註39〕王暉，殷墟卜辭所見我國最早的傳染流疫考〔J〕，殷都學刊，2007 年 2 期。

〔註40〕周秉鈞，尚書易解〔M〕，長沙：嶽麓書社，1984 年，第 148 頁。

「有疾」;《左傳》文公十八年,齊懿公「有疾」;《左傳》成公十年,晉景公「疾病」;《左傳》昭公元年,晉平公「有疾」;《左傳》昭公七年,又記載晉平公「疾」;《左傳》昭公二十年,齊景公「疥,遂痁,期而不瘳」,「疥」,即疥癬蟲寄生之傳染性皮膚病。「痁」,《說文》曰「有熱瘧」,《正字通》云「多日之瘧爲痁」。「期」通「朞」,一年也。「瘳」,病癒。即齊侯得了疥癬和瘧疾,一年都沒有康復。《左傳》哀公六年,「(楚)昭王有疾」。《周禮‧天官‧疾醫》,「掌養萬民之疾病。四時皆有癘疾:春時有痟首疾,夏時有癢疥疾,秋時有寒疾,冬時有上氣疾」,則四時各有流行病。《墨子‧兼愛下》亦曰:「今歲有癘疫,萬民多有勤苦凍餒,轉死溝壑中者,既已眾矣。」

　　此外,還有瘟疫。在先秦時期如地震、水災、旱災等大型自然災害之後,往往有大疫。由於大災之後大量幸存者無家可歸、臨時居住地擁擠不堪、衛生條件很差,加上人畜屍體腐爛、蚊蠅滋生、飲水嚴重污染、食物變黴等惡劣條件,造成痢疾、霍亂、傷寒和副傷寒、瘧疾等疾病的流行,有時其死亡甚至超過始發災難。而且有些疾病在非自然災難情況下也可爆發流行,形成疫病災難。〔註41〕

(二)疾疫之解釋

　　先秦時期引發疾疫的原因古人多認爲是鬼神作祟等神秘原因造成的。如《左傳》成公十年,晉景公「夢大厲,被髮及地,搏膺而踊,曰:『殺余孫,不義。余得請於帝矣!』壞大門及寢門而入。公懼,入於室。又壞戶。公覺,召桑田巫。巫言如夢。公曰:『何如?』曰:『不食新矣』。」而後景公得病,就認爲與此有關。《左傳》昭公元年,晉平公有疾,鄭伯使公孫僑如晉聘,且問疾。叔向問曰:「寡君之疾病,卜人曰:『實沈、臺駘爲祟。』史莫之知,敢問此何神也?」子產解釋實沈是參神,臺駘是汾神,「抑此二者,不及君身」,進一步認爲「君子有四時:朝以聽政,晝以訪問,夕以脩令,夜以安身。於是乎節宣其氣,勿使有所壅閉湫底,以露其體,茲心不爽,而昏亂百度。今無乃壹之,則生疾矣。」有學者認爲:「子產以四時之氣不調以及身體器官運行之規律來解釋晉侯致疾的原因,斷然反對禱告參星神與汾水神,他運用自然秩序的原則否定了神靈對人事的支配、控制,其思想已逸出宗教信仰體系,而顯示出強烈的理性特點。」

〔註41〕張鴻祺、周國泰、張愈主編,災害與醫學〔M〕,范寶俊主編,災害管理文庫〔M〕,當代中國出版社,1999年,第35頁。

〔註42〕子產的這種理性解釋恰恰從另一方面證明當時人們對染疾求禱的普遍存在。又《左傳》昭公七年，晉平公又有疾，鄭子產聘於晉。韓宣子逆客，私焉，曰：「寡君寢疾，於今三月矣，並走群望，有加而無瘳。今夢黃熊入於寢門，其何厲鬼也」。《左傳》昭公二十年，齊侯疥且遂痁，諸侯之賓問疾者多在。梁丘據與裔款言於公曰：「吾事鬼神豐，於先君有加矣。今君疾病，為諸侯憂，是祝史之罪也。諸侯不知，其謂我不敬。君盍誅於祝固、史嚚以辭賓」。《左傳》哀公六年，楚昭王有疾。卜曰：「河為崇。」這些都說明古人認為疾病與鬼神為崇有關。

此外，《禮記·月令》還認為疾疫與統治者四時實行的政令有關，孟春「行秋令，則其民大疫」，季春「行夏令，則民多疾疫」，仲夏「行秋令，則草木零落，果實早成，民殃於疫」。可見，不按時修政令就會導致失時，失時則災疫生的觀點頗為流行。

值得注意的是，在春秋時期，有人也試圖從理性的、科學的角度去探究疾疫形成的原因。如《左傳》昭公元年，晉平公有疾。子產曰：

> 僑聞之，君子有四時：朝以聽政，晝以訪問，夕以脩令，夜以安身。於是乎節宣其氣，勿使有所壅閉湫底以露其體，茲心不爽，而昏亂百度。今無乃壹之，則生疾矣。僑又聞之，內官不及同姓，其生不殖，美先盡矣，則相生疾，君子是以惡之。故《志》曰：「買妾不知其姓，則卜之。」違此二者，古之所慎也。男女辨姓，禮之大司也。今君內實有四姬焉，其無乃是也乎？若由是二者，弗可為也已。四姬有省猶可，無則必生疾矣。

秦國醫和與子產的說法頗為相似，他曰：「疾不可為也。是謂『近女室，疾如蠱。非鬼非食，惑以喪志。良臣將死，天命不祐』。」恐怕晉平公近女室乃是路人皆知的事情，故而子產和醫和看法才能出奇的一致。

（三）疾疫之救助

古人對於疾疫主要是採用非理性的救助方式。如《尚書·金縢》載：

> （周公）乃自以為功，為三壇同墠。為壇於南方，北面，周公立焉。植璧秉珪，乃告大王、王季、文王。史乃冊，祝曰：「惟爾元孫某，遘厲虐疾。若爾三王是有丕子之責於天，以旦代某之身。予

〔註42〕羅新慧，禳災與祈雨：周代禱辭與信仰觀念研究〔J〕，歷史研究，2008 年 5 月。

> 仁若考，能多材多藝，能事鬼神。乃元孫不若旦多材多藝，不能事
> 鬼神。乃命於帝庭，敷佑四方，用能定爾子孫於下地。四方之民罔
> 不祗畏。嗚呼！無墜天之降寶命，我先王亦永有依歸。今我即命於
> 元龜，爾之許我，我其以璧與珪，歸俟爾命；爾不許我，我乃屏璧
> 與珪。」〔註43〕

這是說，武王患疾時，周公以身禱疾，移疾病於己身，這顯然是一種以巫術原理來治病的行為。《左傳》昭公七年，晉平公有疾，韓宣子曰：「寡君寢疾，於今三月矣，並走群望，有加而無瘳。」此所謂「並走群望」就是對山川之神進行祭祀。就連被稱為「博物君子」的子產，也認為「昔堯殛鯀於羽山，其神化為黃熊，以入於羽淵，實為夏郊，三代祀之。晉為盟主，其或者未之祀也乎？」於是韓子祀夏郊，晉侯病情有了緩和，子產獲得了「莒之二方鼎」的賞賜。子產在昭公元年的那種對致病原因的理性解釋在這裡不復存在，祭神禱祀可以治病的觀念在春秋時期深入人心和普遍存在之程度可見一斑。《左傳》哀公六年，楚昭王有疾。卜曰：「河為祟。」王弗祭。大夫請祭諸郊，王曰：「三代命祀，祭不越望。江、漢、睢、章，楚之望也。禍福之至，不是過也。不穀雖不德，河非所獲罪也。」於是沒有祭祀。這裡楚昭王並不是因為是一位唯物主義者而不祭祀，而是因為他認為「祭不越望」，河並不屬楚之望，故而才不祭。

古代禳除疾病主要由神職人員負責。如《左傳》僖公二十八年，晉文公有疾，「曹伯之豎侯孺貨筮史」，「筮史」於是「以曹為解」，晉文公乃「復曹伯」。「筮史」之所以在「復曹伯」的過程中發揮作用，就是因為「筮史」掌握著解讀病因和治療疾病的方法。《周禮·春官》「（小祝）掌小祭祀將事、侯、禳、禱、祠之祝號」，「禳」就是禳除災禍。《周禮·天官》「（女祝）掌王后之內祭祀。凡內禱祠之事，掌以時招梗裙禳之事，以除疾殃」。《周禮·春官》「（男巫）掌望祀、望衍、授號，旁招以茅。冬堂贈，無方無算；春招弭，以除疾病」。《周禮·春官》「（女巫）掌歲時祓除、釁浴、旱暵，則舞雩」。《周禮·夏官》「（方相氏）掌蒙熊皮，黃金四目，玄衣朱裳。執戈揚盾，帥百隸而時儺，以索室驅疫」。鄭注：「蒙，冒也。冒熊皮者，以驚驅疫癘之鬼，如今魌頭也。時難，四時作方相氏以難卻凶惡也。」鄭玄在注釋「占夢」條「遂令

〔註43〕孫星衍，尚書古今文注疏·金縢〔J〕，北京：中華書局，1986 年，第 324～327 頁。

始難歐疫」時曰：「令，令方相氏也。難，謂執兵以有難卻也。方相氏蒙熊皮，黃金四目，玄衣朱裳，執戈揚盾，帥百隸為之歐疫厲鬼也。故書『難』或為『儺』。」《論語‧鄉黨》曰：「鄉人儺，朝服而立於阼階。」朱熹《集注》曰：「儺，所以逐疫，周禮方相氏掌之。阼階，東階也。儺雖古禮而近於戲，亦必朝服而臨之者，無所不用其誠敬也。或曰：『恐其驚先祖五祀之神，欲其依己而安也。』」〔註44〕就是驅疫儺祭的儀式，即方相氏頭戴面具，執戈揚盾，率領眾人毆除惡鬼的大規模巫術儀式。

有時在疾疫得不到有效救助時，這些神職人員——巫者就會被殺掉，如《左傳》成公十年，「晉景公有疾，夢大厲，公覺，召桑田巫。巫言如夢。公曰：『何如？』桑田巫曰：『不食新矣。』」在六月丙午這一天，晉侯為了驗證桑田巫的說辭是錯誤的，故而欲嘗新麥，使甸人獻麥，饋人為之。「召桑田巫，示而殺之」。可惜在將食之時，突然肚子脹痛，如廁，陷入廁所中而卒。「桑田」本是虢邑，晉滅虢後，隨之併入晉國。「桑田巫」就桑田這一地方之巫者。晉景公殺桑田巫，是由於他說了晉侯已經沒救了，即「不食新矣」的話。《左傳》昭公二十年，齊侯疥、痁，過了一年都沒有康復。梁丘據與裔款建言於公曰：「吾事鬼神豐，於先君有加矣。今君疾病，為諸侯憂，是祝史之罪也。諸侯不知，其謂我不敬。君盍誅於祝固、史嚚以辭賓。」「祝固」、「史嚚」是分別擔任「祝」、「史」職務之人，齊侯有疾，不是罪責醫生，而是欲誅祝、史。

以上所舉周公禱疾，晉平公有疾，晉國「並走群望」，並祭祀鯀於夏郊，以及禳除疾病主要由神職人員負責，疾疫得不到有效救助的時候巫、祝、史等就會被殺掉，這些說明這種傳統的非理性的治療方法在當時擁有相當的影響力。

當然，這種現象並非中國所特有。通過對世界各地民族志資料的考察，我們發現，這些非理性的觀念和治療方法在世界許多民族中都存在著。人類學家的調查研究表明：在一些民族看來，疾病永遠是一種由看不見、摸不到的神秘原因造成的。如美國人類學家羅伯特‧路威曾說：

> 原始人像我們一樣，也知道在腦袋上使勁地打一下，對於身體是有害的，但是，他們通常卻不把生病和死亡當做自然現象。在他們看來，「一個人的生病是因為他違反了吃牛舌頭的禁例」，或者是因為他的祖宗的墳墓多時不去祭掃了，或者是因為有魔鬼鑽進他得

〔註44〕朱熹，四書章句集注〔M〕，上海：上海古籍出版社，2001年，第141頁。

肚子。也許是因爲有一個仇人拿到了他的指甲，頭髮或穿過的破衣衫，發了毒誓把它丟在水裏了。也許是因爲有「病菌」侵入：有灰屑，毛髮，石塊，蝸牛，小蟲等物鑽進了他的身體，在裏面作祟。

再不然就是他的魂魄被人提走了。〔註45〕

生活在南太平洋斐濟島的居民認爲，『疾病就像一種看不見的波，一種外部影響降臨到病人身上並纏住病人。這個波，這個影響只能來源於神或者魔，或者來源於活人，但它幾乎從來不被想像爲來源於冷、熱一類的自然原因……。對斐濟人來說，疾病從來就沒有自然原因。他們是 praeter naturam（在自然之外）尋找疾病的原因，亦即在那個與看得見的世界並存著的看不見的世界去尋找疾病的原因。』在羅安哥，當地原始民族談到疾病時都肯定說：「這是什麼東西突然襲擊了人，鑽進他得身體裏面去折磨他了。這個什麼東西可能是從自然物，地區，軟的和硬的食物發出來的力量和惡源或者毒，但也可能是從靈物，人，巫師那裡發出來的。還可能是任何種類的靈魂碰上了病人，並鑽進他的身體裏，或者是一些完全不確定的靈魂在消耗他的生命力，使他癱瘓，擾亂他得意識，等等。」在老撾人看來，「不管是什麼病，從最輕的到最重的，都是由憤怒的神靈或者不滿意的死人造成的。在東南亞地區還處在落後狀態的傣族人的醫學中，幾乎完全不知道自然的原因。」印度的柯里族人把損害男人、婦女或者兒童以至於牲畜的健康的一切疾病，都想像成是惡魔或者受辱的神的行爲造成的。〔註46〕

在我國西南的彝族、傣族、佤族和普米族等民族當中，解放前有些地區還認爲人畜生病，是因爲魔鬼作祟。納西族家裏有人生病，也被認爲是鬼魂所害，只要吧鬼魂送走，病人才能解脫病災。〔註47〕

基於這樣一種認識，故而在疾病的救助方式上，通常也是非理性的。如生活在西伯利亞的原始部落認爲，生病的人是因爲他的靈魂被鬼神抓去了，所以他們的「醫生」的任務，就是去把病人的靈魂找回來。尋找的方法，和我國民間巫醫跳大神相似。人類學家對這一救助的過程有過細緻的描述，路威寫道：

〔註45〕（美）羅伯特·路威，呂叔湘譯，文明與野蠻〔M〕，生活·讀書·新知三聯書店，1984 年，第 243、381 頁。

〔註46〕（法）列維·布留爾，丁由譯，原始思維〔M〕，北京：商務印書館，1981 年，第 255～257 頁。

〔註47〕中國哲學史學會雲南省分會編，雲南少數民族哲學社會思想資料選輯〔M〕（第一輯），中國哲學史學會雲南省分會，1981 年，第 382 頁。

　　　　因爲他有神道幫他的忙，在陰間指點路徑。他治病的時候先敲
起一種小鼓，把他的熟神道召集進來。或者召請他的祖宗，這也很
簡單，只要深深地吸幾口氣。他穿上一件特別的衣服，做成鳥羽模
樣這就可以使他自在飛行。衣服上面或者許多圓點，代表日月星辰，
以照亮他在陰間所走過的道路。有了這一套設備，他就可以對付惡
魔。於是敲起他的鼓，慢慢的自己催眠進入一種出神的狀態，昏厥
在地上。趕他醒轉來，便說出許多神乎其神的事跡。他到了陰間，
追逐他的病人的靈魂。他看見這個靈魂被他亡故的祖宗包圍著，他
就大著膽子挑戰：「我是來取回那個靈魂的。」他們不肯交出來，他
就不能不用武了，幸而好，有神道幫忙，把它奪了過來，爲了儲藏
嚴密起見，他把那個靈魂一口吸了進去，兩手把耳朵掩住，不讓他
逃脱。剩下來的事情就很簡單了，只要把它送進病人的身體，囑咐
他的神道們好好地看守。〔註48〕

解放前，在我國西南的少數民族如彝族、傣族、佤族和普米族等民族當中，
他們在人畜得病後，先是請畢魔，蘇尼和魔巴之類的巫師舉行提鬼或者送鬼
儀式，只有在這些活動無傚之後，才讓病人吃一點藥。納西族在家裏有人生
病時，通常請「東巴」卜卦測定死去人的鬼魂要什麼東西，是要雞，或者要
豬要羊要牛。若鬼魂要牛，必須殺牛祭獻，並且用一定方式將要物的鬼魂送
走，以使生者的靈魂脱離鬼魂的糾纏。〔註49〕

　　以上只是舉例說明，實際上，這種文化現象在世界各地的民族中是較爲
普遍的，在人類學家的民族志報告中，這樣的例子還有很多。這些足以說明，
在人類社會早期，由於人類認知的局限，對於疾疫的處理方式往往是非理性
的因素要多於理性的因素。〔註50〕

〔註48〕（美）羅伯特・路威，呂叔湘譯，文明與野蠻〔M〕，生活・讀書・新知三聯
　　　　書店，1984年，第244～245頁。
〔註49〕中國哲學史學會雲南省分會編，雲南少數民族哲學社會思想資料選輯〔M〕（第
　　　　一輯），中國哲學史學會雲南省分會，1981年，第382頁。
〔註50〕《睡虎地秦墓竹簡・日書》記載了民間災變的許多現象，其中《日書乙種・
　　　　除室》：「庚申、丁酉、丁亥、辛卯，以除室，百蟲弗居。」筆者認爲，這不
　　　　可能「是在術數規定的吉日進行室內大掃除，淨化室內環境，以防蟲災。」（賀
　　　　潤坤：《從雲夢秦簡〈日書〉看秦民間的災變與救災》，江漢考古，1994年，
　　　　第2期。那麼簡單，肯定有一個模擬除蟲的巫術儀式存在，而這個儀式也肯
　　　　定是必須的，而且被認爲是有效的。

六、其它災異救助方式中的非理性因素

關於先秦時期應對災異所採用的非理性救助方式還有很多，如《尚書‧金縢》載，武王既喪，管叔及其群弟乃流言於國，曰：「公將不利於孺子。」周公居東二年，則管蔡夥同武庚叛亂得到了懲罰。之後，周公乃爲詩以貽王，名之曰《鴟鴞》。成王疑周公之意未解，雖然沒有責備周公，但亦不信任周公。於是在某一年的秋天，在莊稼將要成熟，但還未收穫之時，「天大雷電以風，禾盡偃，大木斯拔，邦人大恐」，成王與大夫皆穿禮服以開藏卜兆之書，欲察災異之故，乃在金縢之中得到周公以自身爲質請代武王之祝辭。王執書以泣，曰：「其勿穆卜！昔公勤勞王家，惟予沖人弗及知。今天動威，以彰周公之德，惟朕小子其新逆，我國家禮亦宜之。」於是「王出郊，天乃雨，反風，禾則盡起。二公命邦人凡大木所偃，盡起而築之。歲則大熟。」「出郊」就是到郊外居住，即「出次」，並親迎周公。這段記載雖然有些神話色彩，但足以說明西周初年周人對災異成因的認識觀念。這段記載也大概可以代表西周時期對風災的救助措施。《國語‧魯語上》記載：「海鳥曰爰居，止於魯東門之外三日，藏文仲使國人祭之。」此年「海多大風，冬暖」，即物候的原因才使得海鳥「爰居」內遷，止於魯東門之外。而藏文仲卻使國人祭之，這也是用理性難以解釋的。《左傳》文公十六年，「有蛇自泉宮出，入於國，如先君之數。秋，八月，辛未，聲姜薨。毀泉臺。」杜預認爲：「魯人以爲蛇妖所出而聲姜薨，故壞之。」可見，這也是採用了非理性的方式。

《左傳》中記載星象異常也多被視爲災異的預兆，如《左傳》文公十四年，有星孛入北斗，周內史叔服曰：「不出七年，宋齊晉之君，皆將死亂。」《左傳》昭公十七年，「有星孛於大辰，西及漢」，申須曰：

> 宋，大辰之虛也；陳，太皞之虛也；鄭，祝融之虛也，皆火房也。星孛漢天，漢，水祥也。衛，顓頊之虛也，故爲帝丘，其星爲大水。水，火之牡也。其以丙子若壬午作乎！水火所以合也。若火入而伏，必以壬午，不過其見之月。

關於星象災異的救助也有專門負責之官，《周禮‧春官‧保章氏》曰：

> 掌天星，以志星辰日月之變動，以觀天下之遷，辨其吉凶。以星土辨九州之地所封。封域，皆有分星，以觀妖祥。以十有二歲之相，觀天下之妖祥。以五雲之物，辨吉凶水旱降豐荒之祲象。以十

有二風，察天地之和。命乖別之妖祥。凡此五物者，以詔救政，訪

序事。〔註51〕

可見，星象的變動被認為是妖祥和吉凶禍福的標識，故所謂的「救政」應該
也與巫術式的行為有關。

《左傳》昭公四年，大雨雹。季武子與申豐對此現象有過精彩的討論。《左
傳》載：

> 季武子問於申豐曰：「雹可禦乎？」對曰：「聖人在上，無雹，
> 雖有，不為災。古者日在北陸而藏冰，西陸朝覿而出之。其藏冰也，
> 深山窮谷，固陰冱寒，於是乎取之。其出之也，朝之祿位，賓食喪
> 祭，於是乎用之。其藏之也，黑牡、秬黍，以享司寒。其出之也，
> 桃弧、棘矢，以除其災。其出入也時。食肉之祿，冰皆與焉。大夫
> 命婦，喪浴用冰。祭寒而藏之，獻羔而啓之，公始用之。火出而畢
> 賦。自命夫、命婦，至於老疾，無不受冰。山人取之，縣人傳之，
> 輿人納之，隸人藏之。夫冰以風壯，而以風出。其藏之也周，其用
> 之也遍，則冬無愆陽，夏無伏陰，春無淒風，秋無苦雨，雷不出震，
> 無菑霜雹，癘疾不降，民不夭箚。今藏川池之冰，棄而不用。風不
> 越而殺，雷不發而震。雹之為菑，誰能禦之？《七月》之卒章，藏
> 冰之道也。

可見，古人認為冰雹和藏冰有關，故相應的救助方式也應該是與藏冰有關的
巫術行為。另如《左傳》襄公二十八年春，無冰。梓慎曰：

> 今茲宋鄭其饑乎？歲在星紀，而淫於玄枵。以有時菑，陰不堪
> 陽。蛇乘龍。龍，宋、鄭之星也。宋、鄭必饑。玄枵，虛中也。枵，
> 耗名也。土虛而民耗，不饑何為？

當星辰被當作地域守護神的時候，這些自然現象的異常出現就變成了災異的
徵兆，其「救助」措施則是非理性方式莫屬了。

七、小結

由上面的論述可知，先秦時期，古人在日食、蟲災、地震、火災、疾疫
以及其它一些災異的救助中，巫術式的非理性因素在其中起著重要作用，有

〔註51〕孫詒讓，周禮正義・春官・保章氏〔M〕，北京中華書局，1981 年，第 2114
～2128 頁。

時甚至處於主導地位。這與當時的思想觀念是密切相關的，古人認為「天反時為災，地反物為妖，民反德為亂。亂則妖災生」。〔註52〕故而「山川之神，則水旱癘疫之災，於是乎禜之。日月星辰之神，則雪霜風雨之不時，於是乎禜之」。〔註53〕這種非理性因素代表那個時代的一種文化心理，我們必須設身處地以原始的心境來體驗這種原初狀態。

在學術界，非理性行為一直都被看作是一種反科學的因素而受到摒棄和批評。我們認為非理性思維的措施中既有荒唐的東西，但有時又能起到一定的積極作用，所以應當正確對待。如在贊地亞人看來，巫術是解釋事件的一種合理方式，並不是一種非理性的觀念。巫術還塑造人們的道德世界。〔註54〕美國學者安德魯‧斯特拉森和帕梅拉‧斯圖瓦德認為：「巫術和妖法的觀念成為解釋不幸遭遇的形式。重點在於，這種解釋並非不加甄別地胡亂用到事件上，而是理性的。它們屬於當地的解釋邏輯，它們被用於在本土邏輯中需要特殊關注的個案中」。〔註55〕但是，在今天看來，它確實是非理性的，而這些非理性因素畢竟是一種偽科學的，它的作用也許只停留在精神層面上，在實際生活中大多不起什麼客觀作用。非理性是在人與世界的對立性關係中產生的，是以非邏輯思維表現出來的各種非智力意識形式的總和。因此，非理性思維方式亦並非隨著理性的發展而消失。從它對人類認識的作用上看，它是同理性共同構成人類精神的兩個重要因素。

〔註52〕 楊伯峻，春秋左傳注‧宣公十五年〔M〕，北京：中華書局，1981 年，第 763 頁。

〔註53〕 楊伯峻，春秋左傳注‧昭公元年〔M〕，北京：中華書局，1981 年，第 1219 頁。

〔註54〕 （美）安德魯‧斯特拉森、帕梅拉‧斯圖瓦德，梁永佳、阿嘎佐詩譯，人類學的四個講座：謠言、想像、身體、歷史〔M〕，北京：中國人民大學出版社，2005 年，第 90 頁。

〔註55〕 （美）安德魯‧斯特拉森、帕梅拉‧斯圖瓦德，梁永佳、阿嘎佐詩譯，人類學的四個講座：謠言、想像、身體、歷史〔M〕，北京：中國人民大學出版社，2005 年，第 95 頁。

第四章　應對災異方式中的非理性
　　　　　因素分析

　　前文已經對殷周到戰國時期的水旱、蝗、地震、日食等災害和異常天象進行了考察，同時也指出了這一時期應對這些災異時非理性因素的功能和作用。中國古代的應對災異的思想應產生於遠古，形成於春秋戰國時期，我們認爲在當時主要受天人感應觀念支配下的陰陽五行思想的影響。這一時期形成的這些非理性因素不僅在戰國後期受到重視，而且影響到秦漢，特別是對漢代的政治、社會以及思想文化都產生了巨大影響。本章筆者試圖對先秦兩漢時期在應對災異方式中的非理性成分，如巫術、陰陽五行和天人感應等進行分析，努力還原先秦時期救災思想的本來面貌，糾正當前學界拔高古人思想的傾向，對於科學研究和把握認識傳統文化提供一孔之見。

一、救助與巫術原理

（一）巫術原理

　　巫術是普遍存在於世界各民族中的一種歷史文化現象。就目前而言，對巫術的定義見仁見智各有不同 〔註1〕，但是認爲巫術是「基於一種對超自然力

〔註1〕　（英）愛德華・泰勒，原始文化〔M〕，上海，上海文藝出版社，1992 年；（法）馬塞爾・毛斯：社會學與人類學〔M〕，佘碧平譯，上海：上海譯文出版社，2001 年；（英）馬林諾夫斯基，巫術科學宗教與神話〔M〕，李安宅譯：北京：中國民間文藝出版社，1986 年；〔英〕埃文斯・普里查德，原始宗教理論〔M〕，孫尚揚譯，北京：商務印書館，2001 年；（美）哈維蘭，文化人類學〔M〕，瞿鐵鵬，張鈺譯，上海：上海社會科學院出版社，2006 年等等，此不煩贅。

量的信仰」，並認爲「人憑藉這樣的力量可以控制周圍的世界。」〔註2〕這一點則是基本一致的。

　　中國的巫術產生於遠古時代，我們僅從有文字記載以來的文獻即可考察出我國進入文明時期關於巫術的基本形態。關於「巫」的本意，許慎在《說文解字》中說：「巫，祝也。女能事無形，以舞降神者也。」《國語·楚語下》則曰：「在男曰覡，在女曰巫。」從這個解釋來看，遠古時代的「巫」不僅是部族中侍奉神祇、交通天地的特殊階層，而且還有男女的分別，男者曰覡，女者名巫，但後世又通稱爲「巫」。《尚書·呂刑》記載了上古時代原始宗教的一次重大改革，其中云：

> 若古有訓，蚩尤惟始作亂，延及於平民，罔不寇賊，鴟義姦宄，奪攘矯虔。苗民弗用靈，制以刑，惟作五虐之刑曰法。殺戮無辜，爰始淫爲劓、刵、椓、黥。越茲麗刑並制，罔差有辭。民興胥漸，泯泯棼棼，罔中於信，以覆詛盟。虐威庶戮，方告無辜於上。上帝監民，罔有馨香德，刑發聞惟腥。皇帝哀矜庶戮之不辜，報虐以威，遏絕苗民，無世在下。乃命重、黎，絕地天通，罔有降格。群后之逮在下，明明棐常，鰥寡無蓋。

此段主要是講蚩尤作亂之後，使得苗民社會殺戮無辜，濫用酷刑，誠信缺失。受難之民請求天神上帝發揮馨香之德來拯救他們，上帝就命令重和黎斷絕了天地之間的聯繫，讓人間之王治理整頓並恢復人間的正常秩序。《國語·楚語下》對此有更爲詳細的記載：

> 昭王問於觀射父，曰：「《周書》所謂重、黎實使天地不通者何也？若無然，民將能登天乎？」對曰：「非此之謂也。古者民神不雜。民之精爽不攜貳者，而又能齊肅衷正，其智能上下比義，其聖能光遠宣朗，其明能光照之，其聰能聽徹之，如是則明神降之，在男曰覡，在女曰巫。是使制神之處位次主，而爲之牲器時服，而後使先聖之後之有光烈，而能知山川之號、高祖之主、宗廟之事、昭穆之世、齊敬之勤、禮節之宜、威儀之則、容貌之崇、忠信之質、禋絜之服，而敬恭明神者，以爲之祝。使名姓之後，能知四時之生、犧牲之物、玉帛之類、采服之宜、彝器之量、次主之度、屏攝之位、

〔註2〕（蘇）格里戈連科，形形色色的巫術〔M〕，吳興勇譯：上海：上海人民出版社，1992年，第1頁。

壇場之所、上下之神祇、氏姓之所出,而心率舊典者爲之宗。於是
乎有天地神民類物之官,是謂五官,各司其序,不相亂也。民是以
能有忠信,神是以能有明德,民神異業,敬而不瀆,故神降之嘉生,
民以物享,禍災不至,求用不匱。及少皞之衰也,九黎亂德,民神
雜糅,不可方物。夫人作享,家爲巫史,無有要質。民匱於祀,而
不知其福。烝享無度,民神同位。民瀆齊盟,無有嚴威。神狎民則,
不蠲其爲。嘉生不降,無物以享。禍災荐臻,莫盡其氣。顓頊受之,
乃命南正重司天以屬神,命火正黎司地以屬民,使復舊常,無相侵
瀆,是謂絕地天通。其後三苗復九黎之德,堯復育重、黎之後不忘
舊者,使復典之。以至於夏、商,故重、黎氏世敘天地,而別其分
主者也。其在周,程伯休父其後也,當宣王時,失其官守而爲司馬
氏。寵神其祖,以取威於民,曰:『重寔上天,黎寔下地。』遭世之
亂,而莫之能禦也。不然,夫天地成而不變,何比之有?」

觀射父的這段話是對《呂刑》「絕地天通」的歷史解釋。據此可知,在少皞氏
之前,存在著一個「民神不雜」和「民神異業」的時代,只有巫覡祝宗等才
能溝通天人之間的關係。到了少皞氏時代,傳統秩序被破壞,則出現了「民
神雜糅」和「民神同位」,人人都可以通天的局面,使得民無忠信,祭物匱
乏。所以到了顓頊時代,指派南正重「管得天下的事情,把群神的命令集中起來,
傳達下來,此外無論何巫全不得昇天、妄傳群神的命令。又使火正黎司地以
屬民,就是說使他管理地上的群巫,使他們好好地給萬民治疾和祈福」〔註3〕。
這樣重和黎各司其職,絕地天通,恢復了「民神不雜」的局面。可見,巫術
是企圖借助超自然的神秘力量對某些人、事物施加影響或給予控制的方術。
「降神儀式」和「咒語」構成了巫術的主要內容。

　　詹姆斯·喬·弗雷澤是第一位系統總結巫術理論的文化人類學家,他在
其代表作《金枝》中曾說:「如果我們分析巫術賴以建立的思想原則,便會發
現它們可歸結爲兩個方面:第一是『同類相生』或果必同因;第二是『物體
一經互相接觸,在中斷實體接觸後還會繼續遠距離地相互作用』。前者可稱之
謂『相似律』,後者可稱作『接觸律』或『觸染律』。巫師根據第一原則即『相
似律』引申出,他能夠僅僅通過模仿就實現任何他想做的事;從第二個原則
出發,他斷定他能通過一個物體來對一個人施加影響,只要該物體曾被那個

〔註3〕徐旭生:中國古史的傳說時代〔M〕,北京,文物出版社,1985年,第83頁。

人接觸過，不論該物體是否爲該人身體之一部分。基於相似律的法術叫做『順勢巫術』或『模擬巫術』。基於接觸律或觸染律的法術叫做『接觸巫術』〔註4〕。「『順勢巫術』所犯的錯誤是把彼此相似的東西看成是同一個東西；『接觸巫術』所犯的錯誤是把互相接觸過的東西看成爲總是保持接觸的。但是在實踐中這兩種巫術經常是合在一起進行。」〔註5〕最後，弗雷澤把「順勢」和「接觸」兩種不同類型的巫術合稱作「交感巫術」，因爲兩者都通過某種形式的活動，使物體經過神秘的感應以超越時空，兩者之間相互作用，把一個物體的力量潛移默化地傳輸給另一個物體〔註6〕。「由此，我們觀察到『交感巫術』的體系不僅包含了積極的規則也包括了大量消極的規則，即禁忌。它告訴你的不只是應該做什麼，也還有不能做什麼。積極性規則是法術，而消極性規則是禁忌。……他以爲：如果他按照一定方式行動，那麼，根據那些規則之一將必然得到一定的結果。……換言之，他不去做那類根據他對因果關係的錯去理解而錯誤地相信會帶來災害的事情。……積極的巫術或法術說『這樣做就會發生什麼什麼事』；而消極的巫術或禁忌則說『別這樣做，以免發生什麼什麼事。積極的巫術或法術的目的在於獲得一個希望得到的結果，而消極的巫術或禁忌的目的則在於要避免不希望得到的結果。』」〔註7〕「巫術的首要原則之一，就是相信心靈感應。」〔註8〕

　　通過對中外巫術傳統理論的對比，筆者在參考諸家〔註9〕以後選取弗雷澤

〔註4〕　（英）詹姆斯・喬・弗雷澤，金枝〔M〕，徐育新，張澤石，汪培基譯，北京：大眾文藝出版社，1998年，第19頁。

〔註5〕　（英）詹姆斯・喬・弗雷澤，金枝〔M〕，徐育新，張澤石，汪培基譯，北京：大眾文藝出版社，1998年，第20頁。

〔註6〕　（英）詹姆斯・喬・弗雷澤，金枝〔M〕，徐育新，張澤石，汪培基譯，北京：大眾文藝出版社，1998年，第21頁。

〔註7〕　（英）詹姆斯・喬・弗雷澤，金枝〔M〕，徐育新，張澤石，汪培基譯，北京：大眾文藝出版社，1998年，第31頁。

〔註8〕　（英）詹姆斯・喬・弗雷澤，金枝〔M〕，徐育新，張澤石，汪培基譯，北京：大眾文藝出版社，1998年，第35頁。

〔註9〕　（英）愛德華・泰勒，原始文化〔M〕，上海：上海文藝出版社，1992年（英）馬林諾夫斯基，巫術科學宗教與神話〔M〕，北京：中國民間文藝出版社，1986年（法）馬賽爾・莫斯，社會學與人類學〔M〕，佘碧平譯，上海：上海譯文出版社，2003年（英）埃文斯・普理查德。原始宗教理論〔M〕，北京：商務印書館，2001年10月（蘇）格里弋連科。形形色色的巫術〔M〕，上海：上海人民出版社，1992年（英）基思・托馬斯，巫術的興衰〔M〕，芮傳明譯，上海：上海人民出版社，1992年版，（英）克里斯蒂娜・拉娜著，巫術與宗教：公眾信仰的政治學〔M〕，劉靖華，周曉慧譯，北京：今日中國出版社，1992年。

《金枝》的交感巫術，作爲我們的基本理論。弗雷澤雖然提出了巫術時代、宗教時代和科學時代三階段進化理論〔註10〕，在學術界頗有爭議〔註11〕。但是值得注意的是，弗雷澤關於兩項「巫術賴以建立的思想原則」的分析是建立在他廣泛搜集的諸多巫術事實的基礎之上，因此具有相當的廣泛性和代表性，這也爲它的生命力提供了堅實的基礎。其有關巫術的原理，他關於「順勢巫術」和「接觸巫術」的基本分類原則迄今卻仍然不斷得到印證，並得到多數學者的認可。從20世紀二三十年代開始，弗雷澤的巫術理論便被陳夢家、瞿兌之等學者關注並引入中國學界，梁釗韜寫於四十年代的《中國古代巫術：宗教的起源和發展》〔註12〕一書，就是以其解釋中國古代巫術流變的典範之作。

可見，交感巫術不僅在土著民族中普遍存在，而且在進入文明時代的許多民族中一樣存在。所以，我們認爲，巫術是一種文化現象，而文化的演進與社會的進步並非同步進行，特別是一種文化現象產生後，它所具有的傳承性或惰性是其最大特點，儘管人類社會邁進了文明的門檻，它不但沒有隨著文明的發展而消失，而是在宗教發達時代和科學昌明的今天還以不同形式和不同程度地存在著，並非刀斬斧剁般地截然消失。其在中國的戰國時代具體表現爲陰陽五行觀念支配下的許多社會政治行爲，特別是在應對災異救助中的許多舉措中表現更爲突出。我們稱之爲「陰陽五行災異觀」。

（二）農業文明與巫術

通過傳世文獻和考古資料可知，在遠古時代，「那時由於認識水平低下，全社會普遍對事物的眞正起因缺乏瞭解，……模擬和感應幾乎成了達到目的的唯一手段，巫術活動便被視爲自然運轉和部族安寧的支點」。〔註13〕所以，我國先民也經歷過「人神雜糅」、「夫人作享，家有巫史」的階段，但是隨著社會的發展，祭祀逐漸成爲部族的公共事務，祭壇、祭物等也隨之出現。如我國北方內蒙古赤峰的紅山文化遺址，曾經發現了大型的祭壇和神廟，並發

〔註10〕 （英）詹姆斯·喬·弗雷澤文藝〔M〕，徐育新，張澤石，汪培基譯北京：大眾文華出版社，1998年，第75～95頁。

〔註11〕 晁天義，巫術研究的一個誤區：弗雷澤「巫術時代論」與中國的巫術研究〔J〕，山西大學學報，2002年1期。「巫術時代論」影響下的中國古史研究〔J〕，求是學刊，2005年10期。筆者認爲：弗雷澤的三階段進化理論作爲邏輯的抽象自有一定的道理，但也肯定與實際有距離，不能因與實際不符就否定其合理的內核。

〔註12〕 廣州：中山大學出版社，1999年。

〔註13〕 趙世超：浴日和御日〔J〕，歷史研究，2003年3期。

現了一批精美的玉器，其中就有祭祀用的「神器」。〔註14〕在南方太湖流域的良渚文化中，也曾發現距今約四五千年的村落和祭壇等，出土了大量祭祀專用的玉器。〔註15〕在黃河流域的山西襄汾陶寺遺址也出土有祭壇、陶鼓等。〔註16〕從這些考古發現來看，此時通神之「巫」已經出現了，並為某一特殊階層所掌控。顓頊時代的「絕地天通」對民間巫術的打擊正說明了這一點。

到了商代，甲骨文的出現為我們提供了最早有關巫術的文字記載。殷人有尊神尚鬼的傳統，喜歡占卜，並把占卜的結果刻寫在甲骨上，即今天我們見到的卜辭。從甲骨卜辭中可知，人們已經有掌管天、地、人間事務「帝」或「上帝」的信仰，並出現了原始的祖先神信仰。在「國之大事，在祀與戎」的殷商時代，祭祀和占卜的種類繁複，次數之多亦超越今人的想像，可見「巫」在殷商的社會地位非同一般。相比於後世活躍在民間、地位卑下的小巫來說，這時的「巫」可以稱為「大巫」。

西周以來，大量文獻資料的出現，為我們研究古代巫術提供了直接的依據。反映西周時期社會生活的《詩經》中就有很多模擬巫術的例子。例如：《小雅·甫田》有「琴瑟擊鼓，以御田祖。以祈甘雨，以介我稷黍，以穀我士女」；《小雅·大田》「既方既皁，既堅既好，不稂不莠。去其螟螣，及其蟊賊，無害我田稚。田祖有神，秉畀炎火」。《國語·周語上》更是詳細記載了典型的模擬巫術的功能和意義：

> 宣王即位，不籍千畝。虢文公諫曰：「不可。夫民之大事在農，上帝之粢盛於是乎出，民之蕃庶於是乎生，事之供給於是乎在，和協輯睦於是乎興，財用蕃殖於是乎始，敦龐純固於是乎成，是故稷為天官。古者，太史順時覛土，陽癉憤盈，土氣震發，農祥晨正，日月底於天廟，土乃脈發。先時九日，太史告稷曰：「自今至於初吉，陽氣俱蒸，土膏其動。弗震弗渝，脈其滿眚，穀乃不殖。」稷以告王曰：「史帥陽官以命我司事曰：距今九日，土其俱動，王其祗祓，監農不易。」王乃使司徒咸戒公卿、百吏、庶民，司空除壇於籍，命農大夫咸戒農用。先時五日，瞽告有協風至，王即齋宮，百官御

〔註14〕田廣林，紅山文化「壇、廟、冢」與中國古代宗廟、陵寢的起源〔J〕，史學集刊，2004年2期。

〔註15〕劉恆武，良渚文化綜合研究〔M〕，北京：科學出版社，2008年。

〔註16〕解希恭，襄汾陶寺遺址研究〔M〕，北京：科學出版社，2007年。

事各即其齋三日。王乃淳濯饗醴。及期，鬱人薦鬯，犧人薦醴，王
裸鬯，饗醴乃行，百吏、庶民畢從。及籍，后稷監之，膳夫、農正
陳籍禮，太史贊王，王敬從之。王耕一墢，班三之，庶民終於千畝。
其后稷省功，太史監之。司徒省民，大師監之。畢，宰夫陳饗，膳
宰監之。膳夫贊王，王歆太牢，班嘗之，庶人終食。是日也，瞽帥
音官以省風土，稷則徧誡百姓，紀農協功，曰：『陰陽分布，震雷出
滯。』土不備墾，辟在司寇。乃命其旅曰：『徇』，農師一之，農正
再之，后稷三之，司空四之，司徒五之，太保六之，大師七之，太
史八之，宗伯九之，王則大徇。耨穫亦如之。廩於籍東南，鍾而藏
之，而時布之。民用莫不震動，恪恭於農，修其疆畔，日服其鎛，
不解於時，財用不乏，民用和同。是時也，王事唯農是務，無有求
利於其官，以干農功。三時務農，而一時講武，故征則有威，守則
有財。若是，乃能媚於神而和於民矣，則享祀時至而布施優裕也。
今天子欲修先王之緒而棄其大功，匱神之祀而困民之財，將何以求
福用民？」王不聽。三十九年，戰於千畝，王師敗績於姜氏之戎。

以上都或多或少反映了西周模擬巫術對農業生產的影響。虢文公所講的周代
籍田禮中滲透著早期的模擬巫術，宣王不聽虢文公勸告，最終導致堂堂王師
敗於「姜氏之戎」。

　　記載周代制度的《周禮》一書雖成書於戰國，但其中許多內容反映了西
周時期的歷史則是基本事實。從其中所記許多官職的職掌不難看出，此時模
擬巫術漸趨於制度化和儀式化，且成為國家制度的組成部分。如《周禮・春
官・宗伯》：「小祝，將事侯禳禱祠之祝號，以祈福祥，順豐年。」春天的籍
田禮對於一年的農作物的順利生長至為重要，這是典型的模擬巫術的反映。
《周禮・夏官・司馬》記載：「大馭，掌玉路以祀。及犯軷，王自左馭，馭下
祝，登受轡。犯軷，遂驅之。及祭，酌僕，僕左執轡，右祭兩軹，祭軓，乃
飲。凡馭路，行以肆夏，趨以采薺。凡馭路儀，以和為節。」鄭注：「行山曰
軷。犯之者，封土為山象，以菩芻棘柏為神主，既祭之，以車轢之而去，喻
無險難也。」這種出行前堆土擬山、驅車碾過，則保佑一路無險即是模擬巫
術的儀式化。《周禮・秋官・司寇》有「司烜氏，掌以夫遂取明火於日，以鑒
取明水於月，以共祭祀之明齍明燭。共明水。凡邦之大事，共墳燭庭燎。中青，
以木鐸修火禁於國中。軍旅，修火禁，邦若屋誅，則為明竁焉」，還有「柞氏，

掌攻草木及林麓。夏日至,令刊陽木而火之。冬日至,令剝陰木而水之。若欲其化也,則春秋變其水火。凡攻木者,掌其政令」。這種夏至日刊陽木,冬至日剝陰木行為即是典型的助抑陰陽的模擬巫術,其出發點就是相信人類的行為可以改變自然。《周禮》所記主管巫術的官職不一而足,這些職官所參與的祭祀的儀式中滲透著濃鬱的巫術色彩和特徵。

祭祀儀式中具有模擬巫術的行為和觀念,還可以從董仲舒在《春秋繁露‧求雨》詳細記載漢代祭祀求雨的儀式中可見一斑。董仲舒說:

> 春旱求雨。今懸邑以水日禱社稷山川,家人祀戶。無伐名木,無斬山林。八日。於邑東門之外為四通之壇,方八尺,植蒼繒八。其神共工,祭之以生魚八,玄酒,具清酒、脯脯。擇巫之潔清辯利者以為祝。祝齊三日,服蒼衣,先再拜,乃跪陳,陳已,復再拜,乃起。祝曰:「昊天生五穀以養人,今五穀病旱,恐不成實,敬進清酒、脯脯,再拜請雨,雨幸大澍。」以甲乙日為大蒼龍一,長八丈,居中央。為小龍七,各長四丈。於東方。皆東鄉,其間相去八尺。小童八人,皆齊三日,服青衣而舞之。田嗇夫亦齊三日,服青衣而立之。鑿社通之於閭外之溝,取五蝦蟆,錯置社之中。池方八尺,深一尺,置水蝦蟆焉。具清酒、脯脯,祝齊三日,服蒼衣,拜跪,陳祝如初。取三歲雄雞與三歲豭豬,皆燔之於四通神宇。令民闔邑里南門,開邑里北門,具老豭豬一,置之於里北門之外。市中亦置豭豬一,聞鼓聲,皆燒豭豬尾。取死人骨埋之,開山淵,積薪而燔之。通道橋之壅塞不行者,決瀆之。幸而得雨,報以豚一,酒、鹽、黍財足,以茅為席,毋斷。
>
> 夏求雨。令懸邑以水日,家人祀竈。無舉土功,更火浚井。暴釜於壇,臼杵於術,為四通之壇於邑南門之外,方七尺,植赤繒七。其神蚩尤,祭之以赤雄雞七,玄酒,具清酒、脯脯。祝齊三日,服赤衣,拜跪陳祝如春辭。以丙丁日為大赤龍一,長七丈,居中央。又為小龍六,各長三丈五尺,於南方。皆南鄉,其間相去七尺。壯者七人,皆齊三日,服赤衣而舞之。司空嗇夫亦齊三日,服赤衣而立之。鑿社而通之閭外之溝。取五蝦蟆,錯置里社之中,池方七尺,深一尺。祝齊,衣赤衣,拜跪陳祝如初。取三歲雄雞、豭豬,燔之四通神宇。開陰閉陽如春也。
>
> 四時皆以水日,為龍,必取潔土為之,結蓋,龍成而發之。四

時皆以庚子之日，令吏民夫婦皆偶處。凡求雨之大體，丈夫欲藏匿，
女子欲和而樂。

在第二章中，筆者已經分析了作土龍的模擬意義，而這裡所說的「凡求
雨之大體，丈夫欲藏匿，女子欲和而樂」則再一次說明模擬巫術在祈雨儀式
中的意義。男為陽，女為陰，而大旱是由於天氣亢陽，為了達到助陰抑陽的
目的，所以祈雨的儀式中，男子迴避，婦女參加就是很自然的事情了。「闔邑
里南門，開邑里北門」也是同樣的道理。

人類學家的研究為我們理解這種文化現象提供了方便。弗雷澤在《金枝》
中說：居住在東南非洲的迪拉果阿灣的班圖黑人部落之一的巴龍加人，「大家
都渴望南非春天那益人的雨水，這時，婦女們便通過舉行各種儀式，給予焦
枯的大地以久盼的甘露。她們脫光身上所有的衣服，只穿緊身衣襠，戴著草
做的頭飾或著一種特殊的蔓草葉編成的短裙。打扮好之後，邊怪聲叫著，唱
著猥褻的歌，從一口『井』走到另一口『井』，將堆積在其中的泥土和污垢清
理乾淨。那些被稱之為井的僅僅是沙地上的一個洞，其中有那麼點混濁腐敗
的死水而已。……然後她們便高唱著猥褻的歌，跳著放蕩的舞揚長而去。任
何男人都不得觀看這些只用樹葉遮身四處巡迴的女人。」〔註 17〕這與上述求
雨的儀式幾乎是如出一轍。

實際上，「令民闔邑里南門」和「開邑里北門」的「閉諸陽，縱諸陰」〔註
18〕儀式更是助陰抑陽的典型的模擬。可見到漢代這種求雨儀式更加複雜化
了，但這種儀式從根本上來說仍然屬於順勢巫術和交感巫術，即根據「相似
性東西的自我複製」的原則，他們要做許多複雜和細緻的模擬以尋求希望得
到的結果，而另外一些與願望相違的事情他們又要小心加以避免，因為他們
認為這將招致災禍或妨礙結果的實現。

先秦文獻中直接有關巫術的資料甚少，這只能說明模擬巫術滲透於官方
和公共的活動之中，但並不表明當時的民間巫術較少。中國自古以農立國，
在與大自然的交往中，模擬或交感巫術一直以不同的形式、而且在不同程度
上存在著。

〔註 17〕 （英）詹姆斯・喬・弗雷澤，金枝〔M〕，徐育新，張澤石，汪培基譯，北京：
　　　　大眾文藝出版社，1998 年，第 101 頁。筆者按：這裡所謂的「井」就如同前
　　　　文所分析的「土龍」。
〔註 18〕 班固，漢書・董仲舒傳〔M〕，北京：中華書局，1982 年，第 2524 頁。

（三）巫術的禮制化

從以上關於先秦巫術的記載可以看出，「巫覡文化的產生，必定與歷史的諸現象有密切的關係。在歷史的發展過程中，巫覡為了生存不斷進行變化，增加和改善了其固有的職能。……早期文化時期，人類一方面為克服自然環境引起的災難，另一方面為適應人們生活的規範，掌握了巫術的手段。它不僅滲透於古代中國人的意識裏，而且還影響到人們的實際生活及各集團活動」。〔註19〕多數學者強調隨著時代的發展陰陽五行思想對救災的影響多在民間。實際上，官方的陰陽五行救災思想與措施並不亞於民間，二者只是表現形式有所不同。在民間多表現為技術層面，而在官方則多表現為儀式的東西，但都遵循一個原則，即模擬與交感巫術。而中國的陰陽、五行、陰陽五行思想正是模擬—交感巫術的翻板，這也是以前學者很少注意到的一點。

顓頊時代的重、黎，並非只是單純的巫術執行者，而是一個能代表集團全體成員意見的決定者，同時又是為公共利益而努力的公職人員。全體成員無論有任何事情，都先徵求他的意見，而且必須得服從他的決定。因為他的決定，並不是他個人的決定，而是神的決定。他只是人界和神界之間的媒介，同時是神意的轉達者。所以他的意見，就被看作神的意見。因此，為了成為巫覡，就需要一定程度的社會身份，並要得到全體集團成員的公認。作為少數人的巫覡利用這種特殊身份，掌握社會各方面的控制力量，享受與眾不同的社會地位。巫覡獲得這種特殊地位之後，便在政治舞臺上扮演著日益重要的角色。巫覡一方面成為集團的首領、政治活動的領袖，另一方面又以古代文化的創造者和知識、技能的擁有者的身份，對社會給予重大的影響。《周禮》中所記眾多與巫術有關的專職官員，正好反映了巫術在其儀式化不斷加強的過程中也在漸漸上昇到制度化層面。

文化現象大多都具有相對的穩定性，並不隨朝代的更替而消失，正如美國歷史學家魯濱遜所說：「一個人，一次戰爭，或者一個條約，斷不能立刻將當時宗教的、知識的、美術的、科學的、語言文學的、工業的、商業的、法律的、軍事的、政治的思想和習慣統統改變。一次戰爭或一個條約也許可以改換一個國家的君主……但是在歷史上看來，沒有一次驟然的變化改變了大部分人類的習慣、風俗和制度。」〔註20〕「巫術」的思維方式是非理性的，它既是一種技

〔註19〕 詹鄞鑫，神靈與祭祀〔M〕，南京：江蘇古籍出版社，1992年，第3頁。
〔註20〕 （美）魯濱遜：新史學〔M〕，齊思和等譯，北京：商務印書館，1964年，第106～107頁。

藝，又是一種文化現象，它並不像弗雷澤所說的三時代說，因進入宗教時代而結束，而是進入文明時代以後還繼續在某些領域頑固地存在著。戰國中後期是中國文化整理的一個大時期，許多思想和文化在這一時期得以系統化，這是數百年來文化碰撞的結晶，更是中華文化的精華。也就是說，在這一時期理性的和非理性的文化因素都得到了系統的總結。中國的巫術並沒有在理性化發達的戰國時代消失，反而在這一時期得到更加系統的整理，使之成為政治宣傳一個重要工具，這就是鄒衍「陰陽五行學說」的創立和盛行的時代背景。

二、巫術與陰陽五行

本節旨在闡明巫術與陰陽五行之間的關係，以及陰陽五行思想與災異救助的關係，具體分析陰陽五行思想中的交感巫術因素。人們認為，正是由於陰陽的和諧、五行的正常運轉，所以才風調雨順，五穀豐登，國泰民安，天下太平。如果陰陽失調，五行相悖，那麼就風雨不時，或水或旱，五穀不收，瘟疫肆虐，人心惶惶，社會動蕩。

（一）巫術與陰陽

先秦時期的自然觀是在陰陽五行觀念支配下形成的，或者也可以說早期樸素的自然觀到戰國秦漢時被陰陽五行觀念所利用，改造成為支配後世自然觀的基礎，而且成為中國人政治生活、文化生活等觀念之基礎。

從文字學角度來考察陰陽概念的形成，可以看出這一概念的發展軌迹。東漢許慎在《說文解字》裏認為，陰、陽二字都從阜，「阜」的意思是小山，因此段玉裁說：「山南曰陽，故從阜。」《詩經・天保》有「如山如阜，如崗如陵」的說法，因此陰、陽的本意應該是指日光的向、背，是會意字。段玉裁認為，陰陽本寫作「会易」，但是後來「陰陽」逐漸取代了「会易」，所謂「会者，見雲不見日也；易者，雲開而見日也」，可見，陰陽的本意就是有無太陽的天氣，從会易演化而來。商代卜辭的「陽」字，從日從示，屬於會意字，並不隸屬於阜部。到了西周的金文，才增加了裝飾性的筆畫符號，變成了「易」，後來在其上增加了義符阜，成為了會意字的「陽」。徐復觀先生說：「『陰陽』二字，是由『会易』二字孳乳出來的。雖然『陰陽』二字行而『会易』二字廢。但以後一切有關陰陽觀念的演變，都是由與日光有密切關係的『会易』二字之原義引申演變而出，大概是沒有問題的。」〔註21〕目前，殷

〔註21〕徐復觀，中國思想史論集續編〔M〕，上海：上海書店出版社，2004 年，第11 頁。

商的甲骨文雖已發現有關陰、陽的資料，但基本屬於原始意義。在西周金文中，出現了「陰陽」兩詞連用的情況，意思一般也多和天氣、地理位置有關，含義是極爲樸素的。

正式把陰陽作爲相互對立的哲學範疇來解釋各種自然現象，開始於《易·繫辭》，即「一陰一陽之謂道，繼之者善也，成之者性也」。該書又引孔子的話說：「乾坤其《易》之門也！乾，陽物也；坤，陰物也。陰陽合德而剛柔有體，以體天地之撰，以通神明之德。」這就是說，宇宙萬物的運動變化，都離不開陰陽。在物質世界中，最大的陽性物體是天，最大的陰性物體是地。《易經》中出現了陰爻和陽爻的概念，並且以此作爲符號預測和說明宇宙萬物的變化趨勢。《易傳·繫辭》說陰陽觀念是「近取諸身，遠取諸物」，意思是陰陽範疇是從現實中抽象出來的，是古人對晝夜，寒暑、陰晴、生死、牡牝等事物與現象的概括。《詩經》中有「陰」、「陽」和「陰陽」二字連用的記載，但「《詩經》上所有的『陰陽』字，都沒有後來作形成萬物元素的陰陽二氣的意義。」〔註22〕後來隨著人類認識的發展，才逐漸形成了今天含有哲學意義的陰陽概念。較早提出陰陽概念的是西周末年的周大夫伯陽父。《國語·周語上》說：

> 幽王二年，西周三川皆震。伯陽父曰：「周將亡矣！夫天地之氣，不失其序；若過其序，民亂之也。陽伏而不能出，陰迫而不能烝，於是有地震。今三川實震，是陽失其所而鎮陰也。陽失而在陰，川源必塞；源塞，國必亡。夫水，土演而民用也。土無所演，民乏財用，不亡何待！昔伊、洛竭而夏亡，河竭而商亡。今周德若二代之季矣，其川源又塞，塞必竭。夫國必依山川，山崩川竭，亡之徵也。川竭，山必崩。若國亡，不過十年，數之紀也。夫天之所棄，不過其紀。」是歲也，三川竭，岐山崩。十一年，幽王乃滅，周乃東遷。
> 〔註23〕

伯陽父開始用陰陽的道理解釋自然現象。在《左傳》和《國語》中只是把陰陽作爲「六氣」中的二氣來解釋，並且與社會人事相聯繫。但還沒有把陰陽作爲一個普遍的概念來解釋事物的發展。直到戰國時期，陰陽學說的內涵才具有了陰陽之間是相互制約和依存以及陰陽的彼消此長和相互轉化等性質。

〔註22〕徐復觀，中國思想史論集續編〔M〕，上海：上海書店出版社，2004 年，第 12 頁。

〔註23〕徐元浩，國語集解·周語上〔M〕，北京：中華書局，2002 年，第 26～27 頁。

正如徐復觀先生所說：「在此階段之陰陽，是作為宇宙創生萬物的二基本元素，及由此二元素之有規律性的變化活動而形成宇宙創生的大原則、大規範，並以之貫注於人生萬物之中，而作為人生萬物的性命。陰陽的觀念，至此才發展完成。」〔註24〕

到了漢代的董仲舒，進一步將陰陽學說神學化，他說：

> 天之所大奉使之王者，必有非人力所能致而自至者，此受命之符也。天下之人同心歸之，若歸父母，故天瑞應誠而至。……刑罰不中，則生邪氣；邪氣積於下，怨惡畜於上。上下不和，則陰陽繆盭而妖孽生矣。此災異所緣而起也。……

> 然則王者欲有所為，宜求其端於天。天道之大者在陰陽。陽為德，陰為刑；刑主殺而德主生。是故陽常居大夏，而以生育養長為事；陰常居大冬，而積於空虛不用之處。以此見天之任德不任刑也。天使陽出布施於上而主歲功，使陰入伏於下而時出佐陽；陽不得陰之助，亦不能獨成歲。終陽以成歲為名，此天意也。王者承天意以從事，故任德教而不任刑。刑者不可任以治世，猶陰之不可任以成歲也。為政而任刑，不順於天，故先王莫之肯為也。……

> 是以陰陽調而風雨時，群生和而萬民殖，五穀孰而屮木茂，天地之間被潤澤而大豐美，四海之內聞盛德而皆徠臣，諸福之物，可致之祥，莫不畢至，而王道終矣。……

> 天地之常，一陰一陽。陽者天之德也，陰者天之刑也。迹陰陽終歲之行，以觀天之所親而任。……聖人之治，亦從而然。〔註25〕

董仲舒的陰陽概念已經發展為成熟的哲學概念。從《春秋繁露》一書可知，董氏把寒暑易節的陰陽消息原理與人事社會的結合已經是駕輕就熟，運用自如了。

可見，中國的陰陽學說的產生並非伴隨著原始巫術的產生而出現，這種極具辯證性的理論體系是在較晚的時間才逐漸成型的。這種學說，到了戰國晚期與五行學說相結合，形成陰陽五行學說，後被董仲舒援引入儒學，這種被神學化了的「新儒學」不僅影響兩漢的政治、思想文化，而且影響中國兩千多年，至今其餘緒還縈繞在國人的思想觀念中。

〔註24〕徐復觀，中國思想史論集續編〔M〕，上海，華東師範大學出版社，2004年，第46頁。
〔註25〕班固，漢書‧董仲舒傳〔M〕，北京：中華書局，1982年，第2500～2513頁。

（二）巫術與五行

與陰陽學說息息相關的，是五行觀念。「五行學說」的起源，歷來是中外學術界所關注的重要話題。〔註26〕雖然至今並未在甲骨卜辭中發現「五行」字樣，但從現有資料來看，人們大多數認爲「五行說」在殷周時期已經開始萌芽。〔註27〕

「五行」一詞最早見於《尙書‧甘誓》，但只有「五行」兩個字，並沒有提及具體內容。《尙書‧洪範》中有關於五行的詳細闡釋，〔註28〕把水、火、木、金、土視爲構成萬物世界的五種基本元素，是人們在日常生產、生活中的樸素經驗總結。《左傳》、《國語》中的「五行」是一個過渡時期，既有關於五行乃五種元素的記載，如《左傳‧文公七年》晉國郤缺勸趙宣子應主持歸還衛地時講到：「六府，三事，謂之九功。水、火、金、木、土、穀，謂之六府。正德、利用、厚生，謂之三事。」《國語‧鄭語》史伯爲鄭桓公講「和同」關係時指出：「夫和實生物，同則不繼。以他平他謂之和，故能豐長而物歸之；若以同裨同，盡乃棄矣。故先王以土與金木水火雜，以成百物。是以和五味以調口，剛四支以衛體，和六律以聰耳，正七體以役心，平八索以成人，建九紀以立純德，合十數以訓百體。」又有五行之官的記載，如《左傳‧昭公二十九年》蔡墨在回答魏獻子問「龍見於郊」的原因時說：「故有五行之官，是謂五官，實列受氏姓，封爲上公，祀爲貴神。社稷五祀，是尊是奉。木正曰句芒，火正曰祝融，金正曰蓐收，水正曰玄冥，土正曰后土。……少暤氏

〔註26〕顧頡剛，古史辨（五）〔C〕：上海上海古籍出版社，1982 年。有一組討論陰陽五行的論文，有梁啓超：陰陽五行說之來歷；樂調甫：梁任公五行說之商榷；劉節：《洪範》疏證；顧頡剛：五德終始說下的政治和歷史；童書業：五行說起源的討論；譚戒甫：思孟五行考范文瀾：與頡剛論五行說的起源。

〔註27〕胡厚宣，論殷代五方觀念及「中國」稱謂之起源〔C〕，甲骨學商史論叢初集，齊魯大學國學研究所專刊，1944 年。郭沫若，卜辭通纂〔M〕，北京：科學出版社，1983 年。劉起釪，釋〈尚書甘誓〉的「五行」與「三正」，古史續辨〔M〕，北京：中國社會科學出版社，1991 年，第 192～213 頁。艾蘭等編著：中國古代思維模式與陰陽五行說探源〔C〕（南京：，江蘇古籍出版社 1998 年。）有一組相關論文：連劭名：甲骨刻辭所見的殷代陰陽數術思想，常正光：陰陽五行說與殷代方術，汪濤：殷人的顏色觀念與五行說的形成及發展，沈建華：從殷代祭星郊禮論五行起源。

〔註28〕「一曰水。二曰火。三曰木。四曰金。五曰土。水曰潤下。火曰炎上。木曰曲直。金曰從革。土爰稼穡。潤下作鹹。炎上作苦。曲直作酸。從革作辛。稼穡作甘。」

有四叔，曰重、曰該、曰脩、曰熙，實能金、木及水。使重爲句芒，該爲蓐
收，脩及熙爲玄冥，世不失職，遂濟窮桑，此其三祀也。顓頊氏有子曰犁，
爲祝融；共工氏有子曰句龍，爲后土，此其二祀也。后土爲社；稷，田正也。
有烈山氏之子曰柱爲稷，自夏以上祀之。周棄亦爲稷，自商以來祀之。」《國
語・楚語》中亦有相似記載：「於是乎有天地神民類物之官，是謂五官，各司
其序，不相亂也。……顓頊受之，乃命南正重，司天以屬神，命火正黎，司
地以屬民，使復舊常，無相侵瀆。」也有五材的記載，如《左傳・襄公二十
七年》子罕語曰：「天生五材，民並用之，廢一不可。」杜注：「金、木、水、
火、土也。」《左傳・昭公十一年》晉叔向答韓宣子：「且譬之如天，其有五
材而將用之，力盡而斂之，是以無拯，不可沒振。」楊注：「五材，金、木、
水、火、土也。」很明顯，子罕和叔向所說的「五材」，實際上還是把金、木、
水、火、土看成構成萬物的五種元素。更有五行之記載，如《左傳・昭公二
十五年》鄭大夫游吉在回答趙簡子禮與儀的區別時說：「夫禮，天之經也、地
之義也，民之行也。天地之經，而民實則之。則天之明，因地之性，生有六
氣，用其五行。氣爲五味，發爲五色，章爲五聲，淫則昏亂，民矢其性。」
杜注：「金、木、水、火、土。」《左傳・昭公三十二年》：「物生有兩，有三，
有五，有陪貳，故天有三辰，地有五行。」《國語・魯語》：「及天之三辰，民
所以瞻仰也。及地之五行，所以生殖也。」高注：「五行，五祀，金、木、水、
火、土也。」這三處「五行」首先是指「金、木、水、火、土」是沒有問題
的。但是，昭公二十五年一條，並沒有講「五行」與「五味」、「五色」、「五
聲」之間的關係，實際上此時他們之間的關係還沒有建立起來，但此處的並
列敘述卻爲後來拓展他們之間的哲學關係埋下了伏筆。同時「六氣」「五行」
並用也可認爲是陰陽與五行合流的先聲。此時的五行基本上處於物質範疇的
討論，但也初步概括了五種事物的屬性，但並沒有對其深入闡釋。據《墨子・
經上》「五行毋常勝，說在宜」、《左傳・昭公三十一年》「火勝金，故弗克」、
《左傳哀公九年》「水勝火，伐姜可也」等記載可知，在這一時期已經有了初
步的五行相生相勝的觀念。總之，春秋時期是五行範式化過程中一個重要階
段。

　　戰國的子思、孟子、荀子等把人性、道德品質等同五行結合起來，於是
仁、義、禮、智、聖這些道德規範就和天命相結合，自然和金、木、水、火、
土聯繫起來，成爲鄒衍所案的「往舊」之說。到了漢代董仲舒更是把仁、義、

禮、智、信等五常與鄒衍的陰陽五行說結合起來，爲儒學神學化打好了理論基礎，漢代緯書及《白虎通義》等則是徹底完成了儒學的神學化任務。

五行理論不僅把金、木、水、火、土當作五種基本物質來討論它們之間的生勝關係，而且把它符號化，認爲各代表著一類東西，這樣就把整個世界（包括社會方面）都納入這個框架中了，當然不免有牽強附會之處。但舉凡哲學、歷史、醫學、自然科學、文學等各個領域，無不受其濡染，它還波及到近現代，眞是源遠流長，影響巨大。

（三）巫術與陰陽五行

陰陽與五行兩種觀念結合起來，就形成了系統的陰陽五行學說，陰陽是理論基礎，五行則是可操作的技術手段，這樣就使得五行具備了陰陽屬性，其中木爲稚陽，火爲盛陽，金爲稚陰，水爲盛陰，土在五行之中地位特殊，是生萬物而法天地，在五行中起陰陽交合的作用。

陰陽五行說的集大成者是鄒衍，其學說的要點是「深觀陰陽消息」，認爲陰盛則陽衰，陽盛則陰衰，陰陽這對矛盾互爲消長，一生一滅，這稱爲「陰陽消息」。「司馬遷謂鄒衍『深觀陰陽消息』，是說他對陽長（息）則陰消、陰長（息）則陽消的自然規律進行過深入考察。而『散消息之分以顯諸侯』，則是說鄒衍曾把陰陽與五行相結合，把陰陽消長的過程分散到五行中去，以五行能否順利運轉作爲陰陽能否正常消息的前提；進而既用五行相生原理解釋一年中陰陽的變化、節候的更替、萬物的生長收藏，乃至風霜雨雪、休咎禍福，又用五行相剋原理解釋政治的盛衰、朝代的代興和歷史的循環。」〔註29〕

鄒衍把陰陽和五行說結合起來，用陰陽消長的道理來說明五行的運動變化，構成陰陽五行說，然後用五行相勝說來解釋社會歷史的發展，認爲人類歷史的發展是遵循一定的規律，但是他的這個規律並不是事物發展的的客觀規律，而是主觀臆造的，因此他發明的「五德終始循環論的歷史觀」也完全是唯心主義的。鄒衍還認爲每一德的出現都有與之相應的符瑞預先顯示出來，他把陰陽五行說與符瑞感應相結合，把天人感應論推到一個新的高度。漢代董仲舒的天人感應的神學目的論不過是吸取和發展了鄒衍的這種思想並加以系統化而已。他指出：「天地之氣，合而爲一，分爲陰陽，判爲四時，列爲五行。行者，行也。其行不同，故謂之五行。五行者，五官也。比相生而

〔註29〕趙世超，「天人合一」述論〔J〕，史學月刊，2002年11期。

閒相勝也。」〔註30〕「五行之隨，各如其序。五行之官，各致其能。是故木居冬方而主春氣，火居南方而主夏氣，金居西方而主秋氣，水居北方而主冬氣。是故木主生而金主殺，火主暑而水主寒，使人必以其序，官人必以其能，天之數也。土居中央，爲之天潤。……其德茂美，不可名以一時之事。故五行而四時者，土兼之也。」〔註31〕據此可見，陰陽學說與五行學說的結合是一個漫長的過程，到鄒衍時才得以完成。

　　從現有的文獻資料來看，鄒衍的著作基本上只留下了書名和篇名，而且是否是鄒衍的親撰，學界尚有不少爭論。〔註32〕但是《管子》中的《幼官》、《四時》、《五行》、《輕重己》四篇當是戰國時稷下之學的管子學派的作品，而且是《管子》一書中陰陽五行思想的集中體現。〔註33〕《管子·幼官》曰：

　　　　春行冬政肅，行秋政雷，行夏政閣。

　　　　夏行春政風，行冬政落，重則雨雹，行秋政水。

　　　　秋行夏政葉，行春政華，行冬政耗。

　　　　冬行秋政霧，行夏政雷，行春政烝泄。（黎翔鳳《管子校注》）

《管子·四時》曰：

　　　　是故陰陽者，天地之大理也。四時者，陰陽之大徑也。刑德者，四時之合也。刑德合於時則生福，詭則生禍。……日掌陽，月掌陰，星掌和，陽爲德，陰爲刑，和爲事。是故日食則失德之國惡之，月食則失刑之國惡之，彗星見則失和之國惡之，風與日爭明則失生之國惡之。是故聖王日食則修德，月食則修刑，彗星見則修和，風與日爭明則修生，此四者，聖王所以免於天地之誅也。信能行之，五穀蕃息，六畜殖而甲兵強。治積則昌，暴虐積則亡。……道生天地，德出賢人。道生德，德生正。正生事。是以聖王治天下，窮則反，終則始。德始於春，長於夏。刑始於秋，流於冬。刑德不失，四時如一。刑德離鄉，時乃逆行。作事不成，必有大殃。月有三政，王事必理。以爲必長。不中者死，失理者亡。國有四時，固執王事。四守有所，三政執輔。（同上）

〔註30〕蘇輿，春秋繁露義證·五行相生〔M〕·北京：中華書局，1992年，第362頁。
〔註31〕蘇輿，春秋繁露義證·五行相生〔M〕·北京：中華書局，1992年，第322頁。
〔註32〕王夢鷗，鄒衍遺說考〔M〕，臺北：臺灣商務印書館，民國五十五年。
〔註33〕胡家聰，管子新探〔M〕，北京，中國社會科學出版社，2003年，第113～127頁。

《管子‧五行》曰：

> 五聲既調，然后作立五行，以正天時，五官以正人位。人與天調，然后天地之美生。日至，睹甲子木行御。天子出令，命左右士師內御，總別列爵，論賢不肖士吏，賦秘賜賞於四境之內。發故粟以田數，出國衡，順山林，禁民斬木，所以愛草木也。然則水解而凍釋，草木區萌，贖蟄蟲，卵菱，春辟勿時，苗足本，不癘雛鷇，不夭麑麋，毋傅速，亡傷繈褓，時則不凋。七十二日而畢，睹丙子，火行御。天子出令，命行人內御，令掘溝澮，津舊塗，發臧任君賜賞。君子修游馳以發地氣，出皮幣，命行人修春秋之禮於天下諸侯，通天下，遇者兼和。然則天無疾風，草木發奮，鬱氣息。民不疾而榮華蕃。七十二日而畢。睹戊子，土行御。……七十二日而畢。睹庚子，金行御。……七十二日而畢。睹壬子，水行御。……七十二日而畢。睹甲子，木行御。……七十二日而畢。睹丙子，火行御。……七十二日而畢。睹戊子，土行御。……七十二日而畢。睹庚子，金行御。……七十二日而畢。睹壬子，水行御。（同上）

《管子‧輕重己》曰：

> 清神生心，心生規，規生矩，矩生方，方生正，正生曆，曆生四時，四時生萬物，聖人因而理之，道徧矣。

> 以冬日至始，數四十六日，冬盡而春始，天子東出其國四十六里而壇，服青而絻青，搢玉揔，帶玉監，朝諸侯卿大夫列士，循於百姓，號曰祭日，犧牲以魚。發號出令曰：「生而勿殺，賞而勿罰。罪獄勿斷，以待期年。」教民樵室鑽鐩，墐竈泄井，所以壽民也。耜耒耨，懷鉊銚，又擔權渠繩絭，所以御春夏之事也必具。教民為酒食，所以為孝敬也。民生而無父母，謂之孤子。無妻無子，謂之老鰥。無夫無子，謂之老寡，此三人者皆就官，而眾可事者不可事者食如言而勿遺。多者為功，寡者為罪，是以路無行乞者也。路有行乞者，則相之罪也。天子之春令也。

> 以冬日至始，數九十二日，謂之春至。天子東出其國九十二里而壇，朝諸侯卿大夫列士，循於百姓，號曰祭星。十日之內，室無處女，路無行人。苟不樹藝者，謂之賊人。下作之地，上作之天，謂之不服之民。處里為下陳，處師為下通，謂之役夫。三不樹而主使之。天子之春令也。

以春日至始，數四十六日，春盡而夏始。……天子之夏禁也。

以春日至始，數九十二日，謂之夏至，……天子之所以主始而忌諱也。

以夏日至始，數四十六日，夏盡而秋始，……天子之所以異貴賤而賞有功也。

以夏日至始，數九十二日，謂之秋至，……天子之秋計也。

以秋日至始，數四十六日，秋盡而冬始，……天子之冬禁也。

以秋日至始，數九十二日，天子北出九十二里而壇，服黑而絻黑，朝諸侯卿大夫列士，號曰發繇。趣山人斷伐，具械器。趣菹人薪雚葦，足蓄積。三月之後，皆以其所有，易其所無，謂之大通三月之蓄。凡在趣耕而不耕，民以不令。不耕之害也。宜芸而不芸，百草皆存，民以僅存。不芸之害也。宜穫而不穫，風雨將作，五穀以削，士民零落。不穫之害也。宜藏而不藏，霧氣陽陽，宜死者生，宜蟄者鳴，不藏之害也。張耜當弩，鉏耨當劍戟，獲渠當脅軷，蓑笠當冑櫓，故耕械具則戰械備矣。（同上）

以上《管子》四篇中，《幼官》和《四時》基本是把一年按春夏秋冬四時運轉而分開；《五行》則很特殊把一年平均分為五個七十二天，其目的可能是想解決四分法中的中央土的難題；《輕重己》則是把一年分為八個時段，即春始、春至，夏始、夏至，秋始、秋至，冬始、冬至，並按時節「發號出令」。綜合考察這四篇，可看出稷下學宮的陰陽家的兩大貢獻：一是在寒暑易節的自然變化的基礎上附會了許多政治人事，這是模擬巫術的最好應用；二是開始「播五行於四時」，把陰陽和五行開始結合起來，為鄒衍創立陰陽五行說張本。

在鄒衍看來，一年四季可以分作兩個時段：從冬至到夏至，陽氣一天天增長，陰氣一天天減弱；從夏至到冬至，則是陰氣一天天增長，陽氣一天天減弱。所以陽氣漸漸增長的從冬至到夏至這一段屬於「陽軌」，陰氣漸漸增長的從夏至到冬至這一段屬於「陰軌」。〔註 34〕如果在陽軌上多做助陽抑陰之事，在陰軌上多做助陰抑陽之事，就能促使陰陽和諧，五行就能順利地運轉輪迴，從而帶來風調雨順，萬物生生不息、繁衍不絕的好結果。相反，如行事悖謬，使陽氣不能如期得到伸張，陰氣不能如期消退；抑或陰氣不能如期

〔註34〕（日）吉野裕子：陰陽五行與日本民俗〔M〕，雷群明等譯，上海：學林出版社，1989 年，第 180 頁。

生長，陽氣不能如期消退，那麼就會存在愆陽、伏陰現象，進而造成乾旱、蝗災、霜雪、霹靂、淒風等天象，致使禾稼不熟、五穀不實、民殃於疫之類的慘局，甚至引起暴兵來至、土地侵削。進一步「推而大之」，長期陰陽不調，更意味著舊德已衰、新德將興；於是「天必先見祥乎下民」，一場除舊布新的『革命』就要開始了。鄒衍的這一套舉措完全是模擬巫術原理在戰國時期的遺留和發展，「巫師盲目地相信他施法時所應用的那些原則也同樣可以支配無生命的自然界的運轉。換句話說，他心中斷定，這種『相似』和『接觸』的規律不局限於人類的活動而是可以普遍應用的。」〔註35〕當然，就現存文獻來看，對陰陽五行說進行系統整理的是《呂氏春秋》的「十二紀」：

> 孟春之月：日在營室，昏參中，旦尾中。其日甲乙。其帝太皥。其神句芒。其蟲鱗。其音角。律中太簇。其數八。其味酸。其臭羶。其祀戶。祭先脾。東風解凍。蟄蟲始振。魚上冰。獺祭魚。候雁北。天子居青陽左个，乘鸞輅，駕蒼龍，載青旂，衣青衣，服青玉，食麥與羊。其器疏以達。
>
> 是月也，以立春。先立春三日，太史謁之天子曰：「某日立春，盛德在木。」天子乃齋。立春之日，天子親率三公九卿諸侯大夫以迎春於東郊。還，乃賞公卿諸侯大夫於朝。命相布德和令，行慶施惠，下及兆民。慶賜遂行，無有不當。迺命太史，守典奉法，司天日月星辰之行，宿離不忒，無失經紀，以初為常。
>
> 是月也，天子乃以元日祈穀於上帝。乃擇元辰，天子親載耒耜，措之參于保介之御間，率三公九卿諸侯大夫躬耕帝籍田，天子三推，三公五推，卿諸侯大夫九推。反，執爵于太寢，三公九卿諸侯大夫皆御，命曰勞酒。
>
> 是月也，天氣下降，地氣上騰，天地和同，草木繁動。王布農事：命田舍東郊，皆修封疆，審端徑術，善相丘陵阪險原隰，土地所宜，五穀所殖，以教道民，必躬親之。田事既飭，先定準直，農乃不惑。
>
> 是月也，命樂正入學習舞。乃修祭典，命祀山林川澤，犧牲無用牝。禁止伐木，無覆巢，無殺孩蟲胎夭飛鳥，無麛無卵，無聚大眾，無置城郭，揜骼霾髊。

〔註35〕（英）詹姆斯·喬·弗雷澤，金枝〔M〕，徐育新，張澤石，汪培基譯，北京：大眾文藝出版社，1998年，第19頁。

是月也，不可以稱兵，稱兵必有天殃。兵戎不起，不可以從我始。無變天之道，無絕地之理，無亂人之紀。

孟春行夏令，則風雨不時，草木早槁，國乃有恐。行秋令，則民大疫，疾風暴雨數至，藜莠蓬蒿並興。行冬令，則水潦為敗，霜雪大摯。首種不入。

仲春之月：日在奎，昏弧中，旦建星中。其日甲乙。其帝太皞。其神句芒。其蟲鱗。其音角，律中夾鐘。其數八。其味酸。其臭羶。其祀戶。祭先脾。始雨水。桃李華。蒼庚鳴。鷹化為鳩。天子居青陽太廟，乘鸞輅，駕蒼龍，載青旂，衣青衣，服青玉，食麥與羊，其器疏以達。

是月也，安萌牙，養幼少，存諸孤。擇元日，命人社。命有司，省囹圄，去桎梏，無肆掠，止獄訟。

是月也，玄鳥至。至之日，以太牢祀於高禖。天子親往，后妃率九嬪御，乃禮天子所御，帶以弓韣，授以弓矢於高禖之前。

是月也，日夜分。雷乃發聲，始電。蟄蟲咸動，開戶始出。先雷三日，奮鐸以令于兆民曰：「雷且發聲，有不戒其容止者，生子不備，必有凶災。」日夜分，則同度量，鈞衡石，角斗桶，正權概。

是月也，耕者少舍，乃修闔扇，寢廟必備。無作大事，以妨農功。

是月也，無竭川澤，無漉陂池，無焚山林。天子乃獻羔開冰，先薦寢廟。上丁，命樂正，入舞舍采，天子乃率三公九卿諸侯親往視之。中丁，又命樂正入學習樂。

是月也，祀不用犧牲，用圭璧，更皮幣。

仲春行秋令，則其國大水，寒氣總至，寇戎來征。行冬令，則陽氣不勝，麥乃不熟，民多相掠。行夏令，則國乃大旱，煖氣早來，蟲螟為害。

季春之月：日在胃，昏七星中，旦牽牛中。其日甲乙。其帝太皞。其神句芒。其蟲鱗。其音角。律中姑洗。其數八。其味酸。其臭羶。其祀戶。祭先脾。桐始華。田鼠化為鴽。虹始見。萍始生。天子居青陽右个，乘鸞輅，駕蒼龍，載青旂，衣青衣，服青玉。食麥與羊。其器疏以達。

是月也，天子乃薦鞠衣于先帝。命舟牧覆舟，五覆五反，乃告舟備具于天子焉，天子焉始乘舟。薦鮪于寢廟，乃為麥祈實。

是月也，生氣方盛，陽氣發泄，生者畢出，萌者盡達，不可以內。天子布德行惠，命有司，發倉廩，賜貧窮，振乏絕，開府庫，出幣帛，周天下，勉諸侯，聘名士，禮賢者。

是月也，命司空曰：「時雨將降，下水上騰；循行國邑，周視原野；修利隄防，導達溝瀆，開通道路，無有障塞，田獵罼弋，罝罘羅網，餧獸之藥，無出九門。」

是月也，命野虞，無伐桑柘。鳴鳩拂其羽，戴任降于桑。具栚曲簾筐，后妃齋戒，親東鄉躬桑，禁婦女無觀。省婦使，勸蠶事，蠶事既登，分繭稱絲效功，以共郊廟之服，無有敢墮。

是月也，命工師，令百工，審五庫之量，金鐵、皮革筋、角齒、羽箭幹、脂膠丹漆，無或不良。百工咸理，監工日號，無悖于時；無或作為淫巧，以蕩上心。

是月之末，擇吉日，大合樂，天子乃率三公九卿諸侯大夫親往視之。

是月也，乃合纍牛騰馬游牝于牧，犧牲駒犢，舉書其數。國人儺，九門磔禳，以畢春氣。

行之是令，而甘雨至三旬。季春行冬令，則寒氣時發，草木皆肅，國有大恐。行夏令，則民多疾疫，時雨不降，山陵不收。行秋令，則天多沈陰，淫雨早降，兵革並起。

孟夏之月：日在畢，昏翼中，旦婺女中。其日丙丁。其帝炎帝。其神祝融。其蟲羽。其音徵。律中仲呂。其數七。其性禮。其事視。其味苦。其臭焦。其祀竈。祭先肺。螻蟈鳴。丘蚓出。王菩生。苦菜秀。天子居明堂左个，乘朱輅，駕赤駵，載赤旂，衣赤衣，服赤玉，食菽與雞。其器高以觕。

是月也，以立夏。先立夏三日，太史謁之天子曰：「某日立夏，盛德在火。」天子乃齋。立夏之日，天子親率三公九卿大夫以迎夏於南郊，還乃行賞，封侯慶賜，無不欣說。乃命樂師習合禮樂。命太尉，贊傑儁，遂賢良，舉長大。行爵出祿，必當其位。

是月也，繼長增高，無有壞墮。無起土功，無發大眾，無伐大樹。

是月也，天子始絺。命野虞，出行田原，勞農勸民，無或失時。命司徒循行縣鄙。命農勉作，無伏于都。

是月也，驅獸無害五穀。無大田獵。農乃升麥。天子乃以彘嘗麥，先薦寢廟。

是月也，聚蓄百藥。靡草死。麥秋至。斷薄刑，決小辠，出輕繫。蠶事既畢，后妃獻繭。乃收繭稅，以桑爲均。貴賤少長如一，以給郊廟之祭服。

是月也，天子飲酎，用禮樂。

行之是令，而甘雨至三旬。孟夏行秋令，則苦雨數來，五穀不滋，四鄙入保。行冬令，則草木早枯，後乃大水，敗其城郭。行春令，則蟲蝗爲敗，暴風來格，秀草不實。

仲夏之月：日在東井，昏亢中，旦危中。其日丙丁。其帝炎帝。其神祝融。其蟲羽。其音徵。律中蕤賓。其數七。其味苦。其臭焦。其祀竈。祭先肺。小暑至。螳蜋生。鵙始鳴。反舌無聲。天子居明堂太廟。乘朱輅，駕赤駵，載赤旂，衣朱衣，服赤玉，食菽與雞。其器高以觕。養壯狡。

是月也，命樂師，修鞀鞞鼓，均琴瑟管簫，執干戚戈羽，調竽笙壎篪。飭鍾磬柷敔。命有司，爲民祈祀山川百原，大雩帝，用盛樂。乃命百縣雩祭祀百辟卿士有益於民者，以祈穀實。農乃登黍。

是月也，天子以雛嘗黍。羞以含桃，先薦寢廟。令民無刈藍以染，無燒炭，毋暴布。門閭無閉，關市無索。挺重囚，益其食。游牝別其群，則縶騰駒，班馬正。

是月也，日長至。陰陽爭，死生分。君子齋戒，處必揜，身欲靜無躁，止聲色，無或進，薄滋味，無致和，退嗜慾，定心氣，百官靜，事無刑，以定晏陰之所成。鹿角解。蟬始鳴。半夏生，木堇榮。

是月也，無用火南方。可以居高明，可以遠眺望，可以登山陵，可以處臺榭。

仲夏行冬令，則雹霰傷穀，道路不通，暴兵來至。行春令，則五穀晚熟，百螣時起，其國乃饑。行秋令，則草木零落，果實早成，民殃於疫。

季夏之月：日在柳，昏心中，旦奎中。其日丙丁。其帝炎帝。其神祝融。其蟲羽。其音徵。律中林鐘。其數七。其味苦。其臭焦。其祀竈。祭先肺。涼風始至。蟋蟀居宇。鷹乃學習。腐草化爲螢。天子居明堂右个，乘朱輅，駕赤駵，載赤旂，衣朱衣，服赤玉，食菽與雞。其器高以觕。

是月也，令漁師伐蛟取鼉，升龜取黿。乃命虞人入材葦。

是月也，令四監大夫合百縣之秩芻，以養犧牲。令民無不咸出其力，以供皇天上帝、名山大川、四方之神，以祀宗廟社稷之靈，爲民祈福。是月也，命婦官染采，黼黻文章，必以法故，無或差忒，黑黃蒼赤，莫不質良，勿敢偽詐，以給郊廟祭祀之服，以爲旗章，以別貴賤等級之度。

是月也，樹木方盛，乃命虞人入山行木，無或斬伐。不可以興土功，不可以合諸侯，不可以起兵動眾，無舉大事，以搖蕩于氣。無發令而干時，以妨神農之事。水潦盛昌，命神農，將巡功。舉大事則有天殃。

是月也，土潤溽暑，大雨時行，燒薙行水，利以殺草，如以熱湯，可以糞田疇，可以美土疆。

行之是令，是月甘雨三至，三旬二日。季夏行春令，則穀實解落，國多風欬，人乃遷徙。行秋令，則丘隰水潦，禾稼不熟，乃多女災。行冬令，則寒氣不時，鷹隼早鷙，四鄙入保。

中央土，其日戊己。其帝黃帝。其神后土。其蟲倮。其音宮。律中黃鐘之宮。其數五。其味甘。其臭香。其祀中霤。祭先心。天子居太廟太室，乘大輅，駕黃騮，載黃旂，衣黃衣，服黃玉，食稷與牛。其器圜以掩。

孟秋之月：日在翼，昏斗中，旦畢中。其日庚辛，其帝少皞。其神蓐收。其蟲毛。其音商。律中夷則，其數九。其味辛。其臭腥。其祀門。祭先肝。涼風至。白露降。寒蟬鳴。鷹乃祭鳥。始用刑戮。天子居總章左个，乘戎路，駕白駱，載白旂，衣白衣，服白玉，食麻與犬。其器廉以深。

是月也，以立秋。先立秋三日，大史謁之天子，曰：「某日立秋，盛德在金。」天子乃齋。立秋之日，天子親率三公九卿諸侯大夫以

迎秋於西郊。還，乃賞軍率武人於朝。天子乃命將帥，選士厲兵，
簡練桀儁；專任有功，以征不義，詰誅暴慢，以明好惡；巡彼遠方。

是月也，命有司，修法制，繕囹圄，具桎梏，禁止姦，慎罪邪，
務搏執。命理，瞻傷察創，視折審斷；決獄訟，必正平；戮有罪，
嚴斷刑。天地始肅，不可以贏。

是月也，農乃升穀。天子嘗新，先薦寢廟。命百官，始收斂。
完隄防，謹壅塞，以備水潦。修宮室，坏牆垣，補城郭。

是月也，無以封侯，立大官，無割土地、行重幣、出大使。

行之是令，而涼風至三旬。孟秋行冬令，則陰氣大勝，介蟲敗
穀，戎兵乃來。行春令，則其國乃旱，陽氣復還，五穀不實。行夏
令，則多火災，寒熱不節，民多瘧疾。

仲秋之月：日在角，昏牽牛中，旦觜巂中。其日庚辛。其帝少
皞。其神蓐收。其蟲毛。其音商。律中南呂。其數九。其味辛。其
臭腥。其祀門。祭先肝。涼風生。候鳥來。玄鳥歸。群鳥養羞。天
子居總章太廟，乘戎路，駕白駱，載白旂，衣白衣，服白玉，食麻
與犬。其器廉以深。

是月也，養衰老，授几杖，行糜粥飲食。乃命司服，具飭衣裳，
文繡有常，制有小大，度有短長，衣服有量，必循其故，冠帶有常。
命有司，申嚴百刑，斬殺必當，無或枉橈，枉橈不當，反受其殃。

是月也，乃命宰祝，巡行犧牲：視全具；案芻豢；瞻肥瘠，察
物色，必比類；量小大，視長短，皆中度。五者備當，上帝其享。
天子乃儺，禦佐疾，以通秋氣。以犬嘗麻，先祭寢廟。

是月也，可以築城郭，建都邑，穿竇窌，修囷倉。乃命有司，
趣民收斂，務畜菜，多積聚。乃勸種麥，無或失時，行罪無疑。

是月也，日夜分，雷乃始收聲。蟄蟲俯戶。殺氣浸盛，陽氣日
衰。水始涸。日夜分，則一度量，平權衡，正鈞石，齊斗甬。

是月也，易關市，來商旅，入貨賄，以便民事。四方來雜，遠
鄉皆至，則財物不匱，上無乏用，百事乃遂。凡舉事無逆天數，必
順其時，乃因其類。

行之是令，白露降三旬。仲秋行春令，則秋雨不降，草木生榮，
國乃有大恐。行夏令，則其國旱，蟄蟲不藏，五穀復生。行冬令，
則風災數起，收雷先行，草木早死。

季秋之月：日在房，昏虛中，旦柳中。其日庚辛。其帝少皞。其神蓐收。其蟲毛。其音商。律中無射。其數九。其味辛。其臭腥。其祀門。祭先肝。候雁來。賓爵入大水爲蛤。菊有黃華。豺則祭獸戮禽。天子居總章右个，乘戎路，駕白駱，載白旂，衣白衣，服白玉，食麻與犬，其器廉以深。

是月也，申嚴號令。命百官貴賤，無不務入，以會天地之藏，無有宣出。命冢宰，農事備收，舉五種之要，藏帝籍之收於神倉，祗敬必飭。

是月也，霜始降，則百工休。乃命有司曰：「寒氣總至，民力不堪，其皆入室。」上丁，入學習吹。

是月也，大饗帝，嘗犧牲，告備于天子。合諸侯，制百縣。爲來歲受朔日。與諸侯所稅於民輕重之法。貢職之數，以遠近土地所宜爲度，以給郊廟之事，無有所私。

是月也，天子乃教於田獵，以習五戎，獀馬。命僕及七騶咸駕，載旌旐，輿，受車以級，整設于屏外，司徒搢扑，北嚮以誓之。天子乃厲服厲飭，執弓操矢以射。命主祠，祭禽於四方。

是月也，草木黃落，乃伐薪爲炭。蟄蟲咸俯在穴，皆墐其戶。乃趣獄刑，無留有罪。收祿秩之不當者、共養之不宜者。

是月也，天子乃以犬嘗稻，先薦寢廟。

季秋行夏令，則其國大水，冬藏殃敗，民多鼽窒。行冬令，則國多盜賊，邊境不寧，土地分裂。行春令，則暖風來至，民氣解墮，師旅必興。

孟冬之月：日在尾，昏危中，旦七星中。其日壬癸。其帝顓頊。其神玄冥。其蟲介。其音羽。律中應鐘。其數六。其味鹹。其臭朽。其祀行。祭先腎。水始冰，地始凍。雉入大水爲蜃。虹藏不見。天子居玄堂左个，乘玄輅，駕鐵驪，載玄旂，衣黑衣，服玄玉，食黍與彘。其器宏以弇。

是月也，以立冬。先立冬三日，太史謁之天子，曰：「某日立冬，盛德在水。」天子乃齋。立冬之日，天子親率三公九卿大夫以迎冬於北郊。還，乃賞死事，恤孤寡。

是月也，命太卜，禱祠龜筴占兆，審卦吉凶。於是察阿上亂法者則罪之，無有揜蔽。

是月也，天子始裘。命有司曰：「天氣上騰，地氣下降，天地不通，閉而成冬。」令百官，謹蓋藏。命司徒，循行積聚，無有不斂；坿城郭，戒門閭，修楗閉，慎關籥，固封璽，備邊境，完要塞，謹關梁，塞蹊徑，飭喪紀，辨衣裳，審棺槨之厚薄，營丘壟之小大高卑薄厚之度，貴賤之等級。

是月也，工師效功。陳祭器，按度程，無或作為淫巧，以蕩上心，必功致為上。物勒工名，以考其誠；工有不當，必行其罪，以窮其情。

是月也，大飲蒸，天子乃祈來年于天宗。大割，祠于公社及門閭，饗先祖五祀，勞農夫以休息之。天子乃命將率講武，肄射御、角力。

是月也，乃命水虞漁師收水泉池澤之賦，無或敢侵削眾庶兆民，以為天子取怨于下，其有若此者，行罪無赦。

孟冬行春令，則凍閉不密，地氣發泄，民多流亡。行夏令，則國多暴風，方冬不寒，蟄蟲復出。行秋令，則雪霜不時，小兵時起，土地侵削。

仲冬之月：日在斗，昏東壁中，旦軫中。其日壬癸。其帝顓頊。其神玄冥。其蟲介。其音羽。律中黃鐘。其數六。其味鹹。其臭朽。其祀行。祭先腎。冰益壯。地始坼。鶡鴠不鳴。虎始交。天子居玄堂太廟，乘玄輅，駕鐵驪，載玄旂，衣黑衣，服玄玉，食黍與彘。其器宏以弇。命有司曰：「土事無作，無發蓋藏，無起大眾，以固而閉。」發蓋藏，起大眾，地氣且泄，是謂發天地之房。諸蟄則死，民多疾疫，又隨以喪，命之曰暢月。

是月也，命奄尹，申宮令，審門閭，謹房室，必重閉。省婦事，毋得淫，雖有貴戚近習，無有不禁。乃命大酋，秫稻必齊，麴蘖必時，湛饎必潔，水泉必香，陶器必良，火齊必得，兼用六物，大酋監之，無有差忒。天子乃命有司，祈祀四海大川名原淵澤井泉。

是月也，農有不收藏積聚者，牛馬畜獸有放佚者，取之不詰。山林藪澤，有能取蔬食田獵禽獸者，野虞教導之；其有侵奪者，罪之不赦。

是月也，日短至。陰陽爭，諸生蕩。君子齋戒，處必弇，身必

寧，去聲色，禁嗜慾，安形性，事欲靜，以待陰陽之所定。芸始生。
荔挺出。蚯蚓結。麋角解。水泉動。日短至，則伐林木，取竹箭。

是月也，可以罷官之無事者，去器之無用者。塗闕庭門閭，築
囹圄，此所以助天地之閉藏也。

仲冬行夏令，則其國乃旱，氣霧冥冥，雷乃發聲。行秋令，則
天時雨汁，瓜瓠不成，國有大兵。行春令，則蟲螟爲敗，水泉減竭，
民多疾癘。

季冬之月：日在婺女，昏婁中，旦氐中。其日壬癸。其帝顓頊。
其神玄冥。其蟲介。其音羽。……天子居玄堂右个，乘玄輅，駕鐵
驪，載玄旂，衣黑衣，服玄玉，食黍與彘。其器宏以弇。命有司大
儺，旁磔，出土牛，以送寒氣。征鳥厲疾。乃畢行山川之祀，及帝
之大臣、天地之神祇。

是月也，命漁師始漁，天子親往。乃嘗魚，先薦寢廟。冰方盛，
水澤復，命取冰。冰已入，令告民，出五種。命司農，計耦耕事，
修耒耜，具田器。命樂師，大合吹而罷。乃命四監，收秩薪柴，以
供寢廟及百祀之薪燎。

是月也，日窮於次，月窮於紀，星迴於天，數將幾終，歲將更
始。專於農民，無有所使。天子乃與卿大夫飭國典，論時令，以待
來歲之宜。乃命太史，次諸侯之列，賦之犧牲，以供皇天上帝社稷
之享。乃命同姓之國，供寢廟之芻豢。令宰歷卿大夫至于庶民土田
之數，而賦之犧牲，以供山林名川之祀。凡在天下九州之民者，無
不咸獻其力，以供皇天上帝社稷寢廟山林名川之祀。

行之是令，此謂一終，三旬二日。季冬行秋令，則白露蚤降，
介蟲爲妖，四鄰入保。行春令，則胎夭多傷，國多固疾，命之曰逆。
行夏令，則水潦敗國，時雪不降，冰凍消釋。〔註36〕

這是最爲完整而系統的陰陽五行範式的記錄。每個月基本按照五個層次行
事：先講「定星曆，建五行」之事，然後敘述每月節候的應驗，接著是王居

〔註36〕陳奇猷，呂氏春秋新校釋〔M〕，上海：上海古籍出版社，2002年，第1～645
頁。《禮記·月令》和《淮南子·時則訓》兩篇所記與此大同小異。另有《逸
周書·時訓解》一篇，經黃懷信考證「係春秋所傳」，詳見其所著《逸周書校
補注譯·前言》〔M〕，三秦出版社，2006年。《大戴禮記·夏小正》也是按照
十二個月的物候進行農事和政事活動。

明堂之禮，然後是每月的行政措施，最後是行此令的結果，也就是所謂的「庶徵休咎」。其核心就是鄒衍所謂的「五行相次轉用事」，也就是五行相生的規律，爲統治者設計的一年之內的施政綱領。由於這十二個月各有教令，而且是「順之者昌，逆之者不死則亡」，以至於「王后大人，初見其術」而「懼然顧化」了。漢代則是按照這一原理行事的，所以我們甚至可以將漢代的政治稱爲「月令」政治。

三、陰陽五行觀念下的災異觀

本節旨在說明陰陽五行觀念下天人感應的形成過程，以及天人感應思想與災異救助之間的關係，具體分析天人感應觀在災異救助中的應用。

（一）陰陽五行災異觀的形成

在殷墟卜辭中，「上帝有很大的權威，是管理自然和下國的主宰」，〔註37〕是享有最高權威的至上神。西周時期的天命觀，已經由殷商的「賓帝」、「敬天」變爲「配天」、「畏天」，並且認爲「王爲天子」〔註38〕。而且「天命靡常」，即天命可以輪轉，〔註39〕善者得「天眷」、天命，不善者則遭「天譴」。到了春秋戰國時期，各諸侯國不斷地闢土服遠，開郡設縣，國君爲了霸權或生存而互相爭戰，各個國君都希望自己獲得天命，統一天下，同時這也是一個思想充分自由的大時代，興起了一場空前絕後的以自由著述、自由講學爲前提和基礎、自由批評爲基本內容、人格獨立和自由流動爲重要保障的百家爭鳴運動。因爲有自由就有創造，有自由才能使各種思想火花競相迸發，使各種新知噴湧而出，從而造成百花齊放式的真正的學術繁榮。這一時期一批知識分子開始懷疑天道，使得理性思想在這一時期得以張揚，〔註40〕同時是對傳統天道觀的挑戰，二者互相消長。伴隨著百家爭鳴的時代，各種學派都在儘其所能提出自己主張，爲君主服務，各家學說雖不同程度受到各國君主的採

〔註37〕陳夢家：殷虛卜辭綜述〔M〕，北京，中華書局，1988年，第562頁。

〔註38〕陳夢家：殷虛卜辭綜述，北京：中華書局，1988年，第581頁。

〔註39〕《尚書》中的《大誥》、《康誥》、《酒誥》、《洛誥》、《多士》、《多方》諸篇都有所反映。

〔註40〕《左傳·桓公元年》隨國的季梁所說：「夫民，神之主也，是以聖王先成民而後致力於神。」《左傳·襄公三十一年》魯國穆叔有「民之所欲，天必成之。」之語。《左傳·昭公十八年》鄭國子產更是明確提出：「天道遠，人道邇，非所及也。」

納，但亦不乏遊走列國，「惶惶如喪家之犬」之輩。唯有把傳統的陰陽與五行學說結合起來創建的「陰陽五行學說」受到歡迎。〔註41〕鄒衍重新打起天道大旗，給傳統的天道觀注入新的內容，即：運用模擬巫術的原理〔註42〕，發展了傳統的災異觀，認為人君的德行可以與天發生交感，善的德行促使五行正常運轉，五行正常運轉就促使陰陽協調發展，陰陽和諧發展，天道就正常運作，就會風調雨順，五穀豐登，國泰民安，達到長治久安的目標；惡的德行則相反，天將降災戾。以人事感天，是鄒氏陰陽五行思想的創新之處。在人事感天的具體過程中，人君主要採取模擬巫術的形式進行一切事務，即：在陽軌上做助陽抑陰的事，在陰軌上做助陰抑陽的事就能促使自然宇宙正常運轉，否則就發生災害來譴告人君。至此，陰陽五行災異觀形成。

這種思想成為漢代「天人感應」的理論依據，到了董仲舒最終把它推到極致，發展成為完整的天人合一理論。在漢代，天人感應幾乎滲透到社會的各個方面。皇帝政教的得失，大臣官職的升降，抵禦外敵的勝敗，臣民的得福與獲罪，平民百姓的忠孝節義等無不與災異有關。這種學說雖然有其神秘性和迷信色彩，但在客觀上，對於約束帝王官吏的惡行，安定社會秩序，發展生產，保持傳統道德是有一定意義的。所以應該清醒的是，董仲舒所謂的「天人合一」，並不是我們今天所倡導的生態文明建設中的人與自然的和諧。

正如前文所述，天人感應式的陰陽五行災異觀起源很早，《尚書·洪範》所說的雨、晴、暖、寒、風這五種現象如果按照一定的規律發生，草木就會茂盛，莊稼就會豐收；否則年成就不好。甲骨卜辭中類似的記載很多，如「帝令雨足年？帝令雨弗足其年！」春秋戰國時期，人們認為天、地、人三者之間存在密切關係，發生在人類社會中的災害事件，其起因就在於「天」。《詩經·雲漢》：「天降喪亂，飢饉薦臻。」《詩經·雨無正》：「昊天疾威，弗慮弗

〔註41〕《史記·孟子荀卿列傳》「是以騶子重於齊。適梁，惠王郊迎，執賓主之禮。適趙，平原君側行撇席。如燕，昭王擁彗先驅，請列弟子之座而受業，築碣石宮，身親往師之。作主運。其遊諸侯見尊禮如此，豈與仲尼菜色陳蔡，孟軻困於齊梁同乎哉！」《史記·曆書》：「是時獨有鄒衍，明於五德之傳，而散消息之分，以顯諸侯。」

〔註42〕《史記·孟子荀卿列傳》：「必先驗小物，推而大之，至於無垠。先序今以上至黃帝，學者所共術，大並世盛衰，因載其禨祥度制，推而遠之，至天地未生，窈冥不可考而原也。先列中國名山大川，通谷禽獸，水土所殖，物類所珍，因而推之，及海外人之所不能睹。稱引天地剖判以來，五德轉移，治各有宜，而符應若茲。」

圖。」《論語‧顏淵》：「死生有命，富貴在天。」《左傳‧宣公十五年》曾說：
「天反時為災。」可見，自然界運動失常會導致災害發生。天在人們的觀念
中是一個極具神秘感又力量無邊的忽隱忽現的神靈。《論語》曰：「天何言哉？
四時行焉，百物生焉。」《禮記》曰：「天地之道，博也，厚也，高也，明也，
悠也，久也；日、月、星辰繫焉，萬物覆焉。」人們每遇疑難就祈求於天，
歲荒豐歉也不例外。春秋戰國時期則明確地把災害的發生原因歸結於「天」，
《呂氏春秋》更是如此，認為氣候是否正常對社會有截然不同的影響，「雪霜
雨露時，則萬物育矣，人民修矣，疾病妖厲去矣」。〔註43〕如果春行夏令或冬
令，秋行冬令或春令，夏行冬令或春令，冬行秋令等，則風霜雨雪不會應時
而來，草木不會應時榮枯，莊稼不會成熟，國家將會兵荒馬亂、土地侵削、
道路不通、人民遷徙。同時又認為人事治亂也會影響氣候和環境。正如所言，
君臣、長少、父子、弟兄、朋友、夫妻等人倫敗壞，世人心若禽獸，不知義
理，則風霜雪雨「不時」、「不當」，「陰陽失次，四時易節」，則「禽獸胎消不
殖，草木庫小不滋，五穀萎敗不成」。〔註44〕因而自然的正常運轉又來自於善
政。

　　到了漢代，《淮南子》一書談到災異與人事關係時強調「天之與人，有以
相通也」。〔註45〕而在董仲舒那裡，天人感應成了特定的觀念和較為完整的理
論形態，作為其組成部分的災異觀即「天譴論」也更加圓通，更有說服力。
他的「天」既有自然性，又有道德性，還有神學性。天人之間不僅有物質、
自然上的相連，而且有精神情感上的相通。他認為君主應當「知天」、「配天」。
他說：「明陰陽、入出、實虛之處，所以觀天之志。辨五行之本末順逆、小大
廣狹，所以觀天道也。天志仁，其道也義。」〔註46〕這樣就能「知天」、「配
天」。這反映了儒家體天意、定天道、盡人事的精神。他認為如果君主不能以
事配天，就會有災異。他說：「木者春，生之性，農之本也。」君主應當不奪
農時，輕搖薄賦，省刑罰。「土者夏中，成熟百種」，君主應當「循宮室之制，

〔註43〕陳奇猷，呂氏春秋新校釋‧察賢〔M〕，上海：上海古籍出版社，2002年，第
　　　　1451頁。
〔註44〕陳奇猷，呂氏春秋新校釋‧明理〔M〕，上海：上海古籍出版社，2002年，第
　　　　362頁。
〔註45〕劉文典，淮南鴻烈集解‧泰族訓〔M〕，北京：中華書局，1998年，第664頁。
〔註46〕蘇輿，春秋繁露義證‧天地陰陽〔M〕，北京：中華書局，1992年，第467～
　　　　468頁。

謹夫婦之別，加親戚之恩」，如果逆五行而動，政令與天時不符，不僅使人民疾病痛苦，而且禍及木土，使茂木枯搞，五穀不成〔註 47〕。董仲舒還認為災異體現著天的至仁，是天意，因此他希望君主以仁德消除災異，就像他在《五行變救》中所說：「五行變至，當救之以德，施之天下，則咎除。不救以德，不出三年，天當雨石。」〔註 48〕不難看出，董仲舒的「天人合一」災異觀的實施也是在交感巫術的原理支配下進行的。這實際上就使「陰陽五行災異觀」更加神秘化。

從先秦到漢代董仲舒的災異觀對後世產生了深遠的影響。正如李澤厚先生所說：「董仲舒及其信徒們慣用某些自然現象如日蝕、地震、水災、火災、動植物的反常變異來作為上天對人君的警告，這也幾乎成了後世的常規。」〔註 49〕我國源遠流長的史學文化和汗牛充棟的史料對這種災異觀保留了深刻的記憶。《漢書‧五行志》實際上就是一部對西漢的災異觀支配下的政治和人事的總結。它以《尚書‧洪範》的「五行」為經：「五行：一曰水，二曰火，三曰木，四曰金，五曰土。水曰潤下，火曰炎上，木曰曲直，金曰從革。土爰稼穡。」其傳文則為：「田獵不宿，飲食不享，出入不節，奪民農時，及有姦謀，則木不曲直」，「棄法律，逐功臣，殺太子，以妾為妻，則火不炎上」，「治宮室，飾臺榭，內淫亂，犯親戚，侮父兄，則稼穡不成」，「好戰攻，輕百姓，飾城郭，侵邊境，則金不從革」，「簡宗廟，不禱祠，廢祭祀，逆天時，則水不潤下」。〔註50〕這就是說五行各有其性能和作用，如果人君不能以仁德仁政治天下，就會使五行異常，災異畢現。

（二）陰陽五行災異觀的應用

陰陽五行的災異觀是一種非理性的認識是毋庸置疑的。它強調人事能影響天意，修人事能防止和克服災異，肯定了人的主觀能動性，能增強人們救災的動力。它視災異為天誡或天譴，有利於勸告君主修政。但是，這種對災異與人事關係的認識是經驗性的猜測和神秘性的推論，作為一種思維方式，起源於人類對自然力量的崇拜、恐懼和無能為力。在其發展的過程中，又融入讖緯迷信。

〔註47〕蘇輿，春秋繁露義證‧五行順逆〔M〕，北京：中華書局，1992 年，第 371～375 頁。

〔註48〕蘇輿，春秋繁露義證‧五行變救〔M〕，北京：中華書局，1992 年，第 385 頁。

〔註49〕李澤厚，中國古代思想史論〔M〕，北京：讀書‧生活‧新知‧三聯出版社，2008 年，第 149 頁。

〔註50〕班固，漢書‧五行志〔M〕，北京：中華書局，1962 年，第 3265～3305 頁。

它不能科學地認識災害的成因和後果，更不能正確地認識救助災異的目的和意義，反而把人引入迷信的泥潭，使人心中充滿對百神之大君——天的敬畏，使人相信救助災異就是通過人的努力來感動天，即修仁德行仁政。在天人感應信念指導下，古代的災異救助主要採取以下幾種非理性方式。

第一，統治者在協調陰陽和諧、保證天人和諧方面有著重大的責任。如同迪埃里人的「穆拉穆拉」一樣，在確立了災由天降的前提之後，春秋戰國時期的災異又進一步發揮了天地人的關聯性，在天災與人事之間建立了聯繫，認爲在天災發生的背後，必有人事的失常。《春秋》、《左傳》、《管子》等先秦文獻中按照這種災害發生圖式記述論證了各種災異，包括水、旱、風、雨、雪、霜、疾疫、地震、隕石等。《春秋》莊公三十一年：「冬，不雨。」《漢書·五行傳》以爲是歲一年而三築臺，奢侈不恤民也。《春秋》僖公二十一年：「夏，大旱。」《漢書·五行傳》以爲時作南門，營民興役。最後還把這種人事的失常與國家興衰聯繫起來，《尚書·湯誓》：「有夏多罪，天命殛之。」《禮記·中庸》更是明確指出：「國家將興，必有禎祥；國家將亡，必有妖孽。」董仲舒把「災異天譴」被進一步系統化，舉凡自然災異的發生必與人事相聯繫，「凡災異之本，盡生於國家之失，國家之失乃始萌芽，而天出災害以譴告之；譴告之，而不知變，乃見怪異以驚駭之；驚駭之，尙不知畏恐，其殃咎乃至。以此見天意之仁而不欲陷人也」。〔註51〕因此消除災害的根本辦法不是積極的防災抗災，而是通過君主本人改進個人品性操守、實行所謂的「德」政，即「五行變至，當救之以德，施之天下，則咎除。不救以德，不出三年，天當雨石」。〔註52〕不可否認，在封建專制王朝統治下，皇帝個人的道德品性對國家建設和發展有著至關重要的作用，災異天譴學說在一定程度上可以發揮規勸最高統治者個人的效果，但災害發生的直接原因畢竟不在道德層面上，所謂的「人事」與災害發生的人爲原因兩者之間性質迥異，災異天譴說「迷惑」了中國人民多達兩千年。有學者研究認爲「災異天譴」說中肯定了人在抗災中的主觀能動性，其實並非如此，我們不妨對此略作考證。董仲舒所講「人事」的行爲執行者集中於皇帝個人，其主要職責是「知天」、「配天」，「爲人主者，予奪生殺，各當其義，若四時；列官置吏，必以其能，若五行；好仁惡戾，任德遠刑，若陰陽」。〔註53〕君主的行爲

〔註51〕蘇輿，春秋繁露義證·必仁且智〔M〕，北京：中華書局，1992 年，第 259 頁。
〔註52〕蘇輿，春秋繁露義證·五行變救〔M〕，北京：中華書局，1992 年，第 385 頁。
〔註53〕蘇輿，春秋繁露義證·天地陰陽〔M〕，北京：中華書局，1992 年，第 467～468 頁。

失誤表現爲違背陰陽五行的綱常規則，是反陰陽而爲、逆五行而動。據前引《漢書·五行志》相關文字就可看出，這些不良作爲可以概括爲三個方面：禮儀失節（田獵不宿，飲食不享，出入不節、內淫亂、犯親戚、侮父兄、簡宗廟、不禱祠、廢祭祀）、徵調失度（奪民農時、治宮室、飾臺榭、好戰攻、輕百姓、飾城郭、侵邊境）、行事失當（有姦謀、棄法律，逐功臣，殺太子，以妾爲妻、逆天時）。這三個方面能與災害的發生相聯繫的不過是「徵調失度」中的幾項內容，禮儀失節和行事失當與災害發生根本無關。而且徵調失度與災害發生也不存在直接的關係，徵調失度的直接結果是延誤農時和加重農民負擔，災害的發生原因主要是自然界運行失常，傳統農業時代人類活動對自然界的影響有限，尚不能在普遍意義上成爲災害發生的一個主要原因，人爲致災不過是破壞河堤堰壩、開荒毀林的錯誤政策等少數行爲，而「災異天遣說」中加入了萬能的「天」以後，君主無時無刻不在天的監控之下，稍有不慎就會出現天遣災異的結果。所以，災異天遣說旨在肯定君主的主觀意志與災害發生的關聯性。

第二，古人認爲誠信昭於上和恩澤及於下是並行不悖的，因此在以誠待天的同時要重視盡人事以酬天譴。第二章所敍述的「從商湯禱雨到焚巫尪」一節就是最好例證。董仲舒說：「五行變至，當救之以德。」〔註 54〕祈晴禱雨從行動到精神上都是神秘的天人感應式的，而以德救助則主要是精神上的，是爲了體現對包括救災措施在內的仁政和政治改良在天人感應的軌迹上的作用和地位。這一點在天人感應的思維方式支配著大多數人頭腦的時代，在仁政是救世良藥的時代，一直占主導地位。以德救助從長遠來看有助於改善社會政治環境，增強社會的災異救助能力，但是事到臨頭而不分輕重緩急，由於受陰陽五行學說的支配，把本與救災無直接關聯的東西當作助陰抑陽或助陽抑陰的根本措施，不僅對災異救助是不利的，而且妨礙科學救助思想的發展。以德救助的措施在歷史上是常見的，前文所舉甚多。官員也有祈晴禱雨的責任和義務。《後漢書·禮儀志》載：「自立春至立夏盡立秋，郡國上雨澤。若少，（府）郡縣各掃除社稷；其旱也，公卿官長以次行雩禮以求雨。」〔註 55〕許多官員遇到災害能主動祈禱，正所謂「爲守爲令，能以民事介心，必自知以時祈禱，不待上命」〔註 56〕。《後漢

〔註 54〕蘇輿，春秋繁露義證·五行變救〔M〕，北京：中華書局，1992 年，第 385 頁。

〔註 55〕范曄，後漢書·禮儀志〔M〕，北京：中華書局，1972 年，第 3117 頁。

〔註 56〕洪邁，容齋隨筆·四筆·水旱祈禱〔M〕，北京：中華書局，2005 年，第 667 頁。

書‧公沙穆傳》載：弘農縣有螟蟲蛀食莊稼，百姓惶懼。公沙穆設壇謝罪，請以身禱雨。於是暴雨，而且天晴後螟蟲自銷，百姓稱曰神明。同書《戴封傳》載：戴封任西華縣令時，遇到大旱，禱請無效而積薪自焚。火起而大雨暴至，於是遠近歎服〔註57〕。

第三，在禱告天地山川神靈之外，還以徙市蓋井等非理性手段來協調陰陽。鄒衍陰陽五行說形成後，陰陽是古人劃分自然和人事的二分法準則，比如日爲陽，月爲陰；天爲陽，地爲陰；南爲陽，北爲陰；君爲陽，臣爲陰；夫爲陽，妻爲陰等。因而在陰陽五行災異觀的支配下產生了以人力助陰陽的災異救助辦法。《春秋繁露‧同類相動》說：「天有陰陽，人亦有陰陽。天地之陰氣起，而人之陰氣應之而起，人之陰氣起，而天地之陰氣亦應之而起，其道一也。明於此者，欲致雨則動陰以起陰，欲止雨則動陽以起陽。」徙市蓋井等便是動陰動陽之法。《春秋繁露‧求雨》篇說：春旱求雨，「令民闔邑里南門，置水其外。開里北門」；季夏求雨，「令縣邑十日壹徙市，於邑南門之外。五日禁男子無得行人市」。《春秋繁露‧止雨》篇說：「雨太多，令縣邑以土日，塞水瀆，絕道，蓋井，禁婦人不得行人市」，「市無詣，井蓋之，勿令泄」，「凡止雨之大體，女子欲其藏而匿也，丈夫欲其和而樂也」。這些辦法不是董仲舒的發明，近人蘇輿在《春秋繁露義證》之《求雨》的題注中說：「《漢書‧藝文志》雜佔有《請雨止雨》二十六卷，未知何人所撰。《藝文類聚》一百、《御覽》三十五並引《神農求雨書》，是其來久矣。」求雨的絕市蓋井、禁婦人出行，同求雨的闔南門、開北門，禁男子出行一樣，都是典型的以模擬巫術爲理論基礎的陰陽五行災異觀支配下的非理性舉措。

漢代還有許多在今天看來是十分荒唐的舉措。首先，是因災異下罪己詔。漢代第一位下詔自責的帝王是漢文帝。據《漢書‧文帝紀》所載，在文帝前元二年十一月、十二月分別發生日食之後，文帝因而下詔曰：

> 朕聞之，天生民，爲之置君以養治之。人主不德，布政不均，則天示之災以戒不治。乃十一月晦，日有食之，適見於天，災孰大焉！朕獲保宗廟，以微眇之身託於士民君王之上，天下治亂，在予一人，唯二三執政猶吾股肱也。朕下不能治育群生，上以累三光之明，其不德大矣。

有學者統計，兩漢君主在災害發生後所下的自遣詔總計有 30 次，西漢 16 次，

〔註57〕范曄，後漢書‧公沙穆傳〔M〕，北京：中華書局，1972 年，第 2731 頁。

東漢 14 次。〔註58〕其次，是因災而罷免宰相（三公）。漢代丞相的職責是「掌丞天子，助理萬機」，〔註59〕其具體事務就是「上佐天子理陰陽，順四時，下育萬物之宜」。〔註60〕可知宰相的首要職責就是輔佐天子「理陰陽」和「順四時」。所以，一旦發生災異，自然就要問責宰相。漢代因災異而罷免宰相幾成制度，特別是漢成帝是的丞相翟方進成為因災異而自殺的第一人。〔註61〕其他因災異而行大赦、減膳去樂、避正殿的例子更是舉不勝舉，甚至還有「出宮人」之舉。〔註62〕

從商湯禱雨到焚巫尪，再到漢代的罪己詔、責臣（罷免宰相）、行大赦、出宮人的這些非理性舉措來看，他們都是一脈相承的，雖其歷史進步的痕迹歷歷可尋，即由殘酷的焚人到罪人，這無疑是人類的一大進步。但是，這些舉措畢竟是非理性的，對於災異的有效救助是沒有一點作用的。

（三）陰陽五行災異觀的影響

產生於戰國時期的陰陽五行的災異觀對後代影響深遠，歷代正史中或有《天文志》、《五行志》，地方志中也有《祥異志》、《災祥志》、《災異志》，政書中也有《災祥略》、《物異考》等等，均以災異天譴解釋災異及其救助。以此為指導，傳統災異觀在災異成因的解釋上陷入了唯心主義的泥潭而不可自拔，消極弭災論長期成為社會主流觀念，災害發生後政府不是動員社會各種力量積極防災救荒，而是耗費民力民財祈禱禳災。《左傳·桓公五年》載：「凡祀，啓蟄而郊，龍見而雩，始殺而嘗，閉蟄而烝。」〔註63〕《左傳·莊公二十五年》載：「秋，大水。鼓，用牲於社、於門，亦非常也。凡天災，有幣無

〔註58〕陳業新，災害與兩漢社會研究〔M〕，上海：上海人民出版社，2004 年 4 月，第 198 頁。葉秋菊在《漢代的災異祥瑞詔書》一文中統計兩漢災異詔書有 85 次之多（〔J〕史學月刊，2010 年 5 期。筆者按：葉陳二人可能統計標準不同，所以數據差異很大，但是漢代的災異詔書的大量存在是不爭的事實。

〔註59〕班固，漢書·百官公卿表〔M〕，北京：中華書局，1962 年，第 724 頁。

〔註60〕司馬邊，史記·陳丞相世家〔M〕，長沙：嶽麓書社，2008 年，第 364 頁。

〔註61〕班固，漢書·翟方進傳〔M〕，北京：中華書局，筆者按：今人論述見黃一農：漢成帝與丞相翟方進死亡之謎〔M〕，社會天文學十講，上海：復旦大學出版社，2004 年，第 2～21 頁。

〔註62〕李長輝，天人感應思想與漢代出宮人制度〔J〕，咸陽師範學院學報，2010 年 3 期。

〔註63〕楊伯俊，春秋左氏傳·桓公五年〔M〕，北京：中華書局，1990 年，第 106～107 頁。

牲。非日月之眚，不鼓。」〔註64〕春秋戰國如此，秦漢魏晉如此，隋唐宋元如此，明清如此，時入 20 世紀的民國時期也如此，〔註65〕直到現在祈求上天消災的觀念在部分人群的思想中依然根深蒂固的存在著。

這種天災與人事之間的關聯性與現代災害學中關於災害發生的人為原因之間有著本質的差別，前者是一種牽強附會式的解說，人事與災害之間並沒有直接的作用關係，後者則是人為的力量直接對自然災害的發生產生作用。傳統時代對災害成因的認識可謂功過參半，錯誤的根源不在於災異天降，而在於對災異天遣的荒謬解讀和對攘除災異的滑稽幻想。

對於歷史上佔據主導地位的陰陽五行災異觀，當時一些進步的思想家已經批判了災異天降的偏頗觀點。春秋時魯國僖公二十一年（公元前 638 年）夏大旱，魯公想燒死巫師以求雨，臧文仲對此予以嚴厲批評：「非旱備也。修城郭，貶食、省用，務穡、勸分，此其務也。巫尫何為？天欲殺之，則如勿生，若能為旱，焚之滋甚。公從之。是歲也饑而不害」。〔註66〕戰國時的思想家荀子提出天人分別，各自互不干涉，「天行有常，不為堯存，不為桀亡」，明確否定了祈禱祭天的救災功能，「雩而雨，何也？曰：無何也，猶不雩而雨也。日月食而救之，天旱而雩，卜筮然後決大事，非以為得不離，以文之也。故君子以為文，而百姓以為神。以為文則吉，以為神則凶也」。〔註67〕唐代柳宗元對災異天譴也持否定態度，認為「生殖與災荒，皆天也；法制與悖亂，皆人也」。〔註68〕實際上，理性思想和非理性思想就如同鄒衍所說的「陰陽消息」一樣，在歷史發展的過程中是同時並存，而且是互相消長的。並非隨著理性的發展，非理性的東西，特別是非理性的思想就消失了。

四、小結

影響人的非理性因素主要有：情感、直覺、意志和信仰。人是理性與非理性的統一體。在屬人的世界中，不存在純粹的理性與非理性，兩者相互作

〔註64〕楊伯俊，春秋左氏傳‧莊公二十五年〔M〕，北京：中華書局，1990 年，第232 頁。
〔註65〕竺可楨，論祈雨屠與旱災〔J〕東方雜誌，1926 年 12 月。
〔註66〕楊伯俊，春秋左氏傳〔M〕，北京：中華書局，1990 年，第290～291 頁。
〔註67〕梁啓雄，荀子簡釋〔M〕，北京：中華書局，2009 年，第 228 頁。
〔註68〕柳宗元，答劉禹錫天論書，柳宗元哲學著作注釋〔M〕，南寧：廣西人民出版社，1985 年，第 297 頁。

用、相互交融、相互依存、彼此消長、不可分離。巫術即是以巫師主持，由眾人參與的一項社會活動，在此項活動中，非理性因素影響巨大且深遠。

　　災異救助中積極措施和巫術同時並舉，但所起作用不同，特別是隨著時代的發展，巫術儀式的作用主要變成了一種政治行為，起到了穩定社會心理的作用。把人事比附於自然，這是模擬巫術得以生存的根本，由於自然規律是人類無法左右的，那麼與自然規律一樣的人事亦是無法左右的，故「天垂象，聖人則之」，效法天地成為不二法門，天之災異亦成為譴告人間政事的一種有效表象。此種理論在初期可能是偶然的，或是人為的，但後來（特別是兩漢及其以後），雖然人們已經知道二者並無必然聯繫，但仍尊之若聖經：一是能夠規諫君之過失；二是君以之規範臣道、安定民心，所以後來的「天人感應」由早期的重於自然變為重於人事，變自然為人事所用，為其統治尋出一條永恆的規律來。

　　陰陽與四時關係最為密切，即陰陽消長變化是隨一年四季的變化而變化的，這是自然規律，若把這種規律用之於政治，則使政治神秘化、神聖化、合法化，自天子至庶人則不得不接受它。這恐怕是創制「天人感應」原理的秘密所在，即所謂「挾天道以副人事」也。董仲舒根據天人感應的神學目的論來分析，認為災異是天對君主的警告或譴責，因此君主要善於通過災異來自我反省，檢查政治措施上的失誤，這就是《春秋》貴微重始之意。按照同一道理，要是王者治理有方，政治修明，同樣也會感動上天，天就會降祥瑞以示嘉獎。

　　由天人感應發展而來的「災異天譴」思想雖與人類發展的理性相違背，但這種借助自然法則，規勸君主端正其行為，使淫侈者在一定程度上回歸「仁義節儉」，同時對災後穩定社會心理都起到一定的積極意義，而且在古生態學和環境保護學方面也都有其理論價值和實踐價值。

　　但是必須指出，以鄒衍為代表的一派陰陽家們在繼承了豐富的傳統天文知識的同時，也繼承了古代巫術的原理，且保留了許多巫術活動的記錄，即所謂的「機祥度制」。從鄒衍的「王居明堂禮」到《呂氏春秋》的「十二紀」以及《淮南子》的《時則訓》，用來促進陰陽正常消息來實現天人合一的主要手段，都還是根據交感巫術的模擬原理。從常識來看，不管是穿同樣顏色的衣服、打相同顏色的旗幟、使用具有象徵意義的器具，還是舉行性質相類似的政令，甚或是依照陰陽更替、五行生剋的原理所進行的巫術化儀式（參看前文「雩祭與作土龍」一節），從根本上來說都無助於其願望的實現。其中的一些偶然巧合，也是

「億則屢中」。所以，總的來說，鄒衍的陰陽五行災異說理論和它所出自的巫術原理一樣，歸根結底是錯誤的和虛妄的。它與科學之間的距離比宗教與科學的距離還要遙遠，完全不是什麼至今還需要倍加珍愛的「國粹」。

第五章　結　語

　　本書從對「災異」概念的界定入手，在把自然災害和日食等異常天象同時列入研究範圍，全面系統地論述應對「災異」方式中的非理性因素是本書的特色之一。即從模擬巫術和陰陽五行思想角度系統研究先秦時期應對災異救助方式背後的深層原因是本書的創新之處。

　　在對近一百年來災害史研究的學術史回顧和總結的基礎上，本書第二部分主要通過對大禹治水與禹步、商湯禱雨與焚巫尪和雩祭與做土龍的分析，討論在模擬巫術和陰陽五行思想指導下應對水旱災害救助方式的儀式化過程，說明非理性因素對災異救助方式的影響。禹步巫術的確與大禹及其所從事的中國上古時期的救災（主要是抗洪）活動有緊密聯繫，但事實卻並不是因為大禹身為巫師，自創法術那麼簡單。相反，我們認為這則巫術乃是建立在大禹其人其事在漫長歷史過程中逐漸被神化的基礎之上。湯禱於桑林之舉，一方面說明了早期君主的政權與神權的合一，同時也樹立了君主關心民眾疾苦的光輝形象，加強了政府的凝聚力。另外，聚集大眾舉行的儀式，也可以激發各階層同心同德的熱情。春秋時期，上古社會的政治傳統已有不小損益。一方面，當自然災害發生的時候，統治者往往不再像往昔的賢君一樣返躬內省，而是從外部尋找原因。實在不得已的時候，他們就會尋找那些據說能夠功能通天或者能夠引起上天眷顧的弱勢群體作為祈禱時的犧牲。另一方面，祈禱儀式在一定程度上得到改造，商湯時期的「翦其髮，磨其手，以身為犧牲」，逐漸流變為暴曬。到了漢代則演變成因災異而皇帝發「罪己詔」和責臣（罷免三公）。可見，一種文化現象，隨著社會的發展儘管形式和內容有了變化，但是萬變不離其宗，在這種應對災異方式背後的指導理念是歷久

不變的。雩祭與做土龍更是典型的陰陽五行觀念支配下的模擬巫術的運用。

第三部分以伐鼓於社救日爲主，結合先秦文獻中對地震、蟲災、火災和疾疫等災異救助方式的相關記載分析，探討非理性因素——模擬巫術和陰陽五行思想在災異救助方式中的非理性行爲既有消極作用，又有較爲積極的影響，即穩定統治者的統治，特別是對於維護社會心理的穩定作用。看似有規律，實際上變化多端之日月星辰的運行，風雨雷電的發作使得古人很難預測，所以感到疑惑、敬畏甚至感激，複雜心情難以表達，正如《左傳》所說的「山川之神，則水旱癘疫之災，於是乎禜之。日月星辰之神，則雪霜風雨之不時，於是乎禜之」。我們目前看到有關災異的最早文字是殷商時期的甲骨文，這些卜辭文獻雖然是向神靈徵求忠告的貞問文辭，有關天文的知識只偶爾間接的有所反映，所以對於商人的天文知識，大多只有模糊的概念，但它畢竟是殷商時代對災異狀況的較早記錄。到了春秋時期，這種記載的文獻就更多了，如日食、蟲災、地震、火災、疾疫等自然現象，以及災害和疾病等等，在《春秋》、《左傳》和《國語》等典籍中有大量的記載。當時人們在應對日食、蟲災、地震、火災、疾疫以及其它一些災異的過程中，巫術式的非理性因素在其中起著重要作用，有時甚至處於主導地位。這與當時的思想觀念是密切相關的，古人認爲「天反時爲災，地反物爲妖，民反德爲亂。亂則妖災生」。這種非理性因素代表那個時代的一種文化心理，我們必須設身處地以原始的心境來體驗這種原初狀態。在學術界，非理性行爲一直以來都被看作是一種反科學的因素而受到摒棄和批評。我們認爲非理性思維的措施中既有荒唐的東西，但有時又能起到一定的積極作用，所以應當客觀對待。如文中所述，在贊地亞人看來，巫術是解釋事件的一種合理方式，並不是一種非理性的觀念。但是今天看來它是非理性的，而這些非理性畢竟是一種僞科學的，它的作用也許只停留在精神層面上，在實際生活中大多不起什麼客觀作用。非理性是在人與世界的對象性關係中產生的，是一種簡單的、直觀的思維方式，是以非邏輯思維表現出來的各種非智力意識形式的總和。從它對人類認識的作用上看，它同理性一起構成人類精神的兩翼，共同推動人類認知的發展。

第四部分是本書的重點，運用文化人類學、民族學、社會史學和歷史學的理論與方法，對在先秦應對災異救助方式中的非理性因素進行深入系統研究。實際上，在古人眼裏，異常現象也是災，所以應該把自然災害和異常現象合起來研究，故我們稱之爲「災異」。由於人是理性與非理性的統一體，而

巫術即是由巫師主持，由眾人參與的一項社會活動，在此項活動中，非理性因素影響巨大且深遠。應對災異方式中積極措施和巫術同時並舉，但所起作用不同，特別是隨著時代的發展，巫術的作用主要滲透到祭祀儀式中去，變成了一種政治行為，起到了穩定社會心理的作用。把人事比附於自然，這是模擬巫術得以生存的根本，因為自然規律是人類無法左右的，那麼與自然規律一樣的人事亦是無法左右的，故「天垂象，聖人則之」，效法天地為人們所尊崇，天之災異亦成為譴告人間政事的一種有效表象。陰陽與四時的密切關係，即陰陽消長變化是隨一年四季的變化而變化的，這是自然規律，若把這種規律用之於政治，則使政治神秘化、神聖化、合法化，自天子至庶人則不得不接受它。這恐怕是創制「天人感應」原理的秘密所在，此乃「挾天道以副人事」也。以鄒衍為代表的一派陰陽家們在繼承了豐富的傳統天文知識的同時，也繼承了古代巫術的原理，且保留了許多巫術活動的記錄，即所謂的「機祥度制」。從鄒衍的「王居明堂禮」到《呂氏春秋》的「十二紀」以及《淮南子》的《時則訓》，用來促進陰陽正常消息來實現天人合一的主要手段，還是根據交感巫術的模擬原理。所以，總的來說，鄒衍的陰陽五行災異觀和它所出自的巫術原理一樣，歸根結底是錯誤的和虛妄的。所以近年來，從環境史學角度研究中國古代的災害救助的過程中，把古代一些救災、防災的措施所帶來的客觀效果，說成是古人已有的科學思想，因而在研究人與自然的關係方面，有著誤讀歷史、曲解古人的現象，有的甚至有意無意的拔高古人。究其原因，是在災害史研究中，學者多注意了其中理性的措施和因素，而忽視了其非理性因素的作用。

　　正如恩格斯所說：「歷史是這樣創造的：最終的結果總是從許多單個的意志的相互衝突中產生出來的，而其中每一個意志，又是由於許多特殊的生活條件，才成為它所成為的那樣。這樣就有無數互相交錯的力量，有無數個力的平行四邊形，而由此就產生出一個合的結果，即歷史結果，而這個結果又可以看作一個作為整體的、不自覺地和不自主地起著作用的力量的產物。因為任何一個人的願望都會受到任何另一個人的妨礙，而最後出現的結果就是誰都沒有希望過的事物。所以到目前為止的歷史現象總是像一種自然過程一樣地進行，而且實質上也是服從於同一運動規律的。但是，各個人的意志——其中的每一個都希望得到他的體質和外部的、歸根到底是經濟的情況（或是他個人的，或是一般社會性的）使他嚮往的東西——雖然都達不到自己的

願望，而是融合爲一個總的平均數，一個總的合力，然而從這一事實中決不應作出結論說，這些意志等於零。相反地，每個意志都對合力有所貢獻，因而是包括在這個合力裏面的。」〔註 1〕先秦時期應對災異方式中的非理性因素，就是中國歷史發展中由「無數相互交錯的力量」構成的「總的合力」中的一種。

　　總之，非理性因素在災異救助方式中的作用和影響不容忽視，這種與人類發展的理性相違背，由陰陽五行災異觀發展而來的「災異天遣」思想指導下之應對災異的諸方式，儘管是借助自然法則，規勸君主端正其行爲，使淫侈者在一定程度上回歸「仁義節儉」，同時對災後穩定社會心理也起到了一定的積極意義，而且在古生態學和環境保護學方面也都有其理論價值和實踐價值。但是，並不能把它估計得過高，只有這樣才能客觀地把握先秦時期的災異救助方式，才能更加透徹地理解自秦漢直到現代社會災異救助方式中非理性措施存在的原因，從而也才能從根源上消除迷信，倡導科學。我們對待傳統文化的態度應該是揚棄，是去粗取精，去僞存眞。既不能全盤否定，更不能拔得過高。

〔註 1〕 恩格斯，致約·布洛赫，馬克思恩格斯選集第 4 卷〔M〕，北京：人民出版社，2001 年，第 697 頁。

參考文獻

一、古代典籍

B

1. 班固，漢書〔M〕，北京：中華書局，1962 年。

C

1. 陳鼓應，老子注釋及評價〔M〕，北京：中華書局，2009 年。
2. 陳鼓應，莊子今注今譯〔M〕，北京：中華書局，2009 年。
3. 陳立，白虎通疏證〔M〕，北京：中華書局，1994 年。
4. 陳奇猷，呂氏春秋新校釋〔M〕，上海：上海古籍出版社，2002 年。

D

1. 段玉裁，說文解字注〔M〕，上海：上海古籍出版社，1988 年。

F

1. 范曄，後漢書〔M〕，北京：中華書局，1965 年。

G

1. 高亨，詩經今注〔M〕，上海：上海古籍出版社，1980 年。
2. 郭慶藩，莊子集解〔M〕，北京：中華書局，1961 年。

H

1. 黃懷信、張懋鎔、田旭東，逸周書彙校集注〔M〕，上海：上海古籍出版社，2007 年。

L

1. 梁啓雄，韓非子淺解〔M〕，北京：中華書局，2009 年。
2. 梁啓雄，荀子簡釋〔M〕，北京：中華書局，2009 年。
3. 黎翔鳳，管子校注〔M〕，北京：中華書局，2004 年。
4. 劉文典，淮南鴻烈集解〔M〕，北京：中華書局，1989 年。
5. 劉文淇，春秋左傳舊注疏證〔M〕，北京：科學出版社，1959 年。

M

1. 馬瑞辰，毛詩傳箋通釋〔M〕，北京：中華書局，1989 年。
2. 繆文遠，戰國策新校注〔M〕（修訂本），成都：巴蜀書社，1998 年。

Q

1. 秦嘉謨等輯，世本八種〔M〕，北京：中華書局，2008 年。

R

1. 阮元，十三經注疏〔M〕，北京：中華書局，1980 年。

S

1. 司馬遷，史記〔M〕，北京：中華書局，1982 年。
2. 蘇輿，春秋繁露義證〔M〕，北京：中華書局，1992 年。
3. 孫希旦，禮記集解〔M〕，北京：中華書局，1989 年。
4. 孫星衍，尚書今古文注疏〔M〕，北京：中華書局，2004 年。
5. 孫詒讓，周禮正義〔M〕，北京：中華書局，1987 年。
6. 孫詒讓，墨子閒詁〔M〕，北京：中華書局，2001 年。

W

1. 王利器，鹽鐵論校注〔M〕，北京：中華書局，1992 年。
2. 王聘珍，大戴禮記解詁〔M〕，北京：中華書局，1983 年。

3. 王先謙，韓非子集解〔M〕，北京：中華書局，1998 年。

4. 王先謙，荀子集解〔M〕，北京：中華書局，1988 年。

X

1. 徐元誥，國語集解〔M〕，北京：中華書局，2002 年。

Y

1. 袁柯，山海經校注〔M〕，成都：巴蜀書社，1980 年。

2. 楊天宇，儀禮譯注〔M〕，上海：上海古籍出版社，2004 年。

3. 楊伯峻，孟子譯注〔M〕，北京：中華書局，2005 年。

4. 楊伯峻，論語譯注〔M〕，北京：中華書局，1980 年。

5. 楊伯峻，春秋左傳注〔M〕，北京：中華書局，1990 年。

Z

1. 周秉鈞，尚書易解〔M〕，長沙：嶽麓書社，1984 年。

二、出土文獻

G

1. 郭沫若主編，胡厚宣總輯，甲骨文合集〔M〕，北京：中華書局，1978～1983 年。

H

1. 胡厚宣主編，甲骨文合集釋文〔M〕，北京：中國社會科學出版社，1999 年。

L

1. 劉雨、盧岩，近出殷周金文集錄〔M〕，北京：中華書局，2002 年。

Y

1. 姚孝遂、蕭丁，小屯南地甲骨考釋〔M〕，北京：中華書局，1985 年。

Z

1. 鐘柏生、陳昭容、黃銘崇、袁國華編，新收殷周青銅器銘文暨器影滙編〔M〕，臺北：藝文印書館，2006 年。

2. 中國社會科學院考古研究所，小屯南地甲骨〔M〕，北京：中華書局，1980 年。

3. 中國社會科學院考古研究所，殷周金文集成（修訂增補本）〔M〕，北京：中華書局，2007 年。

三、著作

A

1. （英）愛德華·泰勒，原始文化〔M〕，上海：上海文藝出版社，1992 年。

2. （美）艾蘭、汪濤、范毓周，中國古代思維模式與陰陽五行説探源〔M〕，南京：江蘇古籍出版社，1998 年。

3. （英）埃文斯·普理查德，原始宗教理論〔M〕，北京：商務印書館，2001 年。

4. 安德明，天人之際的非常對話〔M〕，北京：中國社會科學出版社，2003 年。

B

1. 卜風賢，農業災荒論〔M〕，北京：中國農業出版社，2006 年。

2. 卜風賢，周秦漢晉時期農業災害和農業減災方略研究〔M〕，北京：中國社會科學出版社，2006 年。

3. 北京天文臺主編，中國古代天象記錄總集〔M〕，南京：江蘇科技出版社，1988 年。

4. （波）布朗諾斯基，巫術、科學與文明〔M〕，上海：科學普及出版社，1991 年。

5. （法）布雷斯特，文明的征程〔M〕，西安：陝西師範大學出版社，2007 年。

C

1. 常金倉，窮變通久——文化史學的理論與實踐〔M〕，瀋陽：遼寧人民出版社，1998 年。

2. 常金倉，二十世紀古史研究反思錄〔M〕，北京：中國社會科學出版社，2005 年。

3. 常玉芝，商代周祭制度〔M〕，北京：中國社會科學出版社，1987 年。

4. 常玉芝，殷商曆法研究〔M〕，長春：吉林文史出版社，1998 年。

5. 陳高傭，中國歷代天災人禍表〔M〕，上海：上海書店據暨南大學 1939 年版影印，1986 年版。

6. 陳業新，災害與兩漢社會研究〔M〕，上海：上海人民出版社，2004 年。

7. 陳遵嬀，中國天文學史〔M〕，上海：上海人民出版社，1982 年。

D

1. 鄧紅，董仲舒的春秋公羊學〔M〕，北京：中國工人出版社，2001 年。

2. 鄧拓，中國救荒史〔M〕，北京：北京出版社，1998 年。

3. 丁世良、趙放，中國地方志民俗資料彙編〔M〕，北京：北京書目文獻出版社，1995 年。

4. 段偉，禳祭與減災：秦漢社會自然災害應對制度的形成〔M〕，上海：復旦大學出版社，2008 年。

F

1. 范寶俊，中國自然災害與災害管理學〔M〕，哈爾濱：黑龍江教育出版社，1998 年。

2. 范寶俊主編，中國自然災害史與救災史〔M〕，北京：當代中國出版社，1999 年。

3. 馮柳堂，中國歷代民食政策史〔M〕，北京：商務印書館，1998 年。

4. 馮佩芝等，中國主要氣象災害分析〔M〕，北京：北京氣象出版社，1985 年。

5. 馮時，中國古代的天文與人文〔M〕，北京：中國社會科學出版社，2006 年。

6. 復旦大學歷史地理研究中心主編，自然災害與中國社會歷史結構〔M〕，上海：復旦大學出版社，2001 年。

7.（美）弗朗茲・博厄斯，原始人的心智〔M〕，北京：國際文化出版公司，1989 年。

8.（英）弗雷澤，金枝〔M〕，徐育新，張澤石，汪培基譯，北京：大眾文藝出版社，1998 年。

9. 傅斯年主編，歷史語言研究所集刊〔M〕，臺北：中央研究院歷史語言研究所，1950 年～1997 年。

10. 傅築夫，中國經濟史資料〔M〕，北京：中國社科出版社，1982 年。

G

1. 高國藩，中國巫術史〔M〕，上海：三聯書店，1999 年。

2. 高建國，中國減災史話〔M〕，鄭州：大象出版社，1999 年。

3. 高慶華等，中國自然災害史（總論）〔M〕，北京：地震出版社，1997 年。

4. 高文學，中國自然災害史〔M〕，北京：地震出版社，1997 年。

5. （法）格拉耐著，張銘遠譯，中國古代的祭祀與歌謠〔M〕，上海：上海文藝出版社，1989 年。

6. （蘇）格里戈連科，形形色色的巫術〔M〕，上海：上海人民出版社，1992 年。

7. 龔高法、張丕遠，歷史時期氣候變化研究方法〔M〕，北京：科學出版社，1983 年。

8. 龔鵬程，文化符號學〔M〕，臺北：臺灣學生書局印行，2000 年。

9. 顧功敘，中國地震目錄〔M〕，北京：科學出版社，1983 年。

10. 顧頡剛，古史辨〔M〕（第 5 冊）年。上海：上海古籍出版社，1982 年。

11. 顧頡剛，秦漢的方士與儒生〔M〕，上海：上海古籍出版社，1998 年。

12. 國家防汛抗旱指揮辦公室等，中國水旱災害〔M〕，北京：中國水利水電出版社，1997 年。

H

1. 郝治清，中國古代災害史研究〔M〕，北京：中國社會科學出版社，2007 年。

2. 何星亮，中國自然神與自然崇拜〔M〕，上海：上海三聯書店，1992 年。

3. 何穎，非理性及其價值研究〔M〕，北京：中國社會科學出版社，2003 年。

4. 胡鞍鋼、陸中臣等著，中國自然災害與經濟發展〔M〕，武漢：湖北科學技術出版社，1997 年。

5. 胡明思、駱承政主編，中國歷史大洪水〔M〕，北京：中國書店出版社，1988 年。

6. 胡文輝，中國早期方術與文獻叢考〔M〕，廣州：中山大學出版社，2000 年 11 月。

7. 胡新生，中國古代巫術〔M〕，濟南：山東人民出版社，1998 年。

8. 黃潮恩，人類與自然災害〔M〕，臺北：幼獅文化事業公司，1992 年。

9. 黃文山主編，民族學研究集刊〔M〕，北京：國家圖書館出版社，1957 年～1992 年。

10. 黃肇基，漢代公羊學災異理論研究〔M〕，臺北：文津出版社有限公司，1998 年。

J

1. （英）基思・托馬斯著，巫術的興衰〔M〕，芮傳明譯，上海：上海人民出版社，1992 年。

2. （日）吉野裕子著，陰陽五行與日本民俗〔M〕，雷澤民等譯，上海：學林出版社，1989 年。

3. 簡濤，立春風俗考〔M〕，上海：上海文藝出版社，1998 年。

4. （日）江直廣治著，中國民俗文化〔M〕，王建朗等譯，上海：上海古籍出版社，1991 年。

5. 江立華，中國流民史・古代卷〔M〕，合肥：安徽人民出版社，2001 年。

6. 江曉原，天學真原〔M〕，瀋陽：遼寧教育出版社，1991 年。

7. 江曉原，鈕衛星，中國天學史〔M〕，上海：上海人民出版社，2005 年。

8. 江紹原，髮鬚爪〔M〕，北京：中華書局，2007 年。

9. 金澤，中國民間信仰〔M〕，杭州：浙江教育出版社，1995 年。

10. （日）井上聰，先秦陰陽五行〔M〕，武漢：湖北教育出版社，1997 年。

11. 軍事科學戰略部等編，先秦軍事研究〔M〕，北京：金盾出版社，1990 年。

K

1. （美）庫恩，科學革命的結構〔M〕，北京：北京大學出版社，2003 年。

2. 鄺芷人，陰陽五行及其體系〔M〕，北京：文津出版社，1992 年。

3. （英）克里斯蒂納・拉娜著，巫術與宗教，公眾信仰的政治學〔M〕，劉靖華、周曉慧譯，北京：今日中國出版社，1992 年。

L

1. （英）雷蒙德・弗思，人文類型〔M〕，北京：商務印書館，1991 年。

2. 李安宅編譯，巫術與語言〔M〕，上海：上海文藝出版社，1988 年。

3. 李本公，救災救濟〔M〕，北京：中國社會出版社，1996 年。

4. 李鄂榮、姚清林，中國地質地震災害〔M〕，長沙：湖南人民出版社，1998 年。

5. 李漢三，先秦兩漢子陰陽五行學說〔M〕，臺灣：維新書局，1968 年。

6. 李劍農，中國古代經濟史稿〔M〕，武漢：武漢大學出版社，1991 年。

7. 李零，中國方術正考〔M〕，北京：中華書局，2006年。

8. 李零，中國方術續考〔M〕，北京：中華書局，2006年。

9. 李威熊，董仲舒與西漢學術〔M〕，臺灣：文史哲出版社，1978年。

10. 李文海、夏明方主編，中國荒政全書〔M〕第一輯，北京：北京古籍出版社，2003年。

11. 李向軍，中國救災史〔M〕，廣州：廣東人民出版社，北京：華夏出版社，1996年。

12. 李緒鑒，民間禁忌與惰性心理〔M〕，臺北：博遠出版有限公司，1990年。

13. 李澤厚，中國古代思想史論〔M〕，北京：讀書·生活·新知·三聯出版社，2008年。

14. 梁釗韜，中國古代巫術〔M〕，廣州：中山大學出版社，1999年。

15. 廖皓磊、魯業生、傅明華，災害醫學〔M〕，長沙：湖南人民出版社，1998年。

16. （法）列維·布留爾，原始思維〔M〕，北京：商務印書館，1981年。

17. （法）列維·斯特勞斯，結構人類學，巫術、宗教、藝術、神話〔M〕，北京：中國人民大學出版社，2006年。

18. 林富士，漢代的巫者〔M〕，臺北：稻鄉出版社，1988年。

19. 林在勇，怪異：神乎其神的智慧〔M〕，臺北：國際村文庫書店，1993年。

20. 靈山，政權興亡五行說〔M〕，香港：明窗出版社，1993年版（此書在國圖特藏子庫，12層中，終未見）。

21. 劉波、姚清林、盧振恒、馬宗晉著，災害管理學〔M〕，長沙：湖南人民出版，1998年。

22. 劉翠溶等，積漸所至：中國環境史論文集〔M〕，臺北：中央研究院經濟研究所，1995年。

23. 劉國民，董仲舒的經學詮釋及天的哲學〔M〕，北京：中國社會科學出版社，2007年。

24. 劉繼剛，中國災害通史（先秦卷）〔M〕鄭州：鄭州大學出版社，2008年。

25. 劉久生，循環不息的夢魘——陰陽五行觀念與歷史文化效應〔M〕，北京：國際文化出版公司，1989年。

26. 劉信芳，簡帛五行解詁〔M〕，臺灣：藝文印書館股份有限公司，2000年。

27. 劉仰東，夏明方百年中國史話——災荒史話〔M〕，北京：社會科學文獻

出版社，2000 年。

28. 劉昭民，中國歷史上氣候之變遷〔M〕，臺北：臺灣商務印書館，1982
年。

29. 劉志雄、楊靜榮，龍與中國文化〔M〕，北京：人民出版社，1992 年。

30. 羅祖法，災害科學〔M〕，杭州：浙江教育出版社，1998 年。

31. 駱承政，中國歷史大洪水調查資料彙編〔M〕，北京：中國書店出版，2006
年。

M

1. （英）馬林諾夫斯基，巫術科學宗教與神話〔M〕，北京：中國民間文藝
出版社，1986 年。

2. （英）馬林諾夫斯基，西太平洋上的航海者〔M〕，北京：華夏出版社，
2001 年。

3. （英）馬林諾夫斯基，文化論〔M〕，北京：華夏出版社，2001 年。

4. （法）馬賽爾·莫斯，論饋贈〔M〕，北京：中央民族大學出版社，2002
年。

5. （法）馬賽爾·莫斯，社會學與人類學〔M〕，佘碧平譯，上海：上海譯
文出版社，2003 年。

6. 馬宗晉等，中國減災重大問題研究〔M〕，北京：地震出版社，1992 年。

7. 馬宗晉，張業成等，災害學導論〔M〕，長沙：湖南人民出版社，1997
年。

8. 孟昭華編著，中國災荒史記〔M〕，北京：中國社會出版社，1999 年。

9. 孟韶華、彭傳榮編，中國災荒辭典〔M〕，哈爾濱：黑龍江科學技術出版
社，1989 年。

10. 牟委行，中國五千年氣候變遷的再考證〔M〕，北京：氣象出版社，1996
年。

P

1. 潘光旦，民族特性與民族衛生〔M〕，北京：商務印書館，1937 年。

2. 龐樸，帛書五行篇研究〔M〕，濟南：齊魯書社，1980 年。

3. 龐樸，竹帛〈五行〉篇校注及研究〔M〕，臺北：萬卷樓圖書有限公司，
2000 年。

Q

1. 錢茀，儺俗史〔M〕，南寧：廣西民族出版社，上海：上海文藝出版社，2000 年。
2. 邱國珍三千年天災〔M〕，南昌：江西高校出版社，1998 年。
3. 曲六藝、錢茀，中國儺文化通論〔M〕，臺北：臺灣學生書局印行，2003 年。

R

1.（法）讓──賽爾韋耶，巫術〔M〕，北京：商務印書館，1998 年。

S

1. 申曙光，災害生態經濟研究〔M〕，長沙：湖南教育出版社，1992 年。
2. 睡虎地秦墓竹簡編寫組，睡虎地秦墓竹簡〔M〕，北京：文物出版社，1990 年。
3. 宋兆麟，巫與巫術〔M〕，成都：四川民族出版社，1989 年。
4. 宋兆麟，生育神與性巫術研究〔M〕，北京：北京文物出版社，1990 年。
5. 宋兆麟，巫術──人與鬼神之間〔M〕，北京：學苑出版社，2001 年。
6. 宋正海等，中國古代重大自然災害和異常年表總集〔M〕，廣州，：廣東教育出版社，1992 年。
7. 宋正海等，歷史自然學的理論與實踐──天地生人綜合研究論文集〔C〕，北京：學苑出版社，1994 年。
8. 宋正海等，中國古代自然災異群發期〔M〕，合肥：安徽教育出版社，2002 年。
9. 孫廣德，先秦兩漢陰陽五行說的政治思想〔M〕，臺北：商務印書館，1993 年。
10. 孫開泰，鄒衍與陰陽五行研究〔M〕，濟南：山東人民出版社，2005 年。
11. 孫紹聘，中國救災制度研究〔M〕，北京：商務印書館，2004 年。

T

1. 湯卓煒，環境考古學〔M〕，北京：科學出版社，2004 年。

W

1. 王邨，中原地區歷史旱澇氣候研究與預測〔M〕，北京：氣象出版社，1992 年。

2. 王暉，商周文化比較研究〔M〕，北京：人民出版社 2000 年。

3. 王暉，古文字與商周史新證〔M〕，北京：中華書局 2003 年。

4. 王龍章，中國歷代災況與賑濟政策〔M〕，上海：上海獨立出版社，1942 年。

5. 王夢鷗，鄒衍遺說考〔M〕，臺北：臺灣商務印書館，1966 年。

6. 王銘銘、潘忠黨主編，象徵與社會——中國民間文化的探討〔M〕，天津：天津人民出版社，1997 年。

7. 王玉法，中華五千年生態文化〔M〕，武漢：華中師大出版社，1999 年。

8. 王振復，巫術——《周易》的文化智慧〔M〕，南京：江蘇古籍出版社，1990 年。

9. 王子平著，災害社會學〔M〕，長沙：湖南人民出版社，1998 年。

10.（韓）文鏞盛，中國古代社會的巫覡〔M〕，北京：華文出版社，1999 年。

11. 烏丙安，中國民間信仰〔M〕，上海：上海人民出版社，1995 年。

12. 吳寧，社會歷史中的非理性〔M〕，武漢：華中理工大學出版社，2000 年。

X

1. 席澤宗，中國科學技術史〔M〕（科學思想卷），北京：科學出版社，2001 年。

2. 向柏松，中國水崇拜〔M〕，上海：上海三聯書店，1999 年。

3. 謝松齡，天人象，陰陽五行學說史導論〔M〕，濟南：山東文藝出版社，1989 年。

4.（俄）謝·亞·托卡列夫，世界各民族歷史上的宗教〔M〕，北京：中國社會科學出版社，1985 年。

5. 謝永剛，水災害經濟學〔M〕，北京：經濟科學出版社，2003 年。

6. 謝毓壽、錄奠彪，中國地震歷史資料彙編〔M〕，北京：科學出版社，1985 年。

7. 許飛瓊著，災害統計學〔M〕，長沙：湖南人民出版社，1998 年。

8. 許進雄，中國古代社會：文字學與人類學的透視〔M〕，臺北：臺灣商務印書館股份有限公司，民國 77 年。

9. 徐復觀，兩漢思想史〔M〕（三卷）年。上海：華東師範大學出版，2001 年。

10. 徐復觀，中國思想史論集續編〔M〕，上海：上海書店出版社，2004 年。

11. 徐復觀，中國人性論史〔M〕，上海：華東師範大學出版，2005 年。

Y

1. 楊達源，閆國年，自然災害學〔M〕，北京：測繪出版社，1993 年。

2. 殷南根，五行新論〔M〕，瀋陽：遼寧教育出版社，1993 年。

3. 袁林，西北災荒史〔M〕，蘭州：甘肅人民出版社，1994 年。

4. 雍際春、張敬花等，人地關係與生態文明研究〔M〕，北京：中國社會科學出版社，2009 年。

5. （英）約翰‧福爾斯，巫術師〔M〕，上海：上海譯文出版社，2001 年。

Z

1. 臧振，蒙昧中的智慧——中國巫術〔M〕，北京：華夏出版社，1994 年。

2. 曾國安，災害保障學〔M〕，長沙：湖南人民出版社，1998 年。

3. 曾國安，中國交通災害〔M〕，長沙：湖南人民出版社，1998 年。

4. 曾振宇等，天人衡中——《春秋繁露》與中國文化〔M〕，無錫：江南大學出版社，1998 年。

5. 詹金鑫，神靈與祭祀——中國傳統宗教綜論〔M〕，南京：江蘇古籍出版社，1996 年。

6. 詹鄞鑫，心智的誤區——巫術中國巫術文化〔M〕，上海：上海教育出版社，2001 年。

7. 張波、馮風等編，中國農業自然災害史料集〔M〕，西安：陝西科學技術出版社，1994 年。

8. 張波，農業災害學〔M〕，太原：山西科學技術出版，1999 年。

9. 張浩，思維發生學〔M〕，北京：中國社會科學出版社，1994 年。

10. 張家誠、周魁一、楊華庭等，中國氣象洪澇海洋災害〔M〕，長沙：湖南人民出版，1998 年。

11. 張建民、宋儉，災害歷史學〔M〕，長沙：湖南人民出版社，1998 年。

12. 張濤、項永琴、檀晶，中國傳統救災思想研究〔M〕，北京：社會科學文獻出版社，2009 年。

13. 張義和，中國蝗災史〔M〕，合肥：安徽人民出版社，2008 年。

14. 趙輝，心旅第一驛——中國古代社會文化心態之源〔M〕，上海：東方出版社，2003 年。

15. 趙世超，瓦缶集〔M〕，北京：人民出版社，2003 年。

16. 鄭功成，中國災情論〔M〕，長沙：湖南人民出版社，1999 年。

17. 鄭功成，災害經濟學〔M〕，北京：商務印書館，2010 年。

18. 鄭均，讖緯考述〔M〕，臺北：文史哲出版社，1990 年。

19. 鄭先祐，人類生態與社會文明〔M〕，臺北：幼獅文化事業公司，1995 年。

20. 鄭振鐸，鄭振鐸文集《湯禱篇》〔M〕，上海：上海古典文學出版社，1957 年。

21. 中國社會科學院歷史研究所資料編纂組，中國歷代自然災害及歷代盛世農業政策資料〔M〕，北京：農業出版社，1988 年。

22. 中國天文學史整理研究小組編著，中國天文學史〔M〕，北京：科學出版，1981 年。

23. 周冰，巫、舞、八卦〔M〕，北京：中央編譯出版社，2008 年。

24. 朱狄，信仰時代的文明——中西文化的趨同與差異〔M〕，北京：中國青年出版社，1999 年。

25. 鄒樹文，中國昆蟲學史〔M〕，北京：科學出版社，1981 年。

四、論文

A

1. 艾紅玲、陳戍國，先秦災禮探微〔J〕，華南農業大學學報：社會科學版，2008 年 2 期。

B

1. 白奚，皺衍四時教令思想考索〔J〕，文史哲，2001 年 6 期。

2. 白奚，中國古代陰陽五行說的合流〈管子〉陰陽五行思想新探〔J〕，中國社會科學，1997 年 5 期。

3. 卜鳳賢，中國農業災害史研究綜論〔J〕，中國史研究動態，2001 年 2 期。

4. 卜鳳賢，周秦兩漢時期農業災害致災原因初探〔J〕，農業考古，2002 年 1 期。

5. 卜鳳賢，中國古代的災荒理念〔J〕，史學理論研究，2005 年 3 期。

6. 卜鳳賢、朱磊，先秦時期西北地區災荒資料研究〔J〕，北方論叢，2007 年 6 期。

C

1. 常金倉，重新認識天命與民本思想的關係〔J〕，文史哲，2000 年 1 期。

2. 晁福林，論荀子的「天人之分」說〔J〕，管子學刊，2001 年 2 期。

3. 晁天義，巫術研究的一個誤區：弗雷澤「巫術時代論」與中國的巫術研究山西大學學報〔J〕，2002 年 1 期。

4. 晁天義，「巫術時代論」影響下的中國古史研究〔J〕，求是學刊，2005 年 1 期。

5. 柴文華，儒道觀念與生態倫理斷想〔J〕，哲學研究，1990 年 1 期。

6. 陳彩琴，試論《周禮》的荒政制度〔J〕，學術月刊，1998 年 2 期。

7. 陳彩勤、朱曉紅，論先秦諸子的抗災賑濟措施〔J〕，史學月刊，2000 年 3 期。

8. 陳國光，試論西漢崇奢尚巫風俗的形成〔J〕，湖南師範大學：社會科學版，1993 年 3 期。

9. 陳其泰，兩漢部分陰陽五行說和讖緯說的演變〔J〕，孔子研究，1993 年 4 期。

10. 陳世輝，殷人疾病補考〔J〕，中華文史論叢，1963 年 4 期。

11. 陳位凝，西漢之五行與天人感應說〔J〕，新民月刊，1935 年 12 期。

12. 陳九金，陰陽五行八卦起源新說〔J〕，自然科學史研究，1986 年 2 期。

13. 程曦，漢代天地之祭與陰陽五行學說——讀《漢書・郊祀志》偶得〔J〕，史學史研究，2007 年 2 期。

14. 陳玉瓊、高建國，中國歷史上死亡——萬人以上的重大氣候災害的時間特徵〔J〕，大自然探索，1984 年 4 期。

D

1. 戴君仁，陰陽五行說究源〔J〕，大陸雜誌，1968 年 10 期。

2. 杜寶元，鄒衍研究〔J〕，四平師範學院學報：人文社會科學版，1982 年 2 期。

3. 鄧聯合，天一合一：從原始信仰到理性精神〔J〕，徐州師範大學學報：哲學社會科學版，1997 年 2 期。

4. 丁四新，略論郭店楚簡「五行」思想〔J〕，孔子研究，2000 年 3 期。

5. 丁原明，先秦諸子的國家起源說初探齊魯學刊〔J〕，1988 年 4 期。

6. 竇宗儀，中國陰陽中和觀與現代科學思想美浙江學刊〔J〕，1988 年 4 期。

7. 段偉，救災方式對中國古代司法制度的影響〔J〕，安徽大學學報：哲學社會科學版，2008 年 2 期。

8. 段勇，從考古發現看龍的起源及早期面貌〔J〕，北方文物，2000 年 1 期。

F

1. 樊恭炬，漢以前對於龍的觀念〔J〕，新中華（復刊月，1947 年 7 期。

2. 范文瀾，與顧頡剛論五行說的起源〔J〕，史學年報，1931 年 8 期。

3. 方瀟，災異境遇：中國古代法律應對機制及其當代意蘊〔J〕，法制史研究，2004 年 3 期。

4. 方酉生，濮陽西水坡 M45 蚌殼擺塑龍虎圖的發現及重大學術意義〔J〕，中原文物，1996 年 1 期。

G

1. 高國榮，環境史學對自然災害的文化反思〔J〕，史學理論研究 2003 年 4 期。

2. 高健，先秦生態認識舉隅〔J〕，大自然探索，1985 年 3 期。

3. 高慶來，救荒與倉庫制度〔J〕，進德月刊，1936 年 3 期。

4. 高煒、李健民，1978～1980 年山西襄汾陶寺墓地發掘簡報〔J〕，考古，1983 年 1 期。

5. 葛志毅，重論陰陽五行之學的形成〔J〕，中華文化論壇，2003 年 1 期。

6. 龔勝生，中國先秦兩漢時期的醫學地理學思想〔J〕，中國歷史地理論叢，1995 年 3 期。

7. 龔勝生、劉楊、張濤，中國先秦兩漢時期瘧疾地理研究〔J〕，華中師範大學學報：人文社會科學版，1996 年 4 期。

8. 龔勝生，先秦兩漢時期疫災地理研究〔J〕，中國歷史地理論叢，2010 年 3 期。

9. 冀山友，古代農村救濟制度考〔J〕，大道，1934 年 6 期。

10. 宮哲兵，晚周時期「陰陽」與「和」範疇的變化發展〔J〕，中南民族學院學報：哲學社會科學版，1982 年 5 期。

11. 顧頡剛，五德終始說下的政治和歷史〔J〕，清華大學學報：哲學社會科學版，1930 年 6 期。

12. 顧頡剛，五德終始說殘破材料表〔J〕，行素雜誌，1934 年 8 期。

13. 顧芸，重評天人感應說的歷史功過〔J〕，湖北大學學報：哲學社會科學版，1991 年 3 期。

14. 國光紅，楚國巫壇上的月神祀歌〔J〕，山東大學學報：哲學社會科學版，1997 年 1 期。

15. 國光紅，楚國巫壇上的舞雩歌〔J〕，山東師範大學學報：人文社會科學版，1996 年 3 期。

16. 郭仁成，先秦時期的生態環境保護〔J〕，求索，1990 年 5 期。

17. 郭珂，先秦救災禁樂述論〔J〕，蘭臺世界，2008 年 6 期。

18. 郭沂，郭店楚簡《天降大常》(《成之聞之》篇疏正月〔J〕，孔子研究，1998 年 3 期。

19. 郭旭東，殷商時期的自然災害及其相關問題〔J〕，史學集刊，2004 年 4 期。

H

1. 韓星，郭店楚簡儒家天道觀述略〔J〕，西北大學學報：哲學社會科學版，2000 年 2 期。

2. 何瑞坤，從雲夢秦簡《日書》看秦民間的災變與救災〔J〕，江漢考古，1994 年 2 期。

3. 何婷立，臧文仲的救災思想及其現實意義〔J〕，商丘師範學院學報：哲學社會科學版，2006 年 4 期。

4. 何新，重論「五行說」的來源問題〔J〕，學習與探索，1985 年 1 期。

5. 何星亮，中國龍文化的特徵〔J〕，思想戰線，1999 年 4 期。

6. 何幼琦，《夏小正》內容的時代〔J〕，西北大學學報：哲學社會科學版，1987 年 1 期。

7. 胡厚宣，殷人疾病考，甲骨學商史論從初集（第 3 冊月〔J〕，齊魯大學：國學研究所專刊，1944 年。

8. 胡家聰，《管子》書中陰陽五行說與新探〔J〕，中國哲學，1983 年 9 期。

9. 胡順萍，董仲舒之宇宙論——天與氣、陰陽五行彼此之關係〔J〕，輔大中研所學刊，1995 年 3 期。

10. 黃海濤，試探五行思想的產生〔J〕，中州學刊，1989 年 5 月。

11. 黃樸民，何休陰陽災異思想析論〔J〕，中國史研究，1999 年 1 期。

12. 黃樸民，「天人感應」與「天人合一」〔J〕，文史哲，1988 年 4 期。

13. 黃曉非，論《周禮》的備荒救災思想〔J〕，社科縱橫，2006 年 12 期。

14. 黃愛寶，生態倫理學的理性思維與非理性思維〔J〕，中國礦業大學學報：社會科學版，2004 年 4 期。

J

1. 嵇文甫，陰陽家的社會基礎〔J〕，新中華（復刊），1948 年 2 期。

2. 蔣立文，春秋戰國時期「天人關係」之論爭〔J〕，長白學刊，1996 年 5 期。

3. 吉成名，龍崇拜起源研究述評〔J〕，中國史研究動態，1997 年 12 期。

4. 季羨林，原始社會風俗殘餘——關於妓女禱雨的問題〔J〕，世界歷史，1985 年 10 期。

5. 季羨林，「天人合一」新解〔J〕，傳統文化與現代化，1993 年 1 期。

6. 賈順光、張維，春秋戰國時期天道觀的基本類型〔J〕，重慶社會科學，1985 年 1 期。

7. 江林昌，楚辭巫風習俗考〔J〕，民族藝術，1996 年 4 期。

8. 蔣明智，作爲巫術信仰的龍〔J〕，長江大學學報：社會科學版，2008 年 5 期。

9. 金谷治，陰陽五行說的創立〔J〕，中國哲學史研究，1988 年 3 期。

10. 金晟煥，陰陽五行說與中國古代天命觀的演變：兼論陰陽五行說對易學發展的影響〔J〕，周易研究，1999 年 3 期。

11. 晉文，以經治國與漢代荒政〔J〕，中國史研究，1994 年 2 期。

12. 金正東，自然界與陰陽五行說〔J〕，宗教學研究，1999 年 1 期。

L

1. 樂愛國，《管子》的陰陽五行說與自然科學〔J〕，管子學刊，1994 年 3 期。

2. 李丙寅，略談先秦時期的環境保護〔J〕，史學月刊，1990 年 1 期。

3. 李常輝，天人感應思想與漢代的出宮人制度〔J〕，咸陽師範學院學報：社會科學版，2010 年 3 期。

4. 李存山，先秦時期的五行說與氣論〔J〕，社會科學研究，1986 年 6 期。

5 李宏，原始宗教的遺緒：試析漢代畫像中的巫術、神話觀念〔J〕，中原文物，1991 年 3 期。

6. 李景山，從出土文物談史前貯種育種及祈殖巫術〔J〕，農業考古，1997 年 1 期。

7. 李鏡池，古代的物占〔J〕，嶺南學報，1933 年 6 期。

8. 李軍、馬國英，中國古代政府的政治救災制度〔J〕，山西大學學報：哲學社會科學版，2008 年 1 期。

9. 李申，先秦天道觀與自然學〔J〕，孔子研究，1987 年 3 期。

10. 李書敏，紅山文化與龍〔J〕，遼寧政治學院學報：社會科學版，2008 年 6 期。

11. 李衛民，時代呼喚更成熟的中國災荒史學〔J〕，晉陽學刊，2011 年 4 期。

12. 李向軍，試論中國古代荒政的產生與發展歷程〔J〕，中國社會經濟史研究，1994 年 2 期。

13. 李亞光，西周時期的自然災害及特點〔J〕，長春師範學院學報：人文社會科學版，2003 年 3 期。

14. 李亞光，從甲骨文看商代的自然災害及救治〔J〕，錦州師範學院學報：哲學社會科學版，2003 年 5 期。

15. 李亞光，春秋時期的救災思想和防災思想〔J〕，長春師範學院學報：人文社會科學版，2004 年 3 期。

16. 李亞光，戰國時期荒政的特點〔J〕，渤海大學學報：哲學社會科學版，2004 年 3 期。

17. 李耀先，思孟子五行說考辨〔J〕，抖擻，1981 年 7 期。

18. 李元，論春秋戰國時代反傳統的文化思潮〔J〕，孔子研究，1998 年 2 期。

19. 李學勤，商代的四風與四時〔J〕，中州學刊，1985 年 5 期。

20. 李志林，先秦元氣論自然觀形態再探討〔J〕，華東師範大學學報：哲學社會科學版，1988 年 1 期。

21. 李嵐，馬克思恩格斯的災荒觀〔J〕，北京社會科學，2002 年 4 期。

22. 呂景勝，《救災法》立法若干問題研究〔J〕，國家行政學院學報，2003 年 6 期。

23. 呂華僑，讀孫開泰著，《鄒衍與陰陽五行》〔J〕，2005 年 1 期。

24. 梁啓超，陰陽五行說之來歷〔J〕，東方雜誌，1923 年 5 期。

25. 梁韋弦，先秦時期的曆政文化〔J〕，史學集刊，2004 年 3 期。

26. 梁濤，簡帛「五行」新探——兼論《五行》在思想史中的地位〔J〕，孔子研究，2002 年 5 期。

27. 連邵名，卜辭所見商代的自然崇拜和巫術〔J〕，故宮博物院院刊，2000 年 3 期。

28. 廖名春，思孟五行說新解〔J〕，哲學研究，1994 年 11 期。

29. 林國雄，《春秋繁露》中的五行思想〔J〕，船山學刊，1995 年 2 期。

30. 林金泉，陰陽五行家思想究源〔J〕，孔孟月刊，1985 年 9 期。

31. 林履信，「巫」與「史」之社會學的研究〔J〕，社會科學論叢，1933 年 1 期。

32. 林怡，先秦兩漢國人徵兆觀考論〔J〕，福建師範大學學報：哲學社會科學版，1997 年 2 期。

33. 劉寶才，先秦思想史上的陰陽五行學說〔J〕，人文雜誌，1986 年 5 期。

34. 劉家和，《春秋》三傳的災異觀〔J〕，史學史研究，1990 年 2 期。

35. 劉光本，中國古代災異說之流變〔J〕，青島海洋大學學報：社會科學版，2001 年 2 期。

36. 劉立夫，「天人合一」不能歸約爲「人與自然和諧相處」〔J〕，哲學研究，2007 年 2 期。

37. 劉麗文，論《左傳》「天人合一」的天命觀——《左傳》預預言的本質〔J〕，求是，2000 年 6 期。

38. 劉信芳，《日書》四方四維與五行淺說〔J〕，考古與文物，1993 年 2 期。

39. 劉信芳，《日書》驅鬼術發微〔J〕，文博，1996 年 4 期。

40. 劉學智，「天人合一」即「天人和諧」？——解讀儒家「天人合一」觀念的一個誤區〔J〕，陝西師範大學學報：哲學社會科學版，2000 年 2 期。

41. 劉怡翔，論王符的龍觀念與龍的實在性問題及其它〔J〕，甘肅社會科學，1994 年 3 期。

42. 劉緒義，天使在人間——關於先秦諸子的發生學思考〔J〕，廣西社會科學，2006 年 1 期。

43. 劉宗迪，華夏上古龍崇拜的起源〔J〕，民間文化論壇，2004 年 4 期。

44. 陸鐵乘，荀子非思孟五行說考〔J〕，國文學報，1976 年 6 期。

45. 陸曉冬，先秦時期的救災防災思想及其現實意義〔J〕，浙江經濟高等專科學校學報：社會科學版，2000 年 4 期。

46. 樂調甫，梁任公五行說之商榷〔J〕，東方雜誌，1924 年 8 期。

47. 羅波，漢代玉衣與升仙思想初探〔J〕，文物春秋，1994 年 3 期。

48. 羅桂成，釋陰陽五行說〔J〕，文史學報，1976 年 7 期。

49. 羅新慧，從上博簡《魯邦大旱之「敓」》看古代的神靈觀念〔J〕，學術月刊，2004 年 10 期。

50. 羅新慧，禳災與祈福：周代禱辭與信仰觀念研究〔J〕，歷史研究，2008 年 5 期。

51. 呂靜，春秋戰國時期的巫與巫術研究〔J〕，史林，1992 年 1 期。

M

1. 馬勇，鄒衍與陰陽五行說〔J〕，社會科學研究，1985 年 6 期。

2. 梅瓊林，楚巫與巫祝之詩〔J〕，中南民族學院學報：哲學社會科學版，1994 年 1 期。

3. 梅瓊林，離騷與巫風性文化〔J〕，社會科學，1994 年 5 期。

4. 孟研，進 20 年關於「天人關係」問題的研究〔J〕，社會科學戰線，2003 年 4 期。

P

1. 龐樸，五行思想三題〔J〕，山東大學學報：哲學社會科學版，1964 年 3 期。

2. 龐樸，思孟五行新考〔J〕，文史，1979 年 12 期。

3. 彭華，先秦農家與陰陽五行〔J〕，西華大學學報：哲學社會科學版，2009 年 5 期。

4. 潘志鋒，近 20 年關於「天人關係」問題的研究〔J〕，社會科學戰線，2003 年 4 期。

5. 潘志峰，近 20 年關於「天人關係」問題的研究〔J〕，社會科學戰線（20 世紀學術回眸月，2003 年 4 期。

6. 潘俊傑，陰陽五行合流新探，西北大學學報：哲學社會科學版〔J〕，2009 年 5 期。

7. 濮陽市文物管理委員會，濮陽市博物館，濮陽市文物工作隊，河南濮陽西水坡遺址發掘簡報〔J〕，文物，1988 年 3 期。

Q

1. 齊降紅，鄒衍的方術思想〔J〕，管子學刊，1995 年 2 期。

2. 齊思和，五行說之起源〔J〕，師大月刊，1935 年 10 期。

3. 錢穆，中國文化對人類未來可有的貢獻〔J〕，中國文化，1991 年 4 期。

4. 裘錫圭，說卜辭的焚巫尪與做土龍〔C〕，古文字論集，中華書局，1992 年 8 期。

5. 瞿兌之，釋巫〔J〕，燕京學報，1930 年 6 期。

R

1. 任魯川，關於災害實質的若干哲學思考〔J〕，東方論壇，1995 年 4 期。

2. 容肇祖，占卜的源流〔J〕，史語所集刊，1928 年。

S

1. 邵鴻，春秋軍事術數考〔J〕，南昌大學學報：人文社會科學版，1999 年 1 期。

2. 邵永忠，二十世紀以來荒政史研究綜述〔J〕，中國史研究動態，2004 年 3 期。

3. 斯維至，湯禱桑林之社和桑林之舞〔A〕，胡厚宣主編全國商史學術討論會論文集〔C〕，安陽：殷都學刊增刊，1985 年。

4. 施和餘，論中國歷史上的蝗災及其社會影響〔J〕，南京師範大學學報：社會科學版，2002 年 2 期。

5. 宋金英、劉國聯，「陰陽五行」對先秦服飾色彩的影響〔J〕，管子學刊，2010 年 1 期。

6. 宋鎮豪，商代的疾患醫療與衛生保健〔J〕，歷史研究，2004 年 2 期。

7. 孫宏安，中國古代科學發展的文化背景〔J〕，遼寧大學學報：哲學社會科學版，1999 年 5 期。

8. 孫晶，布羅代爾的長時段理論及其評價〔J〕，廣西大學學報：哲學社會科學版，2002 年 3 期。

9. 孫開泰，陰陽家皺衍的「天人合一」思想〔J〕，管子學刊，2006 年 2 期。

10. 孫守道，郭大順，論遼河流域的原始文明與龍的起源〔J〕，文物，1984 年 6 期。

11. 孫湘雲，天人感應的災異觀與中國古代救災措施〔J〕，中國典籍與文化，2000 年 3 期。

12. 孫家洲，漢代巫術風探幽〔J〕，社會科學戰線，1994 年 5 期。

T

1. 譚戒甫，論思孟五行說的演變中國哲學〔J〕，1980 年 10 期。

2. 唐樵、劉力，正統與道德——試析董仲舒陰陽五行說中「天」的雙重旨歸〔J〕，四川文理學院學報：社會科學版，2010 年 1 期。

3. 唐端正，論先秦諸子天人關係思想之發展〔J〕，新亞書院學術年刊，1968 年 9 期。

4. 湯其領，漢代經學論略〔J〕，華東師範大學學報：哲學社會科學版，1994 年 6 期。

5. 唐錫仁，論先秦時期的人地觀〔J〕，自然科學史研究，1988 年 4 期。

6. 唐錫仁，中國古代陰陽學說對天氣現象的解釋〔J〕，中國哲學史研究，1981 年 2 期。

7. 田一成，兩漢陰陽五行之說的興盛與反動〔J〕，孔孟月刊，1990 年 10 期。

8. 田輝玉，論陰陽五行說與中國古代科技的結合〔J〕，湖北師範學院學報：哲學社會科學版，1998 年 4 期。

W

1. 微波，來自地殼深處的災害〔J〕，瞭望，1995 年 2 期。

2. 王保丁，漢代儒學災異觀及其現代意義〔J〕，安徽史學，1997 年 1 期。

3. 王步貴，讖緯與陰陽〔J〕，西北師範大學學報：社會科學版，1992 年 4 期。

4. 王春光，試論五行思想的內容及影響〔J〕，內蒙古民族師範學院學報：哲學社會科學版，1989 年 1 期。

5. 王定璋，尚書中的裕民思想〔J〕，社會科學研究，2000 年 4 期。

6. 王暉，商代卜辭中祈雨巫術的文化意蘊〔J〕，文史知識，1999 年 8 期。

7. 王暉，殷商爲神本時代說〔J〕，殷都學刊，2000 年 2 期。

8. 王暉，王春長，商末黃河中游氣候環境的變化與社會變遷〔J〕，史學月刊，2002 年 1 期。

9. 王煥然，試論〈詩經〉的災荒書寫〔J〕，曲靖師範學院學報：社會科學版，2010 年 5 期。

10. 王紀潮，楚人巫術與薩滿教的比較研究〔J〕，江漢考古，1993 年 2 期。

11. 王夢鷗，先秦崇拜天鬼之倫理觀〔J〕，時代精神，1941 年 11 期；1942 年 1 期。

12. 王夢鷗，鄒衍五德始終論的構造〔J〕，中國哲學思想論集先秦卷，1976 年 10 期。

13. 王明，論先秦天人關係〔J〕，中國哲學史研究，1985 年 4 期。

14. 王文濤，漢代的抗疫救災措施與疫病的影響〔J〕，社會科學戰線（博士論壇），2007 年 6 期。

15. 王文濤，周禮中的救荒思想〔J〕，北京大學學報：研究生學刊，1992 年 4 期。

16. 王文濤，《周禮》荒政思想試論〔J〕，齊魯學刊，2005 年 3 期。

17. 王秀珠等，《管子》的水害論與農田水利建設〔J〕，管子學刊，1993 年 4 期。

18. 王元林、孟昭峰，先秦兩漢時期地質災害的時空分佈及政府應對〔J〕，陝西師範大學學報：哲學社會科學版 2011 年 3 期。

19. 王政，《詩經·十月之交》與日月食神話巫術〔J〕，江淮論壇，2001 年 2 期。

20. 王子今，西漢長安的「胡巫」〔J〕，民族研究，1997 年 5 期。

21. 翁旗，「中華第一龍」出土揭秘〔J〕，神州，2003 年 9 期。

22. 武占江，四時與陰陽五行——先秦思想史的另一條線索〔J〕，河北師範大學學報：哲學社會科學版，2003 年 2 期。

23. 吳十洲，先秦災荒思想的研究〔J〕，農業考古，1999 年 1 期。

24. 吳銳，我國天人關係起源於演變的歷程〔J〕，東嶽論叢，1996 年 3 期。

25. 吳生道，淺談龍的起源〔J〕，中原文物，2000 年 3 期。

X

1. 夏明方，「旱魃爲虐」——中國歷史上的旱災及其成因，光明日報，2010
   年 4 月 21 日。

2. 夏明方，自然災難史：思考與啓示〔J〕，史學理論研究，2003 年 4 期。

3. 夏明方，中國災害史研究的非人文化傾向〔J〕，史學月刊，2004 年 3 期。

4. 辛立，陰陽思想與儒家倫理觀念〔J〕，山東社會科學，1988 年 2 期。

5. 熊得山，求雨的史的敍述與其歸宿〔J〕，申報月刊，1934 年 8 期。

6. 徐傳武，中國古代人的「思想律」：漫談「五行説」的作用和影響〔J〕，
   煙臺師範學院學報學報：哲學社會科學版，1990 年 2 期。

7. 徐克謙，論孔墨的天命鬼神觀〔J〕，南京師範大學學報：社會科學版，
   1986 年 1 期。

8. 徐麟，試論董仲舒的五行觀〔J〕，河北學刊，1998 年 4 期。

9. 徐誦光，由《左傳》上觀看春秋時代之迷信與信仰〔J〕，廈大周刊，1930
   年 10 期。

10. 徐文珊，儒家和五行的關係〔J〕，史學年報，1931 年 8 期。

11. 徐文武，楚國巫覡的憑靈與脱魂現象〔J〕，荊州師範高等專科學院學報：
    社會科學版，1992 年 3 期。

12. 徐永安，「龍崇拜起源」研究述評〔J〕，長江大學學報：社會科學版，2007
    年 3 期。

13. 徐鍾渭，中國歷代之荒政制度〔J〕，經理月刊，1936 年 1 期。

14. 謝瑞琚，五千年前中國原始龍〔J〕，天水師範學院學報：哲學社會科學
    版，2008 年 1 期。

15. 薛亞軍，《左傳》災異預言略論（上）〔J〕，鎮江師專學報：社會科學版，
    1997 年 1 期。

16. 薛亞軍，《左傳》災異預言略論（下）〔J〕，鎮江師專學報：社會科學版，
    1997 年 2 期。

Y

1. 鄢良，陰陽家思想之分析〔J〕，孔子研究，1988 年 1 期。

2. 閆喜琴，秦簡《日書》涉禹出行巫術考論〔J〕，歷史教學，2011 年 4 期。

3. 楊超，先秦陰陽五行説〔J〕，文史哲，1956 年 3 期。

4. 楊漢三，陰陽五行之合流及其在先秦時之傳佈情形上下〔J〕，幼獅學誌，1962 年 7 期。

5. 楊建祥，《管子》天人關懷中的持滿思想辨析〔J〕，東嶽論叢，2000 年 2 期。

6. 楊振紅，月令與秦漢政治再探討——兼論月令源流〔J〕，歷史研究，2004 年 3 期。

7. 楊向奎，五行說的起源及其演變〔J〕，文史哲，1955 年 11 期。

8. 楊爲望，春秋時代的賑濟〔J〕，雲南教育學院學報：社會科學版，1990 年 1 期。

9. 殷南根，五行之理與戰國秦漢人的四時教令說〔J〕，中國農史，1990 年 1 期。

10. 殷南根，五行本義索解〔J〕，中國哲學史研究，1988 年 3 期。

11. 于丹，從《左傳》描述的迷信現象看先秦宗教觀及其實質〔J〕，北京師範大學學報：社會科學版，1989 年 4 期。

12. 余文豪，說楚辭九歌中的巫〔J〕，治史雜誌，1937 年 3 期。

13. 余治平，董仲舒對陰陽五行之學的整合〔J〕，衡水學院學報：社會科學版，2009 年 12 期。

14. 游修齡，中國蝗災歷史和治煌觀〔J〕，華南農業大學學報：社會科學版，2003 年 2 期。

15. 袁潔林，先秦環境保護的若干問題〔J〕，中國科技史料，1985 年 1 期。

Z

1. 臧振，五行起源新探〔J〕，陝西師範大學學報：哲學社會科學版，1989 年 4 期。

2. 臧振，董仲舒的歷史命運〔J〕，陝西師範大學學報：哲學社會科學版，1999 年 2 期。

3. 臧振，略論五行思想的起源、演變與影響〔J〕，陝西師範大學成人教育學院學報，1999 年 3 期。

4. 張建民，魯西奇，深化中國傳統社會減災救荒思想研究〔J〕，新華文摘，2003 年 4 月；光明日報 2003 年 1 期。

5. 張其昀，近二十年來中國地理學之進步〔J〕，地理學報，1935 年 5 期。

6. 張濤、范學輝，王萍，對中國傳統救災思想的認識〔J〕，光明日報，1999 年 6 月。

7. 張濤、項永琴，中國傳統救災思想的發展和特點〔J〕，文史百題，2010 年 12 月。

8. 張煒、詹鄮鑫，卜辭陰陽五行考〔J〕，殷都學刊，2001 年 3 期。

9. 張松輝，談先秦天命觀發展的三個階段〔J〕，南都學壇，1990 年 5 期。

10. 張文，中國古代的流行病及其防範〔J〕，新華文摘，2003 年 8 期；光明日報，2003 年 5 期。

11. 張曉莉，前漢陰陽五行說探析〔J〕，內蒙古農業科技，2010 年 1 期。

12. 張之聯，費爾南·布羅代爾的史學方法〔J〕，歷史研究，1986 年 2 期。

13. 趙光賢，新五行說商榷〔J〕，文史，1982 年 7 期。

14. 趙紀彬，陰陽五行學派的代表——鄒衍〔J〕，中國哲學史研究，1985 年 2 期。

15. 趙容俊，甲骨卜辭所見之巫者的救災活動〔J〕，殷都學刊，2003 年 4 期。

16. 趙容俊，甲骨卜辭所見之巫者的醫療活動〔J〕，史學集刊，2004 年 3 期。

17. 趙容俊，中國古代社會的巫術活動〔J〕，中州學刊，2004 年 7 期。

18. 趙容俊，中國巫術對思想方面的影響〔J〕，宗教學理論及其他宗教研究，2004 年 2 期。

19. 趙容俊，文獻資料中的「巫」考察〔J〕，中國歷史文物，2005 年 1 期。

20. 趙容俊，淺析巫術對中國文化的影響〔J〕，文博，2008 年 2 期。

21. 趙世超，周人的均齊思想和救濟制度〔J〕，中國經濟史研究，1992 年 1 期。

22. 趙世超，巫術盛衰與西漢文化〔J〕，北京師範大學學報：社會科學版，1997 年 5 期。

23. 趙世超，浴日和御日〔J〕，歷史研究，2003 年 3 期。

24. 趙世超，鑄鼎象物說〔J〕，社會科學戰線，2004 年 4 期。

25. 趙瀟，論五德終始說在秦的作用和影響〔J〕，齊魯學刊，1994 年 2 期。

26. 趙源一，天人關係探微〔J〕，舟山學刊，2001 年 1 期。

27. 趙玉瑾，鄒衍及其學說簡論〔J〕，齊魯學刊，1985 年 1 期。

28. 趙載光，從卜辭中的四方神名看五行的演化〔J〕，湘潭大學學報：哲學社會科學版，1991 年 2 期。

29. 趙載光，戰國時代陰陽五行理論的發展和演變〔J〕，四川師範學院學報：社會科學版，1991 年 2 期。

30. 鄭傑文，縱橫家的陰陽轉化哲學觀〔J〕，齊魯學刊，1997 年 6 期。

31. 甄盡忠，《周禮》備荒救災思想淺論〔J〕，河南社會科學，2004 年 4 期。

32. 鍾肇鵬，先秦五行說的起源和發展〔J〕，中國哲學史研究，1981 年 2 期。

33. 周昌龍，儒道陰陽三家思想之起源研究〔J〕，臺灣大學中文研究所，1976 年。

34. 周昌龍，陰陽家思想的起源〔J〕，書目季刊，1977 年 3 期。

35. 周崇發，論中華龍的起源〔J〕，江漢考古，2000 年 4 期。

36. 周群振，董仲舒與儒家學術傳承之大勢論析——董仲舒天人思想研究之一〔J〕，中國文化月刊，1981 年 2 期。

37. 周群振，陰陽五行說思想之淵源在發展中之變形——董仲書天人思想研究之三〔J〕，中國文化月刊，1981 年 4 期。

38. 周群振，關於陰陽五行說義理之全般檢定——董仲舒天人思想之四〔J〕，中國文化月刊，1981 年 5 期。

39. 鄒逸麟，「災害與社會」研究芻論〔J〕，復旦大學學報：社會科學版，2000 年 6 期。

40. 朱寶信，試論「天人合一」思想形成的三個層次〔J〕，福建論壇，1993 年 2 期。

41. 朱新林，鄒衍五行說考論〔J〕，江南大學學報：人文社會科學版，2008 年 2 期。

42. 朱學忠，董仲舒的「開陰」求雨與女性誘雨的人類學經驗〔J〕，學術月刊，1999 年 6 期。

43. 竺可楨，直隸地理的環境與水災〔J〕，科學，1927 年 12 期。

44. 竺可楨，論祈雨屠與旱災〔J〕，東方雜誌，1926 年 12 期。

45. 竺可楨，中國歷史上氣候之變遷〔J〕，竺可楨文集〔C〕，科學出版社，1979 年。

46 鄭振鐸，湯禱篇·鄭振鐸全集〔C〕第 3 卷，石家莊：花山文藝出版社，1998 年。

47. 莊雅州，夏小正月令異同論〔J〕，孔孟月刊，1983 年 11 期。

48. 莊雅州，夏小正之天文〔J〕，中國學術年刊，1984 年 6 期。

致　謝

在提筆寫下「致謝」二字的時候，我是思緒萬千，眼含淚花，悲喜交加。
回顧師大的學習生活，一路走來，要感謝的人太多太多……

首先感謝我的業師趙世超教授。先生納我於門下，是我人生經歷和學術研究最為重要的轉折。業師為人和善，治學嚴謹，學識淵博，胸懷坦蕩，永遠是弟子學習的榜樣，特別是先生敏銳的學術洞察力和紮實深厚的學術功底更讓弟子敬仰不已。本論文從選題到研究理論，從謀篇布局到撰寫、修訂，無不浸透業師的心血。幾年來，業師嘔心瀝血，耳提面命，淳淳教誨，熱忱鼓勵，幫助弟子渡過數度難關，提攜後輩之情無以言表。總之先生的做人、做事、做學問的學者風範，將激勵弟子不斷前行。

其次要感謝我的恩師常金倉教授，在攻讀碩士學位期間，主要在常先生的指導下，弟子系統研讀了「十三經」和「諸子集成」等先秦典籍，使我對先秦史有了初步認識和初步研究基礎。特別是在先生指導下，通過撰寫碩士論文——「論戰國時期的歷史人物神話化運動」，對先秦時期的非理性因素有了初步的涉獵，為本論文的選題和撰寫打下了一定基礎。不幸的是，就在弟子撰寫「致謝」之際，噩耗傳來，先生西去，弟子淚灑白紙，無言無語……

更要感謝臧振教授、袁林教授、王暉教授、尹盛平研究員、商國君教授、李裕民教授、王成軍教授在我撰寫論文期間提供的幫助。

還要感謝同年好友王杰瑜、辛田、楊東宇、景紅豔等博士，感謝同門師兄韓旭暉、師妹龐慧、師弟劉曉東、王向輝、盧中陽等博士，感謝好友蕭發榮和劉先鋒，感謝同室舍友晁天義博士。他們是我交接的新的學術同道和朋友。

最後感謝我的家人對我的大力支持、理解和默默奉獻。

感謝關心、支持和幫助過我的所有人！

感謝歲月與困難對我的磨礪！

2011 年 11 月 24 日於陝西師範大學文研樓 211 室

附錄：
論戰國時期的歷史人物神話化運動

引言

　　從嚴格意義上講，近現代的神話研究在我國始於二十世紀初。時至今日，它已成爲一門「顯學」。

　　在近一個世紀的神話研究中，學者們普遍認爲中國原本有豐富而系統的神話，而在後來變得零散了。茅盾認爲：「就現在各種古籍的零碎記載而觀，中國民族確曾產生過偉大而美麗的神話。」〔註1〕「中國神話之豐富美麗，不下於希臘，或且過之。」〔註2〕袁珂在《古神話選釋・前言》〔註3〕中指出：「從現在若干被記錄或被改裝而引用在各種古書裏的神話片斷看，更從許多已經轉化做歷史（當然往往還有化而未盡的蹟象可尋）而實際上是神話的歷史的記述看，可以得出這麼一個結論：中國古代神話原本是很豐富的。」而現在中國古代的神話則是零星的、片斷的。其原因，學者亦多有所論。有學者認爲，「一者華土之民，先居黃河流域，頗乏天惠，其生也勤，故重實際而黜玄想，不更能集古傳以成大文。二者，孔子出，以修身齊家治國平天下等實用爲教，不欲言鬼神，太古荒唐之說，俱爲儒者所不道，故其後不特無所光大，而又有散亡」。〔註4〕在神話的演進過程中，「則爲中樞者漸近於人性，凡所敘

〔註1〕茅盾：《神話研究》，百花文藝出版社，1981年版，第27頁。
〔註2〕茅盾：《神話研究》，第88頁。
〔註3〕袁珂：《古神話選釋》，人民文學出版社，1979年版。
〔註4〕魯迅：《中國小說史略》人民文學出版社，1952年版，第28頁。

述，今謂之傳說。傳說之所道，或爲神性之人，或爲古英雄，其奇才異能神
勇爲凡人所不及，而由於天授，或有天相者。」〔註5〕在後來的《中國小說的
歷史變遷》中，他進一步指出：「由此再演進，則正事歸爲史；逸史即變爲小
說了。」〔註6〕在神話歷史化的過程中，「詩人則爲神話之仇敵，蓋當歌頌記
敘之際，每不免有所粉飾，失其本來，是以神話雖然託詩歌以光大、以存留，
然亦因之而改易，而銷歇也。」〔註7〕茅盾先生認爲中國古代神話僅存斷片的
原因有二：「一爲神話的歷史化，二爲當時社會上沒有激動全民族心靈的大事
件以誘引『神話詩人』的產生。」〔註8〕中國古代神話經過「原始的歷史學家」
和「半開明的歷史學家」的「刪削修改，結果成了他們看來是尙可示人的歷
史，但實際上既非眞歷史，也並且失去了眞神話。他們只是修 改神話，只是
消滅神話。中國神話之大部分恐是這樣的被『秉筆』的『太史公』消滅了去。」
〔註9〕袁珂先生亦認爲茅盾「論神話歷史化，被歷史家們一再修改，終於淪亡
的過程，大體上是符合客觀事實的。根據我們近年研究、整理神話的感受，
覺得這確實是一個主要的原因。」〔註10〕溫希良在《神話與政體》一文中指
出：中國上古神話不發達的主要原因是「世俗權力對神話的抑制」與「祖先
崇拜對神話的規範」。〔註11〕他們都認爲在春秋戰國時代，諸子把上古神話變
成了歷史，把神話人物變成了歷史人物。

所謂神話歷史化，「就是把神話還原或解釋爲歷史，把非經驗非理性的神
話變成以體現某種神聖原則和歷史因果關係的往事。」〔註12〕這個定義似乎
和作者的論述有點自相矛盾。〔註13〕既然神話歷史化，至少部分是把神話「還

〔註 5〕 魯迅：《中國小說史略》人民文學出版社，1952 年版，第 23 頁。

〔註 6〕 《魯迅全集》，第九冊，人民文學出版社，1981 年版，第 302 頁。

〔註 7〕 魯迅：《中國小說史略》，第 22，23 頁。

〔註 8〕 茅盾：《神話研究》，第 132 頁。

〔註 9〕 茅盾：《神話研究》，第 143 頁。

〔註10〕 袁珂：《古神話選釋·前言》，第 4 頁。

〔註11〕 《民間文學論壇》，1997 年第 2 期。

〔註12〕 趙沛霖：《孔子發現和肯定歷史神話化的重大意義》，《貴州社會科學》1995
年，第 3 期。

〔註13〕 趙沛霖在《神話歷史化思潮》（《南開學報》，1994 年第 2 期）和《孔子發現和
肯定歷史神話化的重大意義》兩文中認爲神話歷史化思潮發端於殷商，西周
時期形成高潮，至春秋時代而結束。趙先生認爲「堯、舜、禹本來都是具有
神話特徵的人（神）」。在神話歷史化思潮降臨到堯、舜、禹頭上以後，「在他
們的神奇故事中逐漸增加人間因素和社會歷史特徵」，「因而也就由神變成了

原」爲歷史，那就是承認可被還原的神話原本是歷史，後來才變成神話的。
那麼在這之前必先有一個歷史神話化的過程。據我所見贊成「神話歷史化」
這個概念的學者，多認爲它來自於公元前四世紀南歐美塞尼亞人、希臘神話
作家歐伊邁羅斯（Euhemerus，公元前 330～前 260）提出的「神話歷史論」，
〔註 14〕這種理論認爲「神只是被神化了的著名男女，神話只是一種被曲解了
的歷史。」〔註 15〕因此，我們認爲：首先，把「神話歷史論」解釋爲「神話
歷史化」是對歐伊邁羅斯理論的誤解，因爲「神話歷史論」講的是神話的產
生，即認爲神話人物來自於歷史人物，因此，用我們的習慣應解釋爲「歷史
神話化」較爲符合作者之意。其次，對於歐伊邁羅斯理論，我們認爲雖然不
能完全用它來解釋神話產生，但至少能部分地解釋神話的產生。「因爲我們越
是認眞地去研究自然宗教中的眾多神靈，我們就越發淸楚地看到：在華麗的
柩衣包裹下的神秘莊嚴的面孔，不過是我們熟悉的眞人的面孔。他們曾經有
過人的歡樂和痛苦，他們也像芸芸眾生那樣，曾經在人生的道路上走到了人
生的終點。」〔註 16〕在當代文化人類學家看來，神話是指「一種流行於上古
民間的故事，所敘述者，是超乎人類能力以上的神們的行事，雖然荒唐無稽，
但是古代人民互相傳述，卻信以爲眞。」〔註 17〕由於在原始人眼中，一切都
是神秘的，原始人的思維方式就是神話思維，所以在原始時代，神話與歷史
的關係是「互滲」的，神話即是歷史，歷史就是神話。原始人看神話，既是
神秘的，又是有知覺的，他們不是聽故事，而是感受氣氛，是聽他們的聖經，
神話使他們與自己的過去、與祖先和神靈結爲一體。進入文明社會以後，隨
著人們歷史意識的不斷加強，原本與神話不分的歷史就被「歷史學家們」漸
漸從神話的神秘氛圍中解脫出來，因而形成了一場神話歷史化運動。這種現
象在世界神話史上是比較普遍的。

人。」（著重號爲引者所加）

〔註 14〕吳澤霖總纂《人類學詞典》，上海辭書出版社，1995 年版，第 240 頁。各家譯
　　　 名不同：茅盾譯爲「武赫默洛司」，見《神話研究》第 69 頁；謝選駿譯爲「愛
　　　 凡麥化」，見《神話與民族精神》第 336 頁；冷德熙譯爲「歐赫美爾運動」，
　　　 見《超越神話》第 1 頁；李新萍等則譯爲「神話歷史論」，見《永生的信仰和
　　　 對死者的崇拜》，第 2 頁。

〔註 15〕吳澤霖總纂《人類學詞典》上海辭書出版社，1995 年版，第 240 頁。

〔註 16〕詹・喬・弗雷澤：《永生的信仰和對死者的崇拜・序》，中國文聯出版公司，
　　　 1992 年版。

〔註 17〕茅盾：《神話研究》，百花文藝出版社，1981 年版，第 1 頁。

　　我們的神話學者則實際上否認了歐伊邁羅斯理論，認為歐伊邁羅斯是對希臘原始神話的合理化（歷史化）解釋，但又似乎看出歐氏理論的某些合理性，因而認為：「與古希臘神話歷史化運動在於指出神話的歷史本相不同，中國神話歷史化表現為把神話當作歷史來處理，或神話直接理解為歷史了。」〔註18〕

　　總之，學者們強調甚至歪曲了先秦時期神話歷史化現象，因而造成一種先秦時期只是對神話的破壞的誤解，而疏忽了由戰國中後期形成的神僊思想引發的歷史人物神話化運動的存在。實際上，在這一歷史人物神話化運動的推動下，戰國中後期不僅產生了許多新神話，同時也使許多神話由質而文，由簡而繁，因而使得中國神話得以豐富，得以留存。

一、神話化舉例

　　正如雷蒙德‧弗思所說：「人的信仰並不是憑空存在的，而是用來為人的利益服務，使他達到目的。」〔註19〕戰國方士「神話化」運動正是迎合了君主帝王追求長生久視，永享人間富貴的強烈願望。同時，傳統的英雄崇拜又給方士造神提供了「原料」。「英雄崇拜的歷史幾乎和人類文明史一樣悠久。甚至原始人就已認識到，他之所以能夠在異己的和經常是敵對的世界中生存下來，全靠其傑出首領的英勇和足智多謀。於是就有了各個部落所尊敬的一系列文化英雄，人們在故事、舞蹈、歌唱中讚美這些人物的技能和勇敢。當這些文化發展得比較成熟，其歷史演變較為複雜時，那些熟記本部落大量口頭傳說的長者就開始鞏固和充實他們的歷史，從而使某些前輩完全具有神話的性質。久而久之，這種進程就把英勇的鬥士變成戰無不勝的半人半神，並把賢哲尊奉為偶像化的聖人。這種聖人包括世界三大宗教的創立者在內。佛陀、基督和穆罕默德都是真實的歷史人物，但經過數百年的歷史演變，他們自身的個性特徵已被純粹神話的氣氛所湮沒。」〔註20〕而《國語‧魯語》所記：「夫聖王之制祀也，法施於民則祀之，以死勤事則祀之，以勞定國則祀之，能禦大災則祀之，能捍大患則祀之。非是族也，不在祀典。」正說明了烈山氏、柱、棄、后土、黃帝、顓頊、帝嚳、堯、舜、鯀、禹、契、冥、

〔註18〕冷德熙：《超越神話——書政治神話研究》，東方出版社，1996年版，第1，2頁。

〔註19〕雷蒙德‧弗思：《人文類型》，商務印書館，1991年版。

〔註20〕戴維‧利明，埃德溫‧貝爾德：《神話學》，上海人民出版社，1990年版，第37頁。

湯、文武等部落英雄，世代爲其後人所崇奉。黃帝作爲興起於陝西黃土高原，後東遷到中原的一支強大部族的首領，〔註21〕到戰國中後期已被列在五帝之首，當史前文化英雄在被變成方士口中的神僊的過程中時，黃帝就成首選對象。

據《大戴禮記‧五帝德》記載：「宰我問於孔子曰：『昔者予聞諸榮伊令，黃帝三百年。請問黃帝者人邪？抑非人邪？何以至於三百年？』……孔子曰：『……生而民得其利百年，死而民畏其神百年，亡而民用其教百年，故曰三百年』」。孔子的解釋十分明白，黃帝本人並沒有活三百年，而是黃帝的功德對後世影響了三百年。從中可以看出，由於歷時久遠，到孔子時人們對黃帝的眞實性已產生疑問，戰國方士在「死而不亡者壽」的觀念支配下，正好利用這一傳聞，認爲不但黃帝長壽，而且其後裔亦長壽：「軒轅之國，在此窮山之際，其不壽者八百歲。」〔註22〕由這一觀念的流行，後來引發出「鄭人爭年」的故事來：「鄭人有相與爭年者，其一人曰：『我與堯同年』，其一人曰：『我與黃帝之兄同年。』訟此而不決，以後息者爲勝耳。」〔註23〕從『不壽者八百歲』中可以認識到黃帝已非常人了。

關於黃帝的神話還有一則，那就是《尸子》所載：「子貢問孔子曰：『古者黃帝四面，信乎？』孔子曰：『黃帝取合己者四人，使治四方，不謀而親，不約而成，大有成功，此之謂四面也。』〔註24〕葉舒憲先生認爲：「『黃帝四面』的神話傳說便是負載著同樣文化信息的一種語言符號殘存形式。由於歷史的變遷，神話思維時代的逝去，也由於這種殘存符號過於簡略，所以這個神話早自春秋時代就已喪失了眞意，再加上先秦理性主義的最大代表孔子對該神話本書的『消解』，它終於成了莫名其妙的遠古密碼，逐漸被後人冷落、遺忘……。」〔註25〕葉先生在此可能忽略了中國人重實際這一大前提，黃帝作爲原始部落聯合體的酋長，由於歷時久遠，「自春秋時代就已喪失了眞意」是完全可能的，之所以變成「四面」之神，當與五方崇拜的興起有關。《墨子‧貴義》中有這樣一個段記載：「帝以甲乙殺青龍於東方，以丙丁殺赤龍於南方，以庚辛殺白龍於西方，以壬癸殺黑龍於北方。」據此而推，五行與五方，五

〔註21〕 參徐旭生：《中國古史的傳說時代》，文物出版社，1988年版。
〔註22〕 《山海經‧海外西經》。
〔註23〕 《韓非子‧外儲說左上》。
〔註24〕 《二十二子》 上海古籍出版社，1986年版，第374頁。
〔註25〕 葉舒憲：《中國神話哲學》，中國社會科學出版社，1992年版，第177頁。

色之配當在戰國以前。五行起源雖然頗早，但其興盛當在戰國。據《史記·孟子荀卿列傳》記載：「騶衍……乃深觀陰陽消息而作怪迂之變，《終始》、《大聖》之篇十餘萬言。其語閎大不經，必先驗小物，推而大之，至於無垠。先序今以上至黃帝，學者所共術，大並世盛衰，因載其禨祥度制，推而遠之，至天地未生，窈冥不可考而原也。……然要其歸，必止乎仁義節儉，君臣上下六親之施，始也濫耳。」可見騶衍把傳統的陰陽五行思想變成歷史哲學，而深得當時君主的青睞。「王公大人初見其術，懼然顧化……是以騶子重於齊。適梁，惠王郊迎，執賓主之禮。適趙，平原君側行撇席。如燕，昭王擁彗先驅，請列弟子之座而受業，築碣石宮，身親往師之。作《主運》。其游諸侯見尊禮如此，豈與仲尼菜色陳蔡，孟軻困於齊梁同乎哉！」〔註 26〕由於騶衍的大力推行，五行、五色、五方、五帝等便被聯繫起來了。「孟春之月：……其帝太皞，其神句芒……天子親率三公九卿諸侯大夫以迎春於東郊。」「孟夏之月：……其帝炎帝，其神祝融……迎夏於南郊。」「中央土……其帝黃帝，其神后土。」「孟秋之月：……其帝少皞，其神蓐收……迎秋於西郊。」「孟冬之月：……其帝顓頊，其神玄冥……迎冬於北郊。」〔註 27〕這樣居於中央的黃帝就由「執繩而制四方」〔註 28〕的部落酋長變爲非常奇特的長著四張臉面的神偓了。〔註 29〕非但如此，而且具有「神們的行事」了。「昔者黃帝合鬼神於西泰山之上，駕象車而六蛟龍，畢方並鎋，蚩尤居前，風伯進掃，雨師灑道，虎狼在前，鬼神在後，騰蛇伏地，鳳皇覆上，大合鬼神，作爲《清角》。」〔註 30〕儼然一幅令人神往的偓境。

由黃帝神話衍生出一系列神話，其較著名者當推「夔一足」。據《山海經·大荒東經》記載：「東海中有流波山，入海七千里。其上有獸，狀如牛，蒼身而無角，一足，出入水，則必風雨；其光如日月，其聲如雷，其名曰夔。黃帝得之，以其皮爲鼓，橛之以雷獸之骨，聲聞五百里，以威天下。」夔之原

〔註 26〕《史記·孟子荀卿列傳》，中華書局，1979 年版。

〔註 27〕《呂氏春秋·十二紀》。另《禮記·月令》、《淮南子·天文訓》與此同。

〔註 28〕《淮南子·天文訓》。

〔註 29〕黃帝四面的神話，也見於 1973 年長沙馬王堆三號漢墓出土的戰國佚書《十六經·立命》「昔者黃宗質始好信，作自爲象（像），方四面，傅一心。四達自中，前參後參，左參右參，踐立（位）履參，是以能爲天下宗。」（見國家文物局古文獻研究室編：《馬王堆漢墓帛書·壹》，文物出版社，1980 年版，第61 頁。

〔註 30〕《韓非子·十過》。

型本爲舜時樂官，最早見於《尚書·堯典》：「帝（舜）曰：『夔！命女典樂，教胄子。直而溫，寬而栗，剛而無虐，簡而無傲。詩言志，歌永言，聲依永，律和聲。八音克諧，無相奪倫，神人以和。』夔曰：『於，予擊石拊石，百獸率舞。』」到了夏代初年，由於夔的後人伯封「貪惏無饜，忿纇無期，爲有窮后羿所滅，夔之一族，從此絕滅。」〔註31〕到了孔子之時，由於時隔久遠，人們對於夔的傳說已不十分清楚，所以才有魯哀公之問。據《呂氏春秋·察傳》記載：「魯哀公問於孔子曰：『樂正夔一足，信乎？』

孔子曰：『昔者舜欲以樂傳教於天下，乃令重黎舉夔於草莽之中而進之，舜以爲樂正。夔於是正六律，和五聲，以通八風，而天下大服。重黎又欲求人，舜曰：『夫樂，天地之精也，得失之節也。故唯聖人爲能和樂之本也。夔能和之，以平天下，若夔者一而足矣。』故曰夔一，足，非一足也。』」孔子根據《堯典》爲魯哀公釋疑，是合乎歷史事實的。夔神話的演變從文獻中看，始自《國語·魯語下》：「木石之怪曰夔、蝄蜽」到《莊子·秋水》中有「夔憐□」的記載，可見已成爲獨足之獸了。戰國中後期，方士對「夔一足」進一步加工，變爲狀如牛，蒼身而無角的一足怪獸了，但從以其皮爲鼓，能聲聞五百里來看，仍保留著「樂正」的史影。

《淮南子·覽冥訓》：「羿請不死之藥於西王母，恒娥竊以奔月，悵然有喪，無以續之。何則？不知不死之藥所由生也。」不死之藥是方士宣傳成僊的主要武器之一，戰國時的文獻中多有記載。而常娥奔月則是來自於歷史故事的演變，據《尚書·堯典》記載：「乃命羲、和，欽若昊天，曆象日月星辰，敬授人時。分命羲仲，宅嵎夷……寅賓出日……以殷仲春……申命羲叔，宅南交……日永星火，以正仲夏……分命和仲，宅西……寅餞納日……以殷仲秋……申命和叔，宅朔方……日短星昴，以正仲冬……帝曰：『咨，汝羲暨和。期三百有六旬有六日，以閏月定四時成歲，允釐百工，庶績咸熙。』從《國語·楚語下》觀射父的話中可知，羲和當爲重黎之後，他們世敘其職，堯時命羲氏、和氏「以治曆明時，教民稼穡以安也。」〔註32〕帝中康之時，羲、和湎淫，廢時亂日。胤往征之，作《胤征》。」〔註33〕到了戰國時候，羲、和

〔註31〕 《左傳·昭公 28 年》：「昔有仍氏生女，黰黑，而甚美，光可以鑑，名曰玄妻。樂正后夔取之，生伯封，實有豕心，貪惏無饜，忿纇無期，謂之封豕。有窮后羿滅之，夔是以不祀。」

〔註32〕 《國語·魯語上》韋昭注。

〔註33〕 《史記·夏本紀》。

還是分掌日月的官員，〔註34〕但在方士口中，由主日、月之官變爲主日月之神，則是最合理的想像。「有女子方浴月。帝俊妻常羲，生月十有二，此始浴之」。〔註35〕這裡的常羲儼然一月亮女神。據王念孫《讀書雜志》：「古音娥、羲同聲。」「儀羲二字，古音皆俄。」所以尚儀、常羲就是常娥。當戰國之時，乘雲駕霧的飛升觀念在方士思想中已根深蒂固。《莊子‧逍遙遊》（同書下僅寫篇名）中有「列子御風而行」、有「乘雲氣，御飛龍，而遊乎四海之外」的神人；《齊物論》有「乘雲氣，騎日月，而遊乎四海之外」的至人；《大宗師》有「登天遊霧」之語；《應帝王》有「乘夫莽眇之鳥，以出六極之外」之人；《天地》更有「千歲厭世，去而上僊，乘彼白雲，至於帝鄉」的僊人。《楚辭‧遠遊》有「載營魄而登霞兮，掩浮雲而上徵」；《九歌》中有「駕龍□兮乘雷，載雲旗之委蛇」等等。在這種社會背景之下，常娥就由人間主管觀象授時的官員而變爲美麗的奔月女神了。

　　與常娥有關而被神話化的人物是羿。羿的原型，《左傳‧襄公4年》記載最爲詳細：「昔有夏之方衰也，后羿自鉏遷於窮石，因夏民以代夏政，恃其射也，不修民事，而淫於原獸，棄武羅、伯因、熊髡、龍圉，而用寒浞。寒浞，伯明氏之讒子弟也。伯明后寒棄之，夷羿收之，信而使之，以爲己相。浞行媚於內，而施賂於外，愚弄其民，而虞羿於田，樹之詐慝，以取其國家，外內咸服，羿猶不悛，將歸自田，家眾殺而亨之，以食其子，其子不忍食諸，死於窮門。」在《左傳》中，羿是一位眞實可信的歷史人物。羿的事蹟亦見於《左傳》之前的《虞人之箴》：「在帝夷羿，冒于原獸，忘其國恤，而思其麀牡。武不可重，用不恢于夏家。」〔註36〕可知羿在夏代初年是奪取太康政權而自立的一個君主，由於善射，又不修民事，後被奸臣寒浞所滅。在以後的歷史傳說中，羿的善射被人們代代傳頌，逐漸神化。《論語‧憲問》：「南宮适問於孔子曰：『羿善射，奡盪舟，俱不得其死，然禹稷躬稼而有天下，』羿被孔子弟子作爲「勇者未必仁」的代表。《孟子‧離婁下》：「逢蒙學射於羿，盡羿之道，思天下惟羿爲愈己，於是殺羿。」羿因射技絕倫而遭嫉妒，被其弟子逢蒙所殺。《莊子‧庚桑楚》：「一雀適羿，羿必得之，威也。」羿射飛鳥，

〔註34〕《呂氏春秋‧勿躬》：「羲和作占日，尚儀作占月。」畢沅注云：「尚儀即常儀，古讀儀爲何，後世遂有常娥之鄙言。」此時羲、和已演化爲羲和、尚儀二人，而分別主占日占月之事。

〔註35〕《山海經‧大荒西經》。

〔註36〕《左傳‧襄公4年》引。

百發百中，是一個名副其實的神箭手。《楚辭・離騷》：「羿淫遊以佚畋兮，又好射乎封狐。固亂流其鮮終兮，浞又貪夫厥家。」以上所記傳說中的羿，都是一位善射的英雄，但在《楚辭・天問》中已帶有神話的因素：「帝降夷羿，革孽夏民，胡□夫河伯，而妻彼雒嬪？」羿射殺了不能使人目驗的河伯，而娶其妻雒嬪，羿的神威已露端倪。《莊子・齊物論》中已記「昔者十日並出，萬物皆照」《山海經・大荒南經》中記有：「有女子名曰羲和，方浴日於甘淵。羲和者，帝俊之妻，是生十日。」天有十日，與人們的日常生活迥異，爲了合理解釋這一現象，唯有善射的英雄能完成此項大業，於是就產生羿射十日的神話：「逮至堯之時，十日並出，焦禾稼，殺草木，而民無所食。猰貐、鑿齒、九嬰、大風、封豨、脩蛇，皆爲民害。堯乃使羿誅鑿齒於疇華之野，殺九嬰於凶水之上，繳大風於青邱之澤。上射十日而下殺猰貐，斷脩蛇於洞庭，禽封豨於桑林，萬民皆喜，置堯以爲天子。」〔註37〕羿就由夏初的篡位之君而變爲神話中的射日英雄了。

防風氏的故事，見於《國語・魯語上》：「吳伐越，墮會稽，獲骨焉，節專車。吳子使來好聘，且問之仲尼曰：『無以吾命。』賓發幣於大夫，及仲尼，仲尼爵之。既徹俎而宴，客執骨而問曰：『敢問骨何爲大？』仲尼曰：『丘聞之：昔禹致群神於會稽之山，防風氏後至，禹殺而戮之，其骨節專車，此爲大矣。』客曰：『敢問誰守爲神？』仲尼曰：『山川之靈，足以紀綱天下者，其守爲神；社稷之守者，爲公侯，皆屬於王者。』客曰：『防風何守也』仲尼曰：『汪芒氏之君也，守封嵎之山者也，爲漆姓。在虞夏商爲汪芒氏，於周爲長狄，今爲大人。』客曰：『人長之極幾何？』仲尼曰：『僬僥氏長三尺，短之至也。長者不過十之，數之極也。』」〔註38〕這一段講的是禹巡守的歷史，禹在會稽山「觀群后」即借祭祀之機，召集東方諸邦首領一起聚會。而「觀群后」的重要目的之一，就是「訓上下之則」〔註39〕汪芒之君防風氏因聚會時姍姍來遲而受到懲罰當是情理之事。另外長狄則是春秋時人親眼所見，有《左傳・文公11年》之記載爲證：

　　鄭瞵侵齊，遂伐我。公卜使叔孫得臣追之，吉。侯叔夏御莊叔，縣

〔註37〕　《淮南子・本經訓》。
〔註38〕　《韓非子・飾邪》亦記此事，較簡略，茲錄於下：「禹朝諸侯之君會稽之上，防風之君後至而禹斬之。」
〔註39〕　《左傳・莊公23年》。關於巡狩之制參趙世超《巡狩制度試探》，《歷史研究》，1995年第3期。

房甥爲右，富父終甥駟乘，冬十月甲午，敗狄於鹹，獲長狄僑如，
富父終甥摏其喉以戈，殺之。埋其首於子駒之門，以命宣伯。
初，宋武公之世，鄋瞞伐宋。司徒皇父帥師禦之，耏班御皇父充石，
公子谷甥爲右，司寇牛父駟乘，以敗狄於長丘，獲長狄緣斯。皇父
之二子死焉，宋公於是以門賞耏班，使食其征，謂之耏門。
晉之滅潞也，獲僑如之弟焚如。齊襄公之二年，鄋瞞伐齊。齊王子
成父獲其弟榮如，埋其首於周首之北門。衛人獲其弟簡如。鄋瞞由
是遂亡。

　　以上可知防風氏在周爲長狄爲不易之史事，但仍有人認爲「《左傳》記事，
常有歷史和神話傳說雜糅的地方，這裡的記載，看來好像是眞實，但其實還
當屬於神話傳說範圍。」〔註40〕《魯語》和《左傳》之文明白無誤地告訴我
們：禹所殺的防風氏，是汪芒氏之君，漆姓，只是其人體型較中原人爲大而
已，但袁珂先生在解釋時認爲「被禹殺戮在會稽山的防風氏，一節骨頭就須
用整部車子來裝載，是天神，也是後世巨人族的祖先。」〔註41〕說防風氏是
天神，不合歷史事實，但說他是「後世巨人族的祖先」則是正確的。因爲隨
著禹被神化，防風氏也就變成神禹手下的巨神，後又演化爲長股國、大人國。
〔註42〕同樣，我們認爲關於禹的神話亦來自歷史事實，是把歷史人物神話化
而成爲神話人物。大禹的史蹟最早見於記載的是關於治水的故事。據《尚書‧
堯典》所載：「舜曰：『咨四嶽。有能奮庸熙帝之載，使宅百揆，亮採惠疇？』
僉曰：『伯禹作司空。』帝曰：『俞，咨禹，汝平水土。惟時懋哉。』禹拜稽
首，讓於稷、契暨皋陶。帝曰：『俞，汝往哉。』這裡所記是在虞舜之時，由
四嶽推舉，禹被任命爲司空，去平治水土。而其治水的經過和結果在《尚書‧

〔註40〕袁珂：《巨人──齊魯神話與僊話傳說範圍》，《思想戰線》，1991年第4期。（著
　　　　重號爲引者所加）
〔註41〕袁珂：《中國神話傳說》，中國民間文藝出版社，1984年版，第359頁。
〔註42〕《山海經‧海外西經》：「長股之國，在雄常北，被髮，一曰長腳。」《大荒西
　　　　經》：「西北海之外，赤水之東，有長脛之國。」《海外東經》：「大人國在其北，
　　　　爲人大，坐而削船。」《大荒東經》：「有波谷山者，有大人之國，有大人之市，
　　　　名曰大人之堂，有一大人踆其上……」《大荒北經》：「有人名曰大人，有大人
　　　　之國，釐姓，黍食。」《淮南子‧墜形訓》有「脩股民」、「大人國」。從《山
　　　　海經》、《淮南子》看「長股之國」、「長脛之國」、「脩股民」、「大人國」、「大
　　　　人」等都沒有神性，只是其身體特徵異於常人而已。從中亦可看出，《山海經》
　　　　所記並非全是神話。

皋陶謨・中》也有記載：「帝曰：『來，禹，汝亦昌言。』禹拜曰：『都，帝，予何言？予思日孜孜。』皋陶曰：『吁，如何？』禹曰：『洪水滔天，浩浩懷山襄陵，下民昏墊。予乘四載，隨山刊木，暨益奏庶鮮食。予決九川距四海，濬畎澮距川，暨稷播奏庶艱食。鮮食，懋遷有無化居。烝民乃粒，萬邦作乂。』」由於洪水成災，下民為水所困，禹為了治水，到處奔走，遇山則斫樹以為標誌。在益的佐助之下，給下民鳥獸魚鼈之肉以充饑。疏導天下之水使流入大海，然後疏濬小河以通於大川。又在稷的佐助下教民播種，給下民提供百穀及水陸動物之肉以供食用。貿易遷徙，互通有無，並積聚財物。下民才安定下來，萬邦得到治理。關於大禹治水的史實，先秦典籍中多有提及：「豐水東注，維禹之績。」〔註43〕「洪水茫茫，禹敷下土方。」〔註44〕《詩經》中的禹因治理茫茫洪水，留下不朽功勳。「子曰：『禹，吾無間然矣。菲飲食而致孝乎鬼神，惡衣服而致美乎黻冕，卑宮室而盡力乎溝洫。』」〔註45〕孔子口中的禹是一個不圖享樂，甘願自苦而致力於水利事業的治水英雄。而《孟子・滕文公上》記載禹治水的過程：「當堯之時，天下猶未平，洪水橫流，氾濫於天下。草木暢茂，禽獸繁殖，五穀不登，禽獸偪人。獸蹄鳥跡之道，交於中國。堯獨憂之，舉舜而敷治焉。舜使益掌火，益烈山澤而焚之，禽獸逃匿。禹疏九河，瀹濟、漯，而注諸海；決汝、漢，排淮、泗，而注之江。然後中國可得而食也。當是時也，禹八年於外，三過其門而不入。」禹治水在外，三過家門而不入，禹的這種以天下為己任的大公精神傳頌至今。《呂氏春秋・愛類》說：「禹於是疏河決江，為彭蠡之障，乾東土所活者，千八百國，此禹之功也。」禹的功業可謂大矣。由上所述，可以得出如下結論：由於禹疏川導河，平治水土，使民得以安居，所以為歷代人們所傳頌，被尊為治水英雄。這樣的英雄是方士造神的最好「原料」。「共工之臣曰相柳氏，九首，以食于九山。相柳之所抵，厥為澤谿。禹殺相柳，其血腥，不可以樹五穀種。禹厥之，三仞三沮。乃以為眾帝之臺，在昆侖之北，柔利之東。相柳者，九首人面、蛇身而青。」〔註46〕禹殺九首人面、蛇身而青、抵地為澤溪的妖怪相柳氏，若沒有神力（功）是不可想像的。而《呂氏春秋・知分》則記了禹的另

〔註43〕《詩經・文王有聲》。
〔註44〕《詩經・信南山》。
〔註45〕《論語・泰伯》。
〔註46〕《山海經・海外北經》。

一則神話故事:「禹南省,方濟乎江,黃龍負舟。舟中之人,五色無主。禹仰視天而歎曰:『吾受命於天,竭力以養人。生,性也;死,命也,余何憂於龍焉?』龍俛耳低尾而逝。」治水英雄治服水中神物黃龍則是合理的想像。隨著禹的神性不斷加強,就連他的出生亦帶上濃濃的神話色彩:「鯀復生禹」,〔註47〕而《歸藏·啓筮》則記的更爲明白:「鯀殛死,三歲不腐,副之以吳刀,是用生禹。」原來禹是通過剖腹產由其父親所生,而孕期竟達三年之久,這樣的人非神而何?

在神話化運動的影響之下,一些原本質樸的神,漸漸變得豐富起來,由神而爲神話,並具有一定神的形象。如關於五方之神〔註48〕就出現的較早,據考證,它來源於五行之官。《左傳·昭公29年》記載:「夫物,物有其官,官修其方,朝夕思之。一日失職,則死及之。失官不食。官宿其業,其物乃至。若泯棄之,物乃抵伏,鬱湮不育。故有五行之官,是謂五官,實列受氏姓,封爲上公,祀爲貴神。社稷五祀,是尊是奉。木正曰句芒,火正曰祝融,金正曰蓐收、水正曰玄冥,土正曰后土。」句芒、祝融、蓐收、玄冥、后土顯然是世守其官,被「列受姓氏、封爲上公」的五個歷史人物,由於他們的後代世敘其職,這五個人就漸漸被尊奉爲神而受到祭祀。在《墨子·明鬼下》篇,句芒的神話就已較豐滿了:「昔者鄭穆公,當晝日中處乎廟,有神入門而左,鳥身,素服三絕(玄純),面狀方正。鄭穆公見之,乃恐懼,奔,神曰:無奔,帝享女明德,使予賜女壽,十年有九,使若國家蕃昌、子孫茂、毋失鄭穆公再拜稽首曰:敢問神名?曰:予爲句芒。」句芒已變爲鳥身面方之神,且能賜鄭穆公壽十九年。《山海經·海外東經》則曰:「東方句芒,鳥身人面,乘兩龍。」在鳥身人面的基礎上變爲乘兩龍的東方之神了。祝融在《山海經·海外南經》中變爲「獸身人面,乘兩龍」的南方之神。蓐收在《國語·晉語》所記虢公的夢中已變爲神了:「虢公夢在廟,有神人面白毛虎爪,執鉞立於西阿之下,公懼而走。神曰:無走!帝命曰:使晉襲於爾門。公拜稽首。覺,召史嚚占之,對曰:如君之言,則蓐收也,天之刑神也,天事官成。」人面白毛虎爪的刑神蓐收在此已帶有西方之神的影子了。所以在《山

〔註47〕《山海經·海內經》。

〔註48〕據《禮記·月令》記載,五方之神分別是東方之神句芒,南方之神祝融,中央之神后土,西方之神蓐收,北方之神玄冥。《呂氏春秋·十二紀》、《淮南子·天文訓》與此同。

海經·海外西經》中就變成「左耳有蛇，乘兩龍」的西方之神了。玄冥在《山海經·海外北經》中已被改名換姓：「北方禺彊，人面鳥身，珥兩青蛇，踐兩青蛇。」郭璞在注禺彊時說：「字玄冥，水神也。」深得其意。后土在《山海經》中凡兩見，其本身雖未有怪異之形，但從《大荒北經》中對其孫夸父的記述中就可看出其神性來：「有人珥兩黃蛇，把兩黃蛇，名曰夸父。后土生信，信生夸父。」

女媧神話也是這一時期的神話由質而文，由簡而繁的典型例子。《楚辭·天問》中，屈原對女媧的來歷提出疑問：「女媧有體，孰制匠之？」而《山海經·大荒西經》中已神性顯著：「有神十人，名曰女媧之腸，化爲神，處栗廣之野，橫道而處。」郭璞注曰：「或作女媧之腹。」女媧之腹化爲神，能孕育萬物，所以在《淮南子·說林訓》就演變爲：「黃帝生陰陽，上駢生耳目，桑林生臂手，此女媧所以七十化也。」的造人之神了。女媧既能創造人類，所以在人類的心目中，女媧就是具有無邊法力的大神，在《淮南子·覽冥訓》中還記載了女媧補天的神話故事：「往古之時，四極廢，九州裂，天不兼覆，地不周載，火□炎而不滅，水浩洋而不息，猛獸食顓民，鷙鳥攫老弱。於是女媧煉五色石以補蒼天，斷鼇足以立四極，殺黑龍以濟冀州，積蘆灰以止淫水。」

關於戰國時期的神話化運動的現象，以上僅舉數例加以分析，實際上在戰國中後期，有相當一部分歷史人物都隨著神僊方士造神運動的興起而變成神話人物；同時，亦有大量古老的神話由質而文、由簡而繁，使許多流傳後世的神話在這一時期基本定型。因此，我們認爲在戰國中後期存在著一股歷史人物神話化思潮，由於其規模較大，影響深遠，我們稱之爲歷史人物神話化運動。

二、戰國時期神僊思想的勃興與歷史人物神話化運動

關於神僊思想的產生，大約有四說：一爲起於燕齊方士，多數人持這種觀點。許地山在其所著《道教史》〔註49〕中認爲：「神僊思想的起源本出於燕齊方士。這兩國爲當時近海的開明國，海邊的景象，如蜃樓雲氣等，給他們一種僊山的暗示。」顧頡剛先生基本持此說。〔註50〕二爲聞一多先生所說的：「神僊思想是從西方來的」〔註51〕認爲居於西部的羌族，通過火葬以求靈魂

〔註49〕許地山：《道教史》，華東師範大學出版社，1996年版。
〔註50〕顧頡剛：《秦漢的方士與儒生》，上海古籍出版社，1998年版。
〔註51〕聞一多：《神話與詩》，華東師大出版社，1996年版。

昇天，這一習俗後來傳到燕齊一帶，最終在戰國時期形成神僊說。今人唐楚臣在《神僊思想源於氏羌圖騰崇拜》〔註52〕一文中，利用民族學材料，對以彝族爲主的火崇拜、火葬習俗及其虎圖騰崇拜的考察，認爲神僊思想是從西方氏羌人的靈魂隨煙昇天觀念發展而來的。這實際是對聞先生神僊思想西來說增添了一個佐證。三是羅永麟先生提出的：「神僊思想本是巫覡思想的發展，屬於原始宗教的範疇，是道教的前身，可能也是道家思想的源頭。」〔註53〕「道家這種思想體系（人法地、地法天、天法道、道法自然。——引者注）是介於神僊家和道教之間的一種過渡，是形成道教的中介。」〔註54〕「神僊思想雖然起源很早，但其盛行卻在戰國中、晚期。」〔註55〕四爲日本學者窪德忠提出的山嶽崇拜說認爲：神僊思想是「公元前四世紀末或公元前三世紀初，華北各地鼓吹山嶽信仰的方士聯繫該地區山的傳說在各地提出的說法。」〔註56〕以上四說基本代表神僊思想起源的研究狀況，雖各說異辭，但認爲神僊思想盛行於戰國則爲一致。我們認爲神僊思想的產生，固不可能在戰國時突然出現，應有其前賦文化的影響，但如羅先生把神僊家排列在道家之前，似欠妥當。

大凡研究中國文化的學者，都認爲中國人重實際，〔註57〕除受地理等因素影響外，還有人爲的因素，即在顓頊和堯時期對宗教的兩次打擊：「古者民神不雜。……及少皞之衰也，九黎亂德，民神雜糅，不可方物。夫人作享，家爲巫史，無有要質。民匱於祀，而不知其福。烝享無度，民神同位。民瀆齊盟，無有嚴威。神狎民則，不蠲其爲。嘉生不降，無物以享。禍災荐臻，莫盡其氣。顓頊受之，乃命南正重司天以屬神，命火正黎司地以屬民，使復舊常，無相侵瀆，是謂絕地天通。」〔註58〕可知在少皞時期，曾因民神同位，人人都可以通神，以致淫祀無度，民不聊生，所以到顓頊時，爲解民於困苦之中，打擊民間巫術，派專人（重、黎）主管祭祀通神，「絕地民與天神相通

〔註52〕《民間文學論壇》，1988 年第 5、6 期合刊。
〔註53〕羅永麟：《中國僊話研究》，上海文藝出版社，1993 年版，第 84 頁。
〔註54〕羅永麟：《中國僊話研究》，上海文藝出版社，1993 年版，第 84 頁。
〔註55〕羅永麟：《中國僊話研究》，第 84 頁。
〔註56〕（日）窪德忠：《道教史》，上海文藝出版社，1987 年版.
〔註57〕前引魯迅之言，即其一。又如呂思勉《先秦學術概論》所言：「先秦諸子之學，皆切實際，重應用。」徐旭生《中國古史的傳說時代》：「我國人民性情樸質，幻想力不夠發達。」此不備舉。
〔註58〕《國語·楚語下》：上海古籍出版社，1988 年版，第 559、562 頁。

之道」。〔註59〕「其後，三苗復九黎之德，堯復育重、黎之後不忘舊者，使復典之。以至於夏、商，故重、黎氏世敘天地，而別其分主者也。其在周，程伯休父其後也，當宣王時，失其官守而爲司馬氏。」〔註60〕可見，雖經顓頊「絕地天通」，由於傳統勢力的頑固，民神雜糅的風氣曾一度死灰復燃，至堯時，又重新整頓，讓重、黎之後世敘天地，直到周宣王之時。經過從顓頊到周宣王千餘年之久的宗教整頓，使巫術受到重創，同時進一步促使中國人走向「重實際而黜玄想」的現實主義道路。而在人生觀方面則表現爲對長生幸福的追求。

（一）西周到春秋長壽思想的演變

《尚書‧洪範》中的「五福」、「六極」可謂西周中國人重實際的人生觀的集中體現：「五福：一曰壽、二曰富、三曰康寧、四曰攸好德、五曰考終命。六極：一曰凶短折，二曰病，三曰憂，四曰貧，五曰惡，六曰弱。」「五福」、「六極」實際上講的是一個事物的兩個方面。「五福」之首的「壽」與「六極」之首的「凶短折」的一致性，從正反兩方面表達了中國人對生命的追求與嚮往。

西周時期，中國人對生命的追求是長壽，但還沒有突破對生命極限即肉體不死的追求，只求「考終命」，而不要「凶短折」（據鄭注：未齒曰凶，未冠曰短、未婚曰折）。這一願望在周代金文中表現的十分突出。徐中舒先生在三十年代中期曾著有《金文嘏辭釋例》一文，對銅器銘文進行歸納，記有「萬年無疆」的有師遽簋、大克鼎、小克鼎、伊簋、散繻鼎、史頌鼎及簋、虢季子白盤等器，記有「眉壽無疆」的有不期簋、伯克壺等器，記有「萬年眉壽」的有頌鼎簋壺、曶壺、蔡簋等器，記有「眉壽萬年無疆」的有兮甲盤、鄴簋等器，記有「眉壽萬年」的有無惠鼎等。記有「霝冬」（令終）之器有：蔡姞簋、頌鼎、追簋、散繻鼎、小克鼎、史頵鼎、不期簋、遣盨、伯家父簋等。銅器銘文與《詩》所記基本一致，如《七月》、《楚茨》、《信南山》、《甫田》中的「萬壽無疆」，《南山有臺》中的「萬壽無期」，《行葦》中的「以祈黃耇，黃耇臺背」，《既醉》中的「君子萬年，介爾景福」、《江漢》中的「天子萬年」，「天子萬壽」，《烈祖》中的「綏我眉壽，黃耇無疆」，《既醉》中還有「昭明

〔註59〕《國語‧楚語下》韋注，第563頁。
〔註60〕《國語‧楚語下》，第563頁。

－159－

有融，高朗令終，令終有俶，公尸嘉告」之語。可見西周時人們的觀念雖希求長壽，但還是以善終（壽終正寢）爲最終歸宿。但到春秋以後則已發生變化，從春秋時銘文中即可看出由原來的「眉壽」漸變爲「保其身」（有夆叔匜、異公壺、慶叔匜、齊夷鎛、齊綸鎛、徐王義楚鍴等器），由原來的「霝冬」變爲「難老」（有夌季良父壺、齊夷鎛、齊太宰歸父盤等器）和「毋死」（有齊綸鎛一器）。這一變化與老莊由「貴生」到「攝生」、「卻老」的變化相一致。

（二）道家的養生思想與神僊思想

道家同諸子百家一樣，看到當時社會動蕩、人欲橫流，爲了救治時弊，提出了一系列主張，在政治上主張無爲，在人性上則主張內修，對傳統的長壽思想加以繼承，進而提出了一套保身〔註61〕貴生的思想，老子看到當時社會上的人不擇手段，追名逐利，就提出了名與貨皆身外之物，若勞形傷身地去追求，則不是長生之道：「名與身孰親？身與貨孰多？得與亡孰病？甚愛必大費，多藏必厚亡。故知足不辱，知止不殆，可以長久。」〔註62〕這是老子的保身貴生思想。「蓋聞善攝生者，陸行不遇犀虎，入軍不被甲兵，犀無所投其角，虎無所用其爪，兵無所容其刃。夫何故？以其無死地。」〔註63〕看來「攝生」是保身貴生的具體手段。而「嗇」則是其保身貴生的基本原則：「治天事人，莫若嗇。夫唯嗇，是謂早服；早服謂之重積德；重積德則無不克；無不克則莫知其極；莫知其極，可以有國；有國之母，可以長久；是謂深根固柢，長生久視之道。」〔註64〕「少費之謂『嗇』」〔註65〕這是「至人」爲了「常保青春，不以外耗內，」〔註66〕以達到長生久視。老子的嗇被楊朱加以發揚。楊朱爲「全性保眞，不以物累形」〔註67〕竟達到「撥一毛而利天下，不爲也」〔註68〕的地步。「全生爲，虧生次之，死次之，迫生爲下。」〔註69〕這是道家後學子華子的貴生主張，以

〔註61〕保身思想，西周亦有：「休矣皇考，以保明其身。」（詩・訪落）），「既明且哲，以保其身」（《詩・丞民》）。春秋時有關保身思想見於以下銅器：夆叔匜、異公壺、慶叔匜、齊夷鎛、齊綸鎛、徐王義楚鍴等。

〔註62〕《老子》，第44章。

〔註63〕《老子》，第50章。

〔註64〕《老子》，第59章。

〔註65〕《韓非子・解老》。

〔註66〕魏源：《老子本義》，諸子集成本，第51章引蘇轍語。

〔註67〕《淮南子・氾論訓》。

〔註68〕《孟子・盡心上》。

〔註69〕《呂氏春秋・貴生》。

「於身無所虧，於義無所損」〔註70〕爲最高追求目標。

關於莊子的「養生」思想雖有不同論述，〔註71〕但都承認養生（指自然生命的保全）是莊子思想的一個重要內容。老莊的養生思想都是針對當時人欲橫流的社會現實提出來的，因此他們首先主張統治者政治上無爲，而政治上無爲就省卻了體力上的消耗，進而發展到對個人生命的追求，這也符合統治者能更長時期的君臨人間，永享榮華富貴的願望。「吾生也有涯，而知也無涯。以有涯隨無涯，殆已。已而爲知者，殆而已矣。爲善無近名，爲惡無近刑，緣督以爲經。可以保身，可以全生，可以養身，可以盡天年。」〔註72〕這裡「緣督以爲經」是莊子養生處世的核心。「緣督以爲經」郭象注曰：「順中以爲常也。」〔註73〕莊子認爲凡事只要順其自然，就要可以保身全生，養身盡年。同時莊子認爲，「知天之所爲者，知人之所爲者，至矣。知天之所爲者，天而生也；知人之所爲者，以其知之所知以養其知之所不知，終其年而不中道夭者，是知之盛也。」〔註74〕這裡的「知之所知」當是《庚桑楚》中的「衛生之經」，即養生之術。《莊子》一書中關於養生之術多有記載：「吹呴呼吸，吐故納新，熊經鳥申，爲壽而已矣，此導引之士，養形之人，彭祖壽考者之所好也。」〔註75〕這是後世神僊家的導引之術。「藐姑射之山，有神人居焉，肌膚若冰雪，淖約若處子，不食五穀，吸風飲露，乘雲氣，御飛龍，而遊乎四海之外，其神凝，使物不疵癘而年穀熟。」〔註76〕這是後世神僊家的辟穀之術。「眞人之息以踵，眾人之息以喉。」〔註77〕這是後世神僊家的行氣之術。通過導引、辟穀、行氣之術，可以使人延年益壽，返老還童，必爲當時人所目見，因而有「子之年長也，而色若孺子」〔註78〕之問，亦有「行年七十，而猶有嬰兒之色」〔註79〕之歎。可見，能爲延年益壽之術者深爲當時人所羨

〔註70〕　《呂氏春秋·貴生》高誘注。
〔註71〕　參見吳學琴：《莊子養生思想辨析》、《社會科學》，1993 年第 1 期。陳紹燕：《莊子養生說發微》、《文史哲》，1997 年第 4 期。
〔註72〕　《莊子·養生主》。
〔註73〕　郭慶藩：《莊子集釋·養生主第三》，諸子集成本。
〔註74〕　《莊子·大宗師》。
〔註75〕　《莊子·刻意》。
〔註76〕　《莊子·逍遙遊》。
〔註77〕　《莊子·大宗師》。
〔註78〕　《莊子·大宗師》。
〔註79〕　《莊子·達生》。

慕。總之，道家的養生思想和養生術為當時神僊方士所利用，從而促成了戰國中後期歷史人物神話化運動的興盛。

（三）靈魂不死到肉體不死的演變

由延年益壽思想再進一步發展就是對肉體不死的追求。而對肉體不死的追求，一方面來自上述一些延年益壽的方術，即通過導引、行氣、辟穀等方術，可使人返老還童；另一方面則應來自於對靈魂不死追求的昇華。

靈魂觀念產生於原始社會，在原始人心目中，萬物皆有靈，所以原始人相信，一方面自己是有生命有肉體的人，另一方面又是以幻象形象出現的精神──靈魂。「在發展的母權制下，宗教是沿著自然崇拜的路線發展的，同時個別的自然力和自然因素被賦予以婦女的形象……婦女轉到丈夫家中居住以後，起初還保存著自己的崇拜和節慶，後來則改奉她的丈夫的崇拜和宗教。與父權制和自然崇拜相伴隨，發展起來祖先崇拜。」〔註80〕隨著祖先崇拜的出現，人們對祖先的靈魂的專門崇拜──鬼魂崇拜（manism）也就產生了。這種對死者靈魂的崇拜幾乎流行於全世界。「信仰者認為這樣可以使活人得到祖先的幫助。」〔註81〕祖先崇拜在中國以家庭的擴大形式建立起來的早期文明國家中，得到了大大的加強。夏代由於文獻的缺乏，我們已不知其具體情況。商代祖先祭祀制度的面貌已比較清楚了，它用「翌」、「祭」、「壹」、「劦」、「彡」五種祀典周而復始地祭祀自上甲至康丁三十一王。〔註82〕周代已形成一套固定而完善的祖先崇拜儀式：設主、厭祭、立尸。〔註83〕主是周人祖先崇拜的物質實體，是祖先神靈所憑依。厭祭是祝在室內對主完成的一系列儀式，（陰厭祭於奧，陽厭祭於室中西北隅）。厭祭結束，才迎尸於門外。與厭祭相比，立尸獻祭是文明發展到較高階段的產物。尸是活的神像，在設主獻祭出現之後，獻祭者不能親見祖先神靈享用祭品，於是在活人中選擇一個符合特定要求的人作為死者替身，由他來享用祭品，這樣既告慰了祖先的亡靈，又滿足了獻祭者的心理。由設主、厭祭到立尸，大大縮短了人鬼之間的距離。

〔註80〕柯斯文：《原始文化史綱》，人民出版社，1955 年版，第 18 頁。
〔註81〕吳澤霖：《人類學詞典》，上海辭書出版社，1991 年版，第 435 頁。
〔註82〕常玉芝：《商代周祭制度》，中國社會科學出版社，1987 年版。
〔註83〕《儀禮》：《特牲饋食禮》、《少牢饋食禮》、《有司徹》。商務印書館，叢書集成初編。

　　春秋時期，開始對靈魂觀念進行哲理性總結。鄭子產在回答晉趙景子所問關於鬼的問題時說：「人生始化曰魄，既生魄，陽曰魂，用物精多，則魂魄強，是以有精爽至於神明。」〔註84〕子產認爲人死即化爲魄，其陽氣則爲魂。孔子在解釋鬼神時指出：「氣也者，神之盛也。魄也者，鬼之盛也。合鬼與神，教之至也。眾生必死，死必歸土，此之謂鬼，骨肉斃於下，陰爲野土；其氣發揚于上爲昭明。」〔註85〕這裡孔子所講的「氣」，相當於子產所講的魂，是指能離開形體而存在的精神，但其歸宿則與魂不同。「魂氣歸于天，形魄歸於地。」〔註86〕這是對孔子思想的繼承和發展，認爲人死之後，魂氣與形魄相分離，魂氣上歸于天，而形魄則下歸於地。這裡所說的魂氣，就是我們所說的靈魂，人死後，其靈魂從肉體中分離出來，升到天上。祖先的在天之靈除了享用其子孫獻的祭品之外，還在天庭保祐其子孫。《左傳・昭公三年》記載了齊晏嬰與叔向論齊晉季世時，講到田氏將要代齊，不僅百姓「愛之如父母，歸之如流水」，而且「箕伯、直柄、虞遂、伯戲，其相胡公、大姬已在齊矣。」即陳之先祖箕伯四人和始封者胡公等的神靈已都在齊國，保祐田氏順利奪取齊政。此時的祖先神靈還是看不見的，最多只能憑依於主或尸。尸作爲死者活著的後裔，能代替死者享用祭品，久而久之，就造成這樣一種假象，人們想，死了的人能否重現？《左傳・僖公十年》記載了晉惠公改葬太子申生之後，狐突在去曲沃的路上遇見了太子申生，並登太子之車而爲之御，還與太子有一段關於晉國命運的對話，而且約定：「七日，新城西偏將有巫者而見我焉。」七天以後，太子果然依附於巫師出現在新城西偏。這個帶有神奇色彩的故事，首先具有的是政治目的，因爲惠公不德，將要受到懲罰，太子的英靈提前把這一信息傳到了晉國，但它在客觀上表達了人們對已故太子的懷念，並渴望重新見到太子的強烈願望。在《墨子・明鬼》篇中所記杜伯射周宣王之事當是對這種靈魂能依尸以享祭品的可操作性的觀念的發展。其文曰：「周宣王殺其臣杜伯而不辜，杜伯曰：『吾君殺我而不辜，若以死者爲無知，則止矣。若死而有知，不出三年，必使吾君知之。』其三年，周宣王合諸侯，而田於圃田。車數百乘，從（依俞樾改）數千，人滿野。日中，杜伯乘白馬素車，朱衣冠，執朱弓，挾朱矢，追周宣王，射之車上，中心折脊，殪車中，伏弢而死。當是之時，周人從者莫不見，遠者莫不聞，著

〔註84〕　《左傳・昭公七年》。
〔註85〕　《禮記・祭義》。
〔註86〕　《禮記・郊特牲》。

在周之春秋。」人死爲鬼,且能復仇這種觀念久已有之,但能讓人所親見,則是新出現的觀念。在春秋時期出現的這種觀念是對傳統靈魂不死觀念的進一步發展。它對後世神僊思想追求肉體不死的觀念的產生,無疑是一副有效的催化劑。

(四)春秋戰國的社會劇變與神僊思想的興起

春秋戰國是一個大變動時代。平王東遷以後,王室衰微,禮壞樂崩,諸侯爭霸,整個社會觀念和風俗都發生了劇變。到戰國後期,韓非說:「今有美堯舜鯀禹湯武之道於當今之世者,必爲新聖笑矣。」〔註87〕「今死之孤飢餓乞於道,而優笑酒徒之屬乘車衣絲,賞祿所以盡民力,易下死也。今戰勝攻取之士勞而賞不霑,而卜筮視手理狐蟲爲順辭於前者日賜,」〔註88〕當時的社會風尚與道德的變化亦可略見一斑。傳統的社會法律、禮儀、風俗、道德等都不再被盲目尊崇。而子產提出了「天道遠,人道邇」的思想,重現實的觀念進一步加強,與理性思維發展的同時,人的生物本性得到自由提倡,最主要的表現就是上自君主,下至大夫,無不欲全身、貴生,這正是促使神僊思想產生的社會基礎。

在這一社會劇變的過程中,「欲闢土地……莅中國而撫四夷」〔註89〕是各國君主的政治抱負。隨著各國開疆拓土,君主的權力越來越大,國家的財富(珍奇異寶)的積聚也愈來愈多,因此在生活方面,「富壽多男子」〔註90〕的觀念成了君主追求的目標。「夫天下所尊者,富貴壽善也。所樂者,身安,厚味、美服、好色、聲音也。」〔註91〕在君主的倡導之下,追求安逸享樂已成爲當時的社會風尚。春秋戰國之時,各國君主貴爲人主、金玉如山,一方面過著「出則以車,入則以輦,務以自佚……肥肉厚酒,務以自強」〔註92〕榮華富貴的生活,另一方面又過著「靡曼皓齒、鄭衛之音、務以自樂」〔註93〕奢侈荒淫的生活。齊宣王曾明言「寡人好色」,〔註94〕孟子則認爲:「好色,

---

〔註87〕《韓非子・五蠹》諸子集成本(依王先愼集解改)。
〔註88〕《韓非子・詭使》。
〔註89〕《孟子・梁惠王上》。
〔註90〕《莊子・天地》。
〔註91〕《莊子・至樂》。
〔註92〕《呂氏春秋・本生》。
〔註93〕《呂氏春秋・本生》。
〔註94〕《孟子・梁惠王下》。

人之所欲也」，〔註95〕關鍵在於要有度。《左傳·昭公元年》記了晉平公因貪色過度，終不能醫的故事：「晉侯有疾……求醫於秦，秦伯使醫和視之，曰：『疾不可為也，是謂近女，室疾如蠱。非鬼非食，惑以喪志……』公曰：『女不可近乎？』對曰：『節之。先王之樂，所以節百事也，故有五節；遲速本末以相及，中聲以降。五降之後，不容彈矣。於是有煩手淫聲，慆堙心耳，乃忘平和，君子弗聽也。……今君不節、不時，能無及此乎？』」晉侯「淫以生疾，將不能圖恤社稷」，〔註96〕這種君主在春秋戰國之時當為數不少。有鑒於此，君主對全身貴生的理論懷有極大的興趣，並企圖實踐之。所以「世之人主貴人，無賢不肖，莫不欲長生久視。」〔註97〕

終春秋戰國之世，戰爭頻仍不斷，「爭地以戰，殺人盈野；爭城以戰，殺人盈城。」〔註98〕長期的戰亂，造成人民流離失所，衣食無著，「野有餓莩」〔註99〕加之戰爭的殘酷，使人的生命受到踐踏。公元前 405 年，三晉大勝齊國，「得車二千，得屍三萬。」〔註100〕公元前 364 年，秦攻魏於石門，斬首六萬。〔註101〕公元前 293 年，秦將白起大敗韓魏二軍於伊闕，「血流漂鹵，斬首二十四萬。」〔註102〕公元前 273 年，又敗魏軍於華陽，斬首十三萬。」〔註103〕公元前 260 年，秦趙長平之戰，四十餘萬趙軍俘虜被坑殺，〔註104〕今日長平古戰場內，仍有一地名曰骷髏廟，可見當年戰爭之殘烈。血淋淋的戰爭場面，刺激了士大夫保身貴生、以盡天年的強烈願望。

正是在春秋戰國這種社會劇變的強大衝擊下，實用主義思想得以弘揚，在對自然生命的追求方面，由傳統的「眉壽」、「保身」、「令終」發展為「貴生」、「攝生」、「卻老」，並出現許多養生之術如導引、辟穀、行氣等，通過某種手段，就可以延年益壽，這種方術正好迎合了戰國時人對自然生命的無限追求的心理。另外，傳統的靈魂觀在這一時期也發生了變化，即不死的靈魂

〔註95〕《孟子·梁惠王下》。
〔註96〕《左傳·昭公元年》。
〔註97〕《呂氏春秋·重己》。
〔註98〕《孟子·離婁上》。
〔註99〕《孟子·梁惠王上》。
〔註100〕《呂氏春秋·不廣》。
〔註101〕《史記·周本紀》，中華書局，1979 年版。
〔註102〕《戰國策·中山》。
〔註103〕《史記·秦本紀》。
〔註104〕《史記·白起王翦列傳》。

由無形到有形，更刺激了人們對自然生命極限的突破，亦即由靈魂不死到肉體不死的追求。所以出現了「壽千二百歲」而「形未嘗衰」的廣成子，〔註105〕「千歲厭世，去而上僊，乘彼白雲，至於帝鄉」的聖人。〔註106〕《莊子》書中還記載了「登高不慄，入水不濡，入火不熱」〔註107〕的真人，還有「大澤焚而不能熱，河漢沍而不能寒，疾雷破山、風震海而不能驚」，並能「乘雲氣，騎日月，而遊乎四海之外」的至人。〔註108〕這些真人、至人、聖人的形象突破了「天與地無窮，人死者有時。操有時之具，而託於無窮之間，忽然無異騏驥之馳過隙也」〔註109〕的人生苦短的憂慮心態，人的生命由快變量而為慢變量。這些真人、至人既然可以超越時空，於是就成了為無限制追求權力、享受榮華富貴的君主們追求的偶像：「吾慕真人，自謂『真人』，不稱『朕』。」〔註110〕在時君世主的極力倡導之下，神僊思想興盛起來，為了解決君主既能長生不死，又免於受導引、辟穀之形勞，在戰國中後期，不僅出現了懂得不死之道的術士，而且出現了專為不死之藥的神僊方士。《韓非子·外儲說左上》記有「教燕王為不死之道者」；《戰國策·楚策》記有「獻不死之藥於荊王者」；《楚辭·天問》有「延年不死」；《呂氏春秋·求人》有「不死之鄉」；《淮南子》記有「飲之不死」的丹水，「登之而不死的」崑崙之丘，更有「不死之草」、「不死樹」、「不死民」，〔註111〕「不死之野」；〔註112〕《山海經》中亦有「不死之山」、「不死之國」、「不死之藥」、「不死民」、「不死樹」等。可見不死的神僊思想在戰國中後期君主的推波助瀾之下很快興盛起來。

關於神僊思想的發達程度，從《史記·封禪書》中可見一斑：「自齊威宣之時，騶子之徒論著終始五德之運，及秦帝而齊人奏之，故始皇采用之。而宋毋忌、正伯僑、充尚、羨門高最後皆燕人，為方僊道，形解銷化，依於鬼神之事。騶衍以陰陽主運顯於諸侯，而燕齊海上之方士傳其術不能通，然則怪迂阿諛苟合之徒自此興，不可勝數也。自威、宣、燕昭使人入海求蓬萊、方丈、瀛洲。此三神山者，其傳在勃海中，去人不遠；患且至，則船風引而

〔註105〕《莊子·在宥》。
〔註106〕《莊子·天地》。
〔註107〕《莊子·大宗師》。
〔註108〕《莊子·齊物論》。
〔註109〕《莊子·盜跖》。
〔註110〕《史記·秦始皇本紀》。
〔註111〕《淮南子·墜形訓》。
〔註112〕《淮南子·時則訓》。

去。蓋嘗有至者，諸僊人及不死之藥皆在焉。其物禽獸盡白，而黃金銀爲宮闕。未至，望之如雲；及到，三神山反居水下。臨之，風輒引去，終莫能至云。世主莫不甘心焉。及至秦始皇并天下，至海上，則方士言之不可勝數。」

方士爲了迎合君主，一方面尋求不死之藥，另一方面編造成僊故事，以激發君主更大的求僊熱情。《韓非子·外儲說左上》記載了這樣一則寓言：「客有爲齊王畫者，齊王問曰：『畫孰最難者？』曰：『犬馬最難。』『孰易者？』曰：『鬼魅最易。夫犬馬，人所知也，且暮罄於前，不可類之，故難。鬼魅無形者，不罄於前，故亦爲之也』。」方士正是利用了這種畫犬馬難，畫鬼魅易的道理編造神僊故事。「益壽而海中蓬萊僊者乃可見，見之以封禪則不死，黃帝是也。」〔註113〕傳說中的英雄人物就成了方士造神的最好原料。儘管從海中三神山的虛無飄渺、「終莫能至」中就能看出方士的騙人伎倆，但執迷不悟的君主們對神僊不死深信不疑。「客有教燕王爲不死之道者，王使人學之。所使學者未及學而客死，王大怒，誅之。王不知客之欺已，而誅學者之晚也。」〔註114〕燕王追求不死已達如癡如醉的地步，竟不識騙局而錯殺無辜。「有獻不死之藥于荆王者，謁者操之以入。中射之士問曰：『可食乎？』曰：『可。』因奪而食之。王大怒，使人殺中射之士。中射之士使人說王曰：『臣問謁者，曰：可食。臣故食之，是臣無罪而罪在謁者也。且客獻不死之藥，臣食之，而王殺臣，是死藥也，是客欺王也。夫殺無罪之臣而明人之欺王也，不如釋臣。』王乃不殺。」〔註115〕荆王亦貪不死之藥，好不容易有人來獻，而被中射之士偷食，忿怒之情可想而知。中射之士因作不死藥的試驗品而免遭殺戮之禍，可知當時以不死藥行騙之士多矣。

正是在這種神僊思想的推動之下，在戰國中後期掀起了一場聲勢浩大的神話化運動。從而大大豐富了上古神話，並流傳後世，成爲中國傳統文化中的一塊瑰寶。

三、中國神話研究誤區探因

本世紀以來的神話研究，無論在理論上，還是在研究方法上都取得了巨大成就。但在中國神話研究方面，學者多強調先秦時期的神話歷史化，而忽

〔註113〕《史記·封禪書》。
〔註114〕《韓非子·外儲說左上》。
〔註115〕《韓非子·說林上》。

視戰國時期的歷史神話化，給人一種先秦時期只是對神話的破壞的誤解。造成這種誤解的原因是多方面的，就研究者本身來說也是比較複雜的，我們認為主要是受《古史辨》疑古思想和人類學古典進化論的影響以及與對馬克思關於神話論述的教條主義理解有關，試分析如下。

（一）古史辨運動疑古思想的影響

發生於二十到四十年代的古史辨運動的疑古思想，可以說是中國「神話歷史化」思潮產生的直接原因。以顧頡剛先生為主的古史辨派，從考辨古史的立場出發，通過對先秦文獻的整理與研究，發現「古史是層累地造成的，發生的次序和排列的系統恰是一個反背。」〔註116〕因而對古史產生懷疑，顧先生認為「古人對於神和人原沒有界限，所謂歷史差不多全是神話。……自春秋末期以後，諸子奮興，人性發達，於是把神話中的古神古人都『人化』了。」〔註117〕所以在顧先生眼裏，「中國的古史全是一篇糊塗賬。二千餘年來隨口編造，其中不知有多少罅漏，可以看得出牠是假造的。」〔註118〕因此他提出了「打破古史人化的觀念」。〔註119〕在顧先生這種疑古思想的影響下，楊寬提出了「神話分化演化說」即認為古史之所以是層累的，其實是「神話分化演化」的結果。他在《中國上古史導論》〔註120〕一書中，得出這樣的結論：「夏以前的古史傳說的前身是神話，……有許多古史傳說中的人物，其前身不過是神話裏的鳥獸罷了。」〔註121〕由於古史辨派推倒了所謂「偽古史」之後，沒有能及時建立一個真古史（當然真正的上古史也非一人一時所能完成），造成了中國上古史的「真空」，這就為神話學者提供了英雄用武之地。〔註122〕

（二）人類學古典進化論的影響

古典進行論是產生神話歷史化思潮的理論依據。對中國神話研究產生過重大影響的茅盾先生在二十年代，由研究歐洲文學的發展而研究北歐神話，

〔註116〕《古史辨》第一冊《自序》，上海古籍出版社，1982 年版，第 52 頁。
〔註117〕《古史辨》第一冊，第 100—101 頁。
〔註118〕《古史辨》第一冊，第 187 頁。
〔註119〕《古史辨》第一冊，第 100 頁。
〔註120〕《古史辨》第七冊上。
〔註121〕《古史辨》第七冊上，《楊序》第 2—3 頁。
〔註122〕本書只就古史辨派在神話學方面的觀點加以論述，不涉及古史辨派在考辨古史、古書、歷史地理等方面做出的巨大貢獻和對古史辨運動在中國現代史學史上佔有的位置的評價。

進而研究中國神話。他在研究中國神話時，「處處用人類學的神話解釋法以權衡中國古籍里的神話材料。」〔註123〕而對茅盾先生影響最大的人類學家是古典進化論派的安得烈·蘭（Andrew Lang）。〔註124〕這裡所講的「古典進化論」是指古典人類文化進化論（因爲進化論還包括人類生物進化論），它產生於19世紀下半葉初，其主要特點有四：「第一，他們所關心的是全人類文化的總體發展，不關心某一個社會——文化的內部運作。」「第二，他們的進化論是單線的進化論……認爲人類的文化發展，是沿著單一的線路進行的，並不考慮……人類文化進化中區域性和民族性的方面。」「第三，他們都強調人類心理能力的一致性及其對文化進化的決定性作用。」認爲「全人類的心智慧力是一致的，因而每個民族都必然經歷同樣的文化發展過程。」「第四，在研究方法上，當時他們採用『文化殘餘』和『文化類比』的方法，把不同的文化現象加以邏輯的排比，然後，通過分析，將不同的文化排列爲高低不同的序列，用以代表全人類文化的進化過程。」〔註125〕古典進化論因其促成文化人類學學科的建立而功不可沒，但19世紀末以來，它已受到了人類學中的傳播論學派、歷史特殊論學派、英國功能主義學派、心理學派等的嚴峻挑戰。特別是戰後新出現的美國新進化論，對古典進化論進行了修正和改進，如斯圖爾德提出的「多線進化論」，既主張進化，又考慮文化的相對性。他認爲，「在類似的條件下，文化的基本類型的發展道路可能是類似的。但人類各民族所處的生態環境不同。如果說，文化是人類適應環境的工具的話，那麼各民族文化的發展，便會隨生態的差異，而走不同的道路。」〔註126〕中國的神話研究學者多在「古典進化論」的指導下，去填補古史辨派造成的中國上古史的眞空。這樣，盤古就成了排在最前面的開闢神話，女媧是母系氏族時期的神話，黃帝是父系氏族時期的神話，進入文明社會以後，這些神話被歷史感強烈的學者歷史化，搖身一變，由神而人了。

（三）對馬克思關於神話論述的教條主義理解

近年來之所以仍有人堅持此說，除受上述兩方面原因影響之外，再就是

〔註123〕茅盾：《神話研究》，第223頁。
〔註124〕安得烈·蘭：英國民俗學家，其主要著作有《風俗與神話》（1884），《神話典禮與宗教》（1887年），《宗教的形成》（1898）。
〔註125〕王銘銘：《想像的異邦——社會與文化人類學散論》，上海人民出版社，1998年第46版，第25、26頁。
〔註126〕王銘銘：《想像的異邦——社會與文化人類學散論》，第46頁。

由於對馬克思關於神話論述的理解上存在著教條主義的傾向。馬克思在《〈政治經濟學批判〉導言》（以下簡稱《導言》）一文中指出：「任何神話都是用想像和借助想像以征服自然力，支配自然力，把自然力加以形象化；因而，隨著這些自然力之實際上被支配，神話也就消失了。」〔註127〕馬克思在這裡主要是根據希臘神話作出這一番論斷的。馬克思在此並未專指原始社會而言，因為人類並非只在原始社會才從事征服自然力、支配自然力的活動。而且在進入文明社會後，自然力並非就被完全征服了。人類對自然界的認識總是由近及遠、不斷擴大的過程，所以神話並不是原始社會所特有的產物，人類在進入文明社會後，新神話的產生不僅是可能的，而且是肯定的。但仍有人堅持認為：「古代神話起源於人類野蠻時期的低級階段，終止於原始社會最後的崩潰時期，它的發展和演變過程，基本上應該包括在整個氏族社會的時期。」〔註128〕顯然認為神話只與原始社會相始終。之所以產生這種教條主義理解，可能也與對馬克思在同一文中提到的「人類的童年時代」的誤解有關。馬克思在寫《導言》一書時，還沒有看到摩爾根的《古代社會》，所以這裡的「人類的童年時代」和後來在《摩爾根〈古代社會〉一書摘要》（以下簡稱《摘要》）中所指的蒙昧期的低級階段為人類的童年的意義是不同的。《摘要》一書所指的童年是指人類自身的發展而言，而《導言》中的人類的童年時代，則是指人類的文化的發展而言。馬克思在《摘要》中指出：「雖然希臘人是從神話中引申出其氏族來的，但這些氏族比他們自己所創造的神話及其神祇和半神祇要古老些。」〔註129〕馬克思在這裡已明白無誤地說明神是人造的。

其次，馬克思關於神話的論述，是承認世界各地神話的差異性的，因為馬克思在《導言》中接著指出：「這（希臘神話──引者注）是希臘藝術的素材。不是隨便一種神話……埃及神話決不能成為希臘藝術的土壤和母胎。」〔註130〕可見，埃及神話並非隨著希臘人對自然力的征服和支配力的加強而消失。我們的一些神話研究者為了找出一個能與希臘、羅馬相媲美的神話系統來，以拆毀中國古史為代價，把傳說中的古帝王，一概解釋為自然神，〔註131〕甚至認為「在各民族的歷史上，在文明的時期來臨之前都有一個神話時代，歷

〔註127〕《馬克思恩格斯選集》第二卷，人民出版社，1972 年版，第 113 頁。
〔註128〕武世珍：《神話發展和演變中的幾個問題》，《民間文學論壇》，1984 年第 3 期。
〔註129〕《馬克思恩格斯全集》，人民出版社，1985 年版，第 500 頁。
〔註130〕《馬克思恩格斯選集》，第 113 頁。
〔註131〕參見《古史辨》第七冊上，《中國上古史導論》。

史總是與神話時代相銜接。這正是歷史起源於神話這種認識具有一定普遍性的重要原因。」〔註132〕因此，他們力圖把一部分古史還原爲神話。所以我們對馬克思的關於神話的論述不能做教條主義的理解，更不能做斷章取義的曲解。我們只有從中國歷史的實際情況出發，才能眞正理解中國文化。

通過以上分析，可以看出：學者們研究中國神話只注重先秦時的神話歷史化，而疏忽了在戰國中後期還有一場歷史人物神話化運動。我們認爲，春秋戰國時期，在人的理性得以發揚的同時，在重現實的觀念支配下，神僊思想到戰國中後期形成，並推動了一場歷史人物神話化運動。

四、結語──兼論戰國中後期歷史人物神話化運動的地位及影響

綜上所述，我們認爲在中國先秦史上，不僅存在著神話歷史化的現象，而且在戰國中後期又興起了一場大規模的歷史人物神話化運動。這場歷史人物神話化運動是繼原始社會神話產生之後的又一次大規模的造神運動。人類思想文化的演變總是隨著社會的發展而變化的。戰國中後期的歷史人物神話化運動正是春秋戰國社會大變動的結果，它不僅適應了時君世主的心理需求，而且在中國歷史上產生了極其深遠的影響。

首先，戰國中後期的歷史人物神話歷史化運動，是漢代政治神學──讖緯神學的先聲。戰國時期的神僊方士爲了給君主提供成僊的實例，就把許多人們熟知的傳說中的文化英雄附會爲神僊，因此，這一時期的歷史人物神話化運動是以歷史人物的神話化爲主流的。漢代的政治神學正是利用這一神僊思想，高遠且神化其所從來，爲確立和鞏固君主的合法地位服務。隨著漢代政治神學的高漲，新一輪的大規模歷史人物神話化運動又開始了。

其次，引發戰國中後期歷史人物神話化運動的神僊思想，對道教的形成產生了很大影響。道教的神僊思想是對戰國中後期神僊思想的繼承和發展，不只是通過修煉就可以成僊，而且僊人也爲分若干等級，僊人世界的人間化更激發了人們的成僊熱情。另外，戰國中後期神僊方士的延年益壽的方術：導引、行氣、辟穀、服餌等成爲道教中修煉成僊的基本方法。

最後，戰國中後期的歷史人物神話化運動，對中國上古神話的定型和保存起了很大的作用。正是在這場歷史人物神話化運動的影響之下，不僅產生

〔註132〕趙沛霖：《論神話歷史化思潮》，《南開學報》，1994 年第 2 期。

了許多新神話，而且也使許多原本樸野的神話變得基本定型而流傳後世。如：常娥奔月、羿射十日、女媧補天等神話故事，至今被人們所傳頌。所以說，在先秦時期，中國神話一方面遭到被歷史化的「厄運」，另一方面又隨著歷史人物神話化運動的興起而得以豐富，得以留存。

總之，戰國中後期的歷史人物神話化運動，不僅是客觀的歷史存在，而且在中國神話史上佔有極其重要的地位，值得我們進一步研究和探索。

參考文獻

1. 《神話研究》黃石，開明書店出版，1931 年版。
2. 《神話與詩》聞一多，華東師範大學出版社，1997 年版。
3. 《秦漢的方士與儒生》顧頡剛，上海古籍出版社，1998 年版。
4. 《人類學百年爭論（1860～1960）》〔美〕埃爾曼·R·瑟維斯，雲南大學出版社，1997 年版。
5. 《巫術科學宗教與神話》〔英〕馬林諾夫斯基，中國民間文藝出版社，1986 年版。
7. 《中國神話傳說》袁珂，中國民間文藝出版社，1984 年版。
8. 《中國神話史》袁珂，上海文藝出版社，1988 年版。
9. 《道教史》〔日〕窪德忠，上海譯文出版社，1987 年版。
10. 《山海經校注》袁珂，上海古籍出版社，1980 年版。
11. 《古神話選釋》袁珂，人民文學出版社，1979 年版。
12. 《劉魁立民俗學論集》劉魁立，上海文藝出版社，1998 年版。
13. 《神話與民族精神》謝選駿，山東文藝出版社，1986 年版。
14. 《超越神話——緯書政治神話研究》冷德熙，東方出版社，1996 年版。
15. 《中國神話學》潛明茲，寧夏人民出版社，1994 年版。
16. 《中國儸話研究》羅永麟，上海文藝出版社，1996 年版。
17. 《中國古史的傳說時代》（增訂本）徐旭生，文物出版社，1998 年版。
18. 《窮變通久》常金倉，遼寧人民出版社，1998 年版。
19. 《中國道教史》傅勤家，商務印書館。
20. 《先秦學術概論》呂思勉，東方出版中心，1985 年版。
21. 《顧頡剛古史論文集》（1～3 冊）中華書局，1996 年版。
22. 《神話研究》茅盾，百花文藝出版社，1981 年版。
23. 《神話學論綱》武世珍，敦煌文藝出版社，1993 年版。

24. 《蒙昧中的智慧——中國巫術》臧振，華夏出版社，1994 年版。

25. 《神話學》〔美〕戴維·利明、埃德溫·貝爾德，上海人民出版社，1990
年版。

26. 《原始人的心智》〔美〕弗蘭茲·博厄斯，國際文化出版公司，1989 年
版。

27. 《中國上古史導論》楊寬，見《古史辨》第七冊上，上海古籍出版社。
1982 年版。

28. 《〈山海經〉初探》袁行霈，《中華文史論叢》，1979 年第 3 輯。

29. 《五行起源新探》臧振，《陝西師大學報》1989 年第 4 期。

30. 《〈莊子〉和〈楚辭〉中崑崙和蓬萊兩個神話系統》顧頡剛，《中華文史
論叢》，1978 年第 2 輯。

31. 《中國神話》〔蘇〕鮑·李福清，《民間文學論壇》1982 年第 2 期。

32. 《馬克思恩格斯神話觀試探》張銘遠，《民族文學研究》，1984 年第 4 期。

33. 《巡守制度試探》，趙世超，《歷史研究》1995 年第 1 期。

34. 《論中國神話的歷史命運》趙沛霖，《天津師大學報》1997 年第 1 期。

35. 《論神話的起源和發展》楊堃，《民間文學論壇》1985 年第 1 期。

36. 《春秋時期的鬼神觀念及其社會影響》晁福林，《歷史研究》，1995 年第
5 期。

37. 《戰國時期的鬼神觀念及其社會影響》晁福林，《中國史研究》1998 年
第 2 期。

38. 《金文嘏辭釋例》徐中舒，《中央研究院歷史語言所集刊》第六冊，中華
書局，1987 年版。

後　記

　　本書是在對本人博士論文《先秦時期應對災異方式中的非理情因素研究》修訂的基礎上完成的。後面的附錄《論戰國時期的歷史人物神話運動》一文是本人在 1999 年完成的碩士畢業論文，此文雖與救災無關，但在本人的學術思想的成長過程中確是一脈相承的。故附於後。由於水平所限，書中的缺陷和錯誤當有不少，誠懇祈望專家學者批評指正。

　　另外，感謝「花木蘭文化出版社」以及楊嘉樂女士、高小娟女士和杜潔祥先生在本書出版過程中給予的熱忱幫助和付出的辛勤勞動。

衛崇文

2014 年 2 月 20 日於上黨